島民、新民與國民——

日治臺籍教師

劉克明 1884—1967 的

同化之道

吳鈺瑾 著

# 我們仍困在認同的泥淖中：
# 誌再版與所思所感

　　碩士畢業、於台南一處中學任教兩年後，我便由於婚姻而遠赴美國。得知論文即將重新出版的此刻，我已離開學術圈多年。這些年，放下沈重的書卷，我一手柴米油鹽，一手尿布奶瓶，幾乎要忘記窩在圖書館翻閱史料的日子。

　　回頭檢討，我的碩士論文除了行文生澀，許多青澀的詰問未能提出成熟的解答；也有些結構上的問題，如：論述重點大多落在段落之末。應置於段首，更能凸顯論述要旨。又如：章節之末應增添小結，梳理章節，再次闡明重點。此次再版，未更動當年的缺失，原因有二：一，雕琢字句並無意義，此舉對論文整體概念的影響不大；二，重閱當年的思考脈絡，迂迴且衝突，我彷彿看到當年在認同泥淖中的自己，試圖尋求一隙空間得以喘息。

　　2010年，當我決定以「認同」及「民族」議題作為碩士論文主軸時，有人告訴我，這樣的方向已經過時了。然而，2020年的此刻，無論故鄉島國上的居民、或海外僑民如我，仍深陷在「認同」與「民族」的課題中。在民族的定義或認同的光譜上，無論海內外的島國居民或移民，仍抱持著截然不同的想像。也因此對於島國歷史的界定及她未來的走向，莫衷一是。

　　《島民、新民與國民——日治臺籍教師劉克明（1884～1967）的同化之道》這本碩士論文於2011年完成，僥倖取得2011年國立臺灣文學館「臺灣文學學位論文出版」的機會，2015年由秀威出版社出版。這份針對日治時期臺灣籍教師劉克明的研究，

除了透過史料爬梳文人的民族認同，也試圖檢討臺灣古典文學研究史以及研究者視角所投射的研究結果。而臺灣古典文學研究者的視角，正與臺灣各個時期的民族認同高度相關。如同本書第一章第一節〈研究動機與問題意識〉提及的概念：

> 早期中國民族主義強調「反帝、反封建」，與臺灣相關的研究也必須依循此準則為人物定位。臺灣意識興起後，研究者或站在相反的角度，一定程度地肯定日本統治者的功績；或是站在「反抗史觀」評價當時的人物與事件。站在「反抗史觀」看待「協力者」，則可能得出兩種不同的評價：一是一味地指責「協力者」是統治當局的棋子，一則是尋求「協力者」有功於臺灣的蛛絲馬跡而將之詮釋為「協力者」的反抗意識。

撰作論文的當年，臺灣文學研究似是跨越了「中國民族主義」的研究框架而走向臺灣意識時期。但當年的我，卻對臺灣古典文學界是否真正放下「中國民族主義」產生質疑。我以為，研究者對「民族」的思考轉向了，但臺灣古典文學界對於「文化正統」的界定仍在擺盪。研究者進行詩作詮釋與論述之際，漢字映入眼簾，「以『中華文化』為正統」即成為便利而疏於批判的框架。臺灣古典文學這份文化資產，似乎只能是「中華文化」的繼承者，無法以新的血脈，長成獨立的個體。

當年我帶著這樣的觀察角度、做足史料爬梳的功課並回歸研究對象的生命經歷，以此完成論文。論文最末，我提出日治時期臺灣傳統漢學擴張與變異的結論，與相關前行研究相互呼應：

重視的不該只是同化與否的問題，而是同化的實踐與日本認同為漢學延續帶來了什麼樣的變異與擴張。……對日治時期「漢文脈」邊界擴大的觀察，前人曾提出精闢的分析，但筆者以為，若能更進一步關注國體建立過程對日本漢學的影響，乃至於對日治時期臺灣漢學發展的影響，可以再從更深的文學層次理解臺灣漢學在當時的轉變。……如果能在「日本漢學與臺灣漢學」交流的基礎上，持續擴充相關的研究，臺灣古典文學的脈絡才能有更開闊的視野。希望未來能有更進一步的研究成果，能使清代到日治時期的古典文學延續及其轉變有更清晰的樣貌。

然而，對於臺灣古典文學研究如何掙脫「文化正統」的框架，我卻感到相當無力。而今日，在認同成為我每日課題的此刻，我終於明白那種無力，即是深陷認同泥淖中無法邁步向前的筋疲力盡。

作為一個移民在美國生活，「認同」日日都是課題。從最簡單的入境申請表，與鄰居的日常對話，乃至各個官方文件的申請——「我是誰？」「從什麼國家來？」都不像在居住在臺灣如此理所當然。許多表單的「country」選項裡，不一定找得到「Republic of China (Taiwan)」，更不用說直接找到「Taiwan」的可能性是微乎其微。近日，為了讓我的孩子認識世界，認識母親的出生地，我試圖在網路上尋找一個理想的、合乎我的國族認同的地球儀。遺憾的是，特地選了一個韓國製造的地球儀，但地球儀上「中華人民共和國」（People's Republic of China）的國界，仍然畫在臺灣島的東海岸。退貨以後，我到標榜「臺灣製造」的網站上挑選。結果，地球儀上的世界各國都有紅色的漢字與英文

標示國名。「媽媽的出生的國家呢？」印著四個大字「中華民
國」，但沒有英文對照。而地球儀上確實標示著「臺灣」二字，
但使用的顏色卻與其他「地方名稱」相同，以白色漢字及英文標
示。「為什麼媽媽出生的國家沒有寫英文？」「『中華民國』是
『臺灣』嗎？」要怎麼回答孩子呢？在島國居民的認同光譜裡，
我應該選擇哪個版本的故事告訴我的孩子呢？何以臺灣製造商在
地生產製造，卻無法光明正大地將「據說是」島國居民最大公約
數的「中華民國（臺灣）」，英文 "Republic of China (Taiwan)"
完整的寫在產品上？難道是為了「海外」市場，自我審查？「中
華民國（臺灣）」的國界，又該怎麼畫呢？到底是「臺灣」還是
「中華民國」？

　　後來，這段與孩子的對話並未發生。我無法將這顆充滿認同
困惑的地球儀放在家中。網路上徹底搜尋，仍是空手而回。像這
樣支微末節的國族認同挫折幾乎是家常便飯。於是認同的輪廓越
來越清楚：我所認同的國家，不是被「China」困住，而是被困
在「Republic of China」的認同中。

　　生活瑣事，看似與當年碩士論文主題並無直接相關，但卻扣
連著我撰作論文時一個相當簡單的出發點：試圖拋卻「血統上」
與「文化上」的「中華」，為臺灣古典文學定位。此出發點，也
是一個解嚴世代對臺灣未來最大的探問。那年生澀文字中的迂
迴，正是自己試圖從「中華民國（臺灣）」的括號出走的路徑。
2020年的此刻，島國仍困在認同泥淖中。願我們奮力的目標是個
明確的出口，莫如行於「潘洛斯階梯（Penrose stairs）」，無止
境原地踏步。

2020年11月於美國印第安納州

# 目次

# 表目次

島民、新民與國民——日治臺籍教師劉克明（1884～1967）的同化之道

# 第一章 緒論

## 第一節 研究動機與問題意識

　　臺灣自1895年依「馬關條約」割離清國，至1945年二次世界大戰結束這段期間，屬於日本殖民統治時代。每當遇上敏感的「認同問題」時，研究者自身所謂的「中國／臺灣民族意識」，往往成為詮釋日治時期人物的民族認同的標尺。有趣的是，臺灣歷史中有些被稱為「協力者」的人物，經由不同民族史觀的詮釋，竟有著全然不同的面貌。早期中國民族主義強調「反帝、反封建」，與臺灣相關的研究也必須依循此準則為人物定位。臺灣意識興起後，研究者或站在相反的角度，一定程度地肯定日本統治者的功績；或是站在「反抗史觀」評價當時的人物與事件。站在「反抗史觀」看待「協力者」，則可能得出兩種不同的評價：一是一味地指責「協力者」是統治當局的棋子，一則是尋求「協力者」有功於臺灣的蛛絲馬跡而將之詮釋為「協力者」的反抗意識。

　　然而，某人是否具有某意識，是我們透過對他的生命歷程、所處的時代、他的著述、行動、甚至是交友網絡等等的分析，得到的結論。再透過結論，檢視他生命歷程的每個細節。也就是說，這是一個辯證的過程，而非絕對的標準。我們可以確定的是，二十世紀初，由於新思潮的激盪，臺灣人開始追問：「我是誰？」受日本統治期間，臺灣人開始認識「異與己」，並尋求

認同。

　　筆者認為，這個牽涉殖民結構的問題，必須從日本與臺灣各自的社會脈絡談起。日本展開海外拓殖行動的背景是什麼？當臺灣人遇上新的統治政權，不同社會階層的人如何面對？作為亞洲第一個殖民帝國，日本如何進行對臺灣的同化策略？臺灣與日本同屬儒學文化圈，殖民統治者如何利用文化作為溝通的橋樑？臺灣人又如何面對日本統治下「文化」與「文明」的變革？透過史料的耙梳，將「協力者」的身分與行動，放在殖民歷史的脈動中反覆思考；經由反覆的探問，讓「認同」的矛盾在「異與己」的辯證下更加明晰。

　　首先，我們從日本帝國興起乃至於對亞洲拓殖的需求談起。在日本近代化過程中，形成國家意識的前提是「對內的統一」與「對外的獨立」。眾所周知，受西方列強的壓迫，日本為強調國家主體性，因而在抵抗西方侵略的過程中形成日本民族主義。此即「對外的獨立」。接著，為了發展國家實力，日本開始積極地向西方學習。社會自由與平等化，以及富國強兵的觀念，成為日本施政的焦點。同時，為了達到「內部的統一」，日本採取鞏固中央集權體制、加強天皇權威的「天皇制絕對主義」。支撐天皇制的兩大聖典即為「帝國憲法」和「教育敕語」。「帝國憲法」強調「臣民」而不用「國民」，是明治年間建立人民與君主的臣屬關係的必要論述；而「教育敕語」則是融合了儒學與西方思想，使臣民透過「道德實踐」為天皇克忠盡孝。[1]

　　西風東漸，日本的民族危機意識促成民族主義運動，繼而轉

---

[1] 相關概念整理自李永熾，〈明治初期日本的近代化與知識份子（1886-1894）〉，《日本近代史研究》（臺北：稻禾，1992年），頁1-10、李永熾〈日本帝國主義思想的形成〉，《日本近代思想論集》（臺北：稻鄉，1998年），頁269-283。

向亞洲拓展其民族勢力。這使得日本成為亞洲第一個近代帝國，也是歷史上唯一非西方的殖民勢力。相較於西方「一手拿槍，一手拿著聖經」的殖民擴張，日本帝國的東亞策略可說是「一手拿槍，一手拿著教育敕語」。面對原始居民對土地、資產的捍衛而興起的反抗，西方利用宗教的力量「教化」「野蠻」的原始住民，也就是透過宗教的道德觀與近代文明的結合，賦予殖民統治政權絕對的正當性。而新興的日本帝國，在「教育敕語」中結合儒學與西方思想，鞏固天皇制之下的臣民道德準則，成為建構統治正當性的重要依據。臺灣是日本在亞洲的第一個殖民地。在臺灣，建立在「教育敕語」基礎之上的殖民策略可分為兩大方向：其一，透過同屬儒學文化圈的文化資產，籠絡臺灣士紳；另一方面，透過近代教育的拓展，教化新附之民。經由此二途徑，使「新民」歸順，繼之產生殖民地可用的人力資源。

「教育敕語」頒布於明治23年（1890），是日本近代教育的基準。由代表內閣總理大臣伊藤博文（1841～1909）[2]路線的井上毅（1843～1895）起草，經「儒教」主義者元田永孚（1818～1891）修正，再採納內閣閣員及天皇的意向編製而成。[3]即便存在著日本內地頒行的「教育敕語」不適用於帝國新領地的爭

---

[2] 伊藤博文（1841～1909），日本山口縣人。曾入松下村塾，後隨長州藩木戶孝允參加幕末尊王攘夷運動。明治維新後歷任參與工部大輔，明治4年（1871）任岩倉具視遣外使節團副使，視察歐美，大久保利通死後任內務卿，明治14年（1881）政變後成明治政府最高指導者。之後創設華族、內閣制度，制定大日本帝國憲法，設置樞密院，確立天皇制。明治18年（1885）任首任內閣總理大臣，後共四度組閣，三度任樞密院議長。明治28年（1895）馬關條約簽訂，臺灣割讓予日本，其為日本總理大臣兼全權代表，之後亦兼中央主管官廳臺灣事務局總裁。日俄戰爭後任韓國統監，為日後日本強行併吞朝鮮鋪路。明治42年（1909）於哈爾濱車站被朝鮮獨立運動家安重根暗殺。簡介出自蔡錦堂撰，「伊藤博文」辭條，許雪姬主編，《臺灣歷史辭典》（臺北：行政院文化建設委員會，2004），頁280。

[3] 李永熾，〈明治日本「家族國家」觀的形成〉，《日本近代史研究》，頁127-130。

議，[4]自近代教育在臺灣開始推行到1945年日本戰敗，「教育敕語」對日治時期的臺灣仍具有相當大的影響力。觀察「教育敕語」在臺灣流布的時機，或許可窺見「教育敕語」在形式上所具有的意義。明治29年（1896）第一批學習日語的臺灣人在芝山岩舉行畢業典禮。典禮上，臺灣人柯秋潔被指派捧讀「漢譯」的「教育敕語」。翌年，訓令第15號規定，今後官公私立各學校，除了捧讀「教育敕語」外，還要加以漢文解釋，以貫徹聖旨。大正元年（1912）公學校規則改正，規定在祝祭日舉行儀式，並且在儀式中合唱「君之代」，[5]對天皇、皇后的照片行最敬禮並由校長捧讀「教育敕語」。大正8年（1919），在臺灣第一次頒布的「臺灣教育令」，更明確規定「教育基於教育敕語之旨趣，以育成忠良國民為目的」（第二條），要求臺灣人符合「教育敕語」的基本精神。所謂「教育敕語」的基本精神，融合了儒學「克忠克孝、博愛及眾」以及近代文明中「重國憲、遵國法」的精神。[6]除了透過儀式加強「教育敕語」神聖不可違的形象，也經由課程加強學童對「教育敕語」的理解。大正8年（1919）臺灣教育令公布後隨之修正的「公學校漢文讀本」卷六之最後一課，即為「教育敕語」。此外，亦有論者指出，許多曾受日治教

---

[4] 相關討論可參考許佩賢，〈塑造殖民地少國民──日據時期臺灣公學校教科書之分析〉（臺北：國立臺灣大學歷史所碩士論文，1994年6月），頁36-37。

[5] 「君が代」（きみがよ），意為年紀、年華或年代。原是明治13年（1880）日本海軍為祝賀天皇誕辰而製作的歌曲。採自《古今和歌集》的古歌，有祝人長壽的意思。明治15年（1882）訂為國歌，明治26年（1893）明令為「祝祭日用唱歌」。橋口正，《式日唱歌──その指導精神と取扱の實際》（臺北：神保，1941），頁17-21；轉引自周婉窈，《海行兮的年代──日本殖民統治末期臺灣史論集》（臺北：允晨，2003），頁1。

[6] 參考許佩賢〈塑造殖民地少國民──日據時期臺灣公學校教科書之分析〉的整理，頁35。

育的長者，現在仍可一字不漏地背誦「教育敕語」。[7]我們由此看出，形式上，「教育敕語」與日治時期臺灣近代教育確實有著緊密的扣連。

除了形式上的關聯，「教育敕語」的儒學思想，更是值得注意的關鍵。日本與臺灣同屬於「儒學文化圈」。先從日本的角度來談。日本在近代國家意識興起後，國內的「國學」及西方「洋學」取代「儒學」（或作「漢學」）原有的地位，「儒學」經歷了一番改革，其意義因而產生了質變。質變後的「漢學」與「教育敕語」中用以確立國體的「儒教」思想，在日本統治臺灣之初的策略中發揮了一定的作用，成為與臺灣傳統文教環境嫁接的橋梁。[8]另從臺灣的角度來看。改隸之前臺灣屬於清國統治。晚清時期，國內有志之士對於積弱不振的國勢提出許多諫言，科舉取士制度的存廢備受爭議，傳統的教育方式面臨考驗。臺灣在這時候被割讓給日本，山河易主。面對新的統治政權，臺灣士紳原以為只能將過去所學束之高閣，對傳統文學在臺灣的存廢感到絕望。正對著棄地遺民的景況感慨萬千，新政府的文化策略卻讓臺灣士紳看到傳統文學存續的希望。包括形式上有漢文「教育敕語」的頒布，以及利用「儒學文化圈」的共通性對臺灣文士的籠絡。臺灣士紳甚至期待傳統文學可能與日本國內一樣經歷漢學的改革，使其成為更具有實用性質的經世濟民之學。綜上所述，日本明治維新後內涵變革的漢學與「教育敕語」中隱含的「儒教」思想，正因為這樣的背景才與臺灣傳統文教環境產生嫁接的可能。

---

[7] 陳瑋芬，《近代日本漢學的「關鍵詞」研究：儒學及相關概念的嬗變》（臺北：臺大出版中心，2005年），頁198。

[8] 有關「儒學」或「漢學」的釋義及其質變，筆者將在本章第三節進一步說明。

臺灣改隸日本後，官方為取信於前清士紳，在明治33年（1900）3月15日於總督府舉行「揚文會」，邀請全臺具有科舉功名的士紳參與，並鼓勵士紳對臺灣文教方針提出意見。會議期間，除了討論日本在臺的文治策略，官紳詩文唱和亦是活動內容。更重要的是，士紳們在會後獲邀參觀日本近代教育機構。我們可藉由前清碩儒吳德功於揚文會後撰寫的《觀光日記》中對近代文明的讚嘆、對新政權的肯定，看出此次揚文會對於漢學嫁接以及近代教育推廣的成功。緣此，筆者認為，以具有漢學素養也接受近代教育的臺灣士紳為研究對象，是釐清或突顯認同矛盾的重要關鍵。他們是如何看待過去所學？對漢學的未來有什麼期待？而在形塑國民意識的近代學校中，他們的學習是否影響其對漢學的看法？當臺灣傳統漢學遇上日本漢學，產生什麼火花？臺灣漢學脈絡如何延續、變異或產生新的內涵？更重要的是，解決以上問題後，我們是否能夠為認同議題提供不同的思考面向？並以辯證「具有漢學素養及接受近代教育的臺灣士紳對認同之矛盾」為基礎，嘗試探問：我們是否能夠回到文學發展脈絡，觀察日治時期傳統漢學活動存在的意義、形式及其價值？

經歷過清代儒學、書房等教育，也有機會在日治後接受近代教育的士紳，大約生在同治10年（1871）到光緒16年（1890）間。日治時期雖然有書房存在，但因官方對書房教育的控管，所學已經和前清時期大不相同。生於1871到1890年間的臺灣士紳又可依考取功名與否再進行更細緻的分類，此外，這段時期出生者，並非人人皆在改隸後進入近代教育體系就讀。比方說，生於同治10年（1871）的謝汝銓，光緒18年（1892）年入泮，日治後選擇進入臺灣總督府國語學校國語部學習「國語」；[9]而生於光

---

9　日治時期的「國語」即為「日語」。為保留當時用詞，僅以引號加以標示，與今

緒2年（1876）的連橫，擁有紮實的漢學基礎，但在前清時期並未考取功名，日治後也未進入近代教育體系學習。過去有關於這類具有漢學素養又有近代教育經驗的人物研究，如前所述，無論人物本身的認同傾向，討論面向仍多以反抗意識的「有無」、反抗的「程度」為焦點。而筆者則希望能透過具有漢學及近代教育經驗的人物，觀察他們對近代教育乃至於同化的態度，分析人物對日治時期漢學存續的立場、理想及實踐。站在文學發展的立場觀察文學內涵的改變。

為釐清「同化政策」、「近代教育」以及「漢學」三者之間包含的民族問題，史料帶領我找到一位未曾被研究者重視的臺灣籍教師──劉克明。劉克明，號篁村，新竹人。生於清光緒10年（1884）。[10]幼時，其父劉廷璧（1857~1892）應新竹宿儒鄭如蘭（1835~1911）之聘，在北郭園授課。劉克明亦寄學於北郭園，從竹塹文士張鏡濤（1850~1901）、曾逢辰（1853~1928）學習。劉父逝世後，劉克明隨張鏡濤寄學於潛園及北郭園。[11]改隸之際，劉克明12歲。明治30年（1897）10月，進入新竹國語傳習所就學。明治33年（1900）入臺北師範學校就讀，該校二年後併入總督府國語學校師範部。明治36年（1903）劉克明以第一名畢業後，歷任總督府國語學校第一附屬學校囑託（1903-1907）、總督府國語學校助教授（1908-1921）、臺北師範學校教諭（1922-1926）、臺北第一師範學校兼第二師範學校教諭（1927-1931）、臺北第一師範學校囑託（1932-1939）及臺

---

日用語區隔。

[10] 劉克明實生於光緒9年農曆十二月六日，時為西曆1884年元月3日。為不在計年上造成誤解，仍以光緒10年記之，特此說明。

[11] 劉克明，〈北白川宮能久親王殿下御泊の奧吟閣〉，《臺灣今古談》（臺北：新高堂書店，1930；臺北：成文出版社復刻，1985年），頁76。篁村，〈日軍侵竹邑前後〉，《臺北文物》第10卷第2期，1961年9月1日，頁109。奧吟閣在潛園內。

北第三高女囑託（1932-1936）、總督府評議員翻譯官（1928-1931）、文教局編修課教材書調查委員（1932-1933）等職。[12]除了擔任教員，劉克明與同窗友人共同商議，成立了「本島人國語學校同窗會」。劉氏並於大正元年（1912）創立時擔任總幹事至戰後，此團體為臺灣社會中相當具有影響力的「本島人群體」。[13]

明治41年（1908），劉克明開始擔任臺灣教育會之機關刊物《臺灣教育》漢文報編輯，[14]與教師職務相輔相成。期間除了擔任會況報告的通訊記者，也曾經在明治41年（1908）於該報發表臺灣俚言與修身科結合的相關教案。[15]大正元年（1912）明治天皇駕崩，劉克明譯註〈明治天皇聖藻〉系列文章刊於漢文報之首，[16]大正2年（1913）專欄介紹「祝祭日及國民記念日」，[17]更從大正6年（1917）開始發表漢文教案。[18]由於漢、日語能力均佳，劉克明亦曾編修數種臺灣語教材，方便日、臺人使用，如

---

[12] 以上學經歷、任職記錄，參考臺灣總督府國語學校校友會，《校友會雜誌》第12號，臺北：臺灣總督府國語學校，1903年6月20日、《臺灣總督府職員錄》（臺北：臺灣日日新報社、臺北：臺灣時報發行所，1898年-1944年）。筆者按：《臺灣總督府職員錄》題名經數次更動，為行文方便，統稱《臺灣總督府職員錄》，各年份實際題名參見論文「參考資料」處，以下同。

[13] 為保留當時用詞，「本島」一詞不另改為「臺灣」。僅以引號加以標示，與今日用語區隔。

[14] 室屋麻梨子，〈《臺灣教育會雜誌》漢文報（1903-1924）之研究〉（臺南：國立成功大學歷史研究所碩士論文，2007年6月），頁68。《臺灣教育》是「臺灣教育會」（1901.6-1945）的機關雜誌，第116號（1911年12月）以前稱為《臺灣教育會雜誌》，大正元年（1912）改題《臺灣教育》，以下以《臺灣教育》做為總稱。

[15] 刊於《臺灣教育會雜誌》第70、72、73、74號漢文報。

[16] 刊於《臺灣教育》漢文報第123、127、128、129、130、131、133、134、135、136、138、139、140、141、142、143、144等號。

[17] 刊於《臺灣教育》漢文報第131、132、133、134、138、139等號。筆者按：「記」念日，原文如此，後不贅述。

[18] 刊於《臺灣教育》漢文報第179、181、182、183、184、186、188、189、192、193、196、197、198、201、202、203、204、205、206、207、210、211、213、214、215、216、217、218、223、225、228、229、232、260、264等號。

《國語對譯臺語大成》（1916）、[19]《廣東語集成》（1919）、[20]
《教科摘要——臺灣語速修》（1925）、[21]《實業教科——臺灣
語及書翰文》（1926）[22]等等。上述教材皆長期被總督府編定為
「教諭試驗檢定受驗者參考書」。[23]從以上資歷可以看出，劉克
明具有一定程度的漢學涵養，對於日文運用也相當嫻熟，甚至可
說是日治時期頗受當局重用的臺灣籍教師。身為日本殖民教育
系統中的一員，劉克明不遺餘力地投入工作，使得他在大正10年
（1921）獲臺灣教育會表彰，[24]大正14年（1925）獲得臺灣總督
府頒授勳章。[25]

　　教師的身分之外，劉克明更是北臺文壇重要成員。曾參與
詠寬吟社（1903-1906）、瀛東小社（1910-1911）的成立，亦是
瀛社大正7年（1918）到大正15年（1926）間的總幹事。除此之
外，劉克明曾獲邀評選其他詩文社團的詩作，並長期擔任《臺灣
教育》及《專賣通信》漢詩欄的編輯。劉克明在世時，雖未出版
詩文集，但他八十大壽時，哲嗣為其祝壽，邀請劉克明親自將所
著數十卷詩稿中選錄珠璣，預計編成《寄園詩葉》。然未及出

---

19　劉克明，《國語對譯臺語大成》（臺北：新高堂書店，1916年11月30日）。

20　劉克明，《廣東語集成》（臺北：新高堂書店，1919年4月18日）。此書所指之
　　「廣東語」即為今日吾人所稱之「客家話」。

21　劉克明，《教科摘要——臺灣語速修》（臺北：新高堂書店，1925年12月30
　　日）。

22　劉克明，《實業教科——臺灣語及書翰文》（臺北：新高堂書店，1926年3月20
　　日）。

23　詳細使用狀況，請參考本論文第三章第一節。

24　〈臺灣教育界表彰〉：「臺北師範學校助教授：劉克明氏。從事本島師範教育，
　　越滿十八年殊如臺灣語教授上，貢獻之處不尠。」《臺灣日日新報》第7692號，
　　1921年10月31日，第5版。

25　〈劉克明氏敘勳〉：「臺北師範學校教諭劉克明氏，此回敘勳八等，授瑞寶章
　　……前後盡瘁於本島育英事業，凡二十餘年。傍從事著作，並努力於同窗會之幹
　　旋。其人格之完滿，凤為學校及父兄一般所共信賴。……」《臺灣日日新報》第
　　9212號，1925年12月29日，夕刊第4版。

版，劉克明仙逝。該文稿於1968年編印，2009年由龍文書局復刻出版。[26]除了語言教材以及後來出版的詩文集，劉克明還曾出版關於臺灣史地的雜著《臺灣今古談》（1930），[27]以及應中和庄長江讚慶之邀撰寫的《中和庄誌》（1932）。[28]《臺灣今古談》單元式的記錄臺灣改隸前後的轉變，特別著重在文教設施。本書不但反映劉克明對臺灣漢學維繫的態度，更是臺灣文學史上的重要史料。

　　瀏覽劉克明畢生的著作，將會發現「我等新民」、「皇恩」、「同化」、「本島」、「一線斯文」、「翰村補筆」、「買山結廬」是他的著作中頻繁出現的關鍵字。然而，這幾個關鍵字彼此是否有思想內涵的衝突？更具體的說，具有漢學素養，並接受近代教育，而後又成為殖民教育體系一員的劉克明，究竟在日治時期的臺灣教育界，站有什麼樣的位置？他在教育界的位置，如何影響他對漢學存續的態度？這與他高倡同化的立場是否衝突？漢學存續的問題，與他的詩社參與有什麼關聯？以上皆是筆者企圖在本論文解決的問題。

## 第二節　文獻回顧

　　為解決上述問題，文獻回顧的過程中，筆者朝「劉克明」、「日治臺灣漢學」以及「臺灣近代教育」三方面進行整理。不過，目前未有以「劉克明」為研究對象之專家論。而日治時期日

---

[26] 劉克明，《寄園詩葉》（1968編印本；臺北：龍文出版社復刻，2009年3月）。

[27] 劉克明，《臺灣今古談》（臺北：新高堂書店，1930；臺北：成文出版社復刻，1985年）。

[28] 劉克明，《中和庄誌》（臺北：共榮社印刷，1932；臺北：成文出版社復刻，1985年）。

本漢學與臺灣漢學之關聯性的研究，大多著重在「儒學」的討論，探討「漢學」交流的問題則尚未被深化。至於臺灣近代教育的研究，目前則累積了豐富的成果。以下根據本文所提出的問題，與前行研究對話。

首先，筆者從臺灣近代教育研究的部分切入。Tsurumi的《日治時期臺灣教育史》[29]綜觀日治時期臺灣殖民統治教育，為相關議題做了初步的開展。包括各階段的統治策略、教科書的使用以及對臺灣意識形成的影響等等。Tsurumi認為，比起歐洲殖民諸國，即使日本的殖民教育較為普及、平等，但終究是配合殖民當局意圖而施行的階段性策略，訓練人民成為統治上的工具。然而，筆者更想知道的是，臺灣人在教育現場的言論、著述以及行動，只是一味的屈從？或者自行一套未來展望的邏輯？也因此，進一步耙梳與師範教育相關的研究，吳文星〈日據時期臺灣師範教育之研究〉[30]及謝明如〈日治時期臺灣總督府國語學校之研究（1896-1919）〉[31]的制度觀察，使日治時期臺灣師範教育有了清楚的輪廓。二文分析教育政策與師範教育制度之間互為因果的演變，著重總督府官方的統計數據。透過數據，討論日、臺籍人士在臺灣師範學校的師資狀況、學生素質、課程與教學內容等，也說明日、臺籍畢業生的流向以及社會地位的流動。

吳文星《日據時期臺灣社會領導階層之研究》[32]延續對師範

---

[29] E. Patricia Tsurumi, *"Japanese Colonial Education in Taiwan, 1895-1945."* (Cambridge Mass, U.S.A. and London, England: Harvard University Press, 1977).該書中譯本為林正芳譯，《日治時期臺灣教育史》（宜蘭：仰山文教基金會，1999年）。

[30] 吳文星，〈日據時期臺灣師範教育之研究〉（臺北：臺灣師範大學歷史所博士論文，1983年1月）。

[31] 謝明如，〈日治時期臺灣總督府國語學校之研究（1896-1919）〉（臺北：臺灣師範大學歷史所碩士論文，2007年）。

[32] 吳文星，《日據時期臺灣社會領導階層之研究》（臺北：正中，1992年3月）。

教育的觀察，指出國語學校與醫學校對於日治時期新興社會領導階層的重要性。吳文星在此書中同樣使用官方資料製成表格，並據此說明日治時期臺灣社會領導階層的權力受殖民束縛的程度相當大。初期，接受籠絡因而順服殖民者的士紳甚多；地方的公共團體，也提供士紳延續清治時期的地位。其後，富豪集團漸居社會中堅地位；而由臺人擔任地方官的策略，使由國語學校及醫學校畢業的新興社會領導階層成為殖民行政的輔助工具。正如謝明如論文中指出：師範畢業生紛紛棄職從商，以「教育家」揚名者稀若珍寶。[33]因此筆者認為，以吳文星研究中指出的領導階層權力之轉移、繼承為背景，更可以看出劉克明在日治時期臺灣教育界的重要性。究竟是什麼原因、抱持著什麼樣的理念，驅使劉克明甘於持續從事教職？與劉克明對「同化政策」的認知是否有關聯？

「同化」是臺灣被殖民時期的重要議題。在與同化教育相關的臺灣研究中，以陳培豐《「同化」的同床異夢：日治時期臺灣的語言政策、近代化與認同》[34]最具有代表性。該書指出總督府與臺灣士紳間，對於「同化」的概念存在著不同的期待與想像。論文首先整理歷任總督及民政長官對教育施設的方針，用以說明「國體論」所具有的強烈民族意識形態，如何成為臺灣教育政策的核心。然而，臺灣士紳接收到的訊息則是在日本統治之下有個值得期待的文明社會。書中以李春生、林獻堂，以及語言改革運動中黃呈聰、蔡培火等人在日治時期不同階段、對近代文明追求的不同表現方式為例。陳培豐試圖透過此文，強調臺灣人對日本

---

[33] 謝明如，〈日治時期臺灣總督府國語學校之研究（1896-1919）〉，頁298。

[34] 陳培豐，《同化的同床異夢：日治時期臺灣的語言政策、近代化與認同》（臺北：麥田，2006）。

的「同化」教育並非一味的拒絕，而是以接受的態度達到各自的抵抗目標。文中指出臺灣人對「同化」認知上的落差，給筆者很大的啟發。筆者在意的是，除了國語政策與近代化，日、臺間漢學的傳統，是否也在同化議題中扮演重要角色？漢學在日本國內經過內涵的嬗變後，經過變革的漢學是否影響臺灣漢學？是否與總督府的策略有關？總督府在臺灣推行的文教政策與實踐的內涵，是否也使得具有漢學學養的臺灣士紳，產生對殖民教育的措施乃至於對漢學存續的誤解？

因此，問題回到具有漢學素養的士紳身上。官方漢文嫁接的策略在筆者關注的議題上顯得特別重要。有關於官方「文治策略」的相關研究，與本論文較為相關者，包括：楊永彬〈日本領臺初期日臺官紳詩文唱和〉、[35]川路祥代〈殖民地臺灣文化統合與臺灣傳統儒學社會（1895-1919）〉，[36]以及高野史惠〈日據時期日臺官紳的另外交流方式──以木村匡為例（1895-1925）〉。[37]

楊永彬一文率先指出統治初期「官紳唱和」風氣的帶動，是統治當局有意透過日人官紳原有的傳統漢學素養，與臺灣士紳的交流，成功籠絡臺灣地方士紳，也替殖民當局提供了有用的人力資源。川路祥代的論文，跳脫以「民族大義」解析日治臺灣文人思想的框架，嘗試從「日治時期臺灣儒學」的面向，將過往鮮少被研究者注意到的吳德功（1850～1924），置於「臺灣儒學」的

[35] 楊永彬，〈日本領臺初期日臺官紳詩文唱和〉，《臺灣重層近代化論文集》（臺北：播種者，2000年），頁105-181。
[36] 川路祥代，〈殖民地臺灣文化統合與臺灣傳統儒學社會（1895-1919）〉（臺南：國立成功大學中國文學所博士論文，2001）。
[37] 高野史惠，〈日據時期日臺官紳的另外交流方式──以木村匡為例（1895-1925）〉（臺南：國立成功大學臺灣文學研究所碩士論文，2008年8月）。

脈絡觀察思考。嘗試藉此理解日治時期統治者如何透過「儒學」來統合鄉紳階層，而得以重建日本統治體制下的臺灣傳統儒學社會。高野史惠的研究則著重木村匡（1860～1941）與其所創立的大正協會。大正協會標榜以「內臺融和」為目標，召集日、臺官紳，藉演說、談話的模式進行交流。重點是，成立於1912年的大正協會是以日文的方式交換意見；並且，大正協會成立數年後開始推動祀孔典禮，由會長木村匡扮演祭孔主導角色。上述三篇論文，第一篇指出日治初期漢文嫁接過程；第二篇延伸了嫁接後臺灣儒學的發展；第三篇則延續了儒學在日治中期的改變。不過，川路祥代與高野史惠的重點皆在儒學活動，筆者則希望能將焦點放在漢學發展的脈絡上。

此外，陳培豐、黃美娥都曾經針對臺灣「漢文脈」與日本漢學的交流提出了精闢的見解。陳培豐在〈日治時期的漢詩文、國民性與皇民文學——在流通與切斷過程中走向純正歸一〉[38]指出，即使臺、日雙方有著詩文交流的企圖，但日本漢詩與臺灣漢詩「同文不同調」。意即，同樣以漢文書寫，但日本採用音訓結合、顛倒詞序的日式讀法，與臺灣漢詩閱讀方式全不相同：「相對於『國語』以及和歌俳句被認為是涵養日本國民性的唯一管道；漢字、漢詩文則增強了『他者性』的色彩，而變成一種足以讓統治者利用的工具。」他認為，因為臺灣漢詩與日本漢詩的本質差異，並無法承載「國民性」。黃美娥〈日、臺間的漢文關係：殖民地時期臺灣古典詩歌知識論的重構與衍異〉，[39]是第一

---

[38] 陳培豐，〈日治時期的漢詩文、國民性與皇民文學——在流通與切斷過程中走向純正歸一〉，《跨領域的臺灣文學研究學術研討會論文集》（臺南：國立臺灣文學館，2006），頁475-483。

[39] 黃美娥，〈日、臺間的漢文關係：殖民地時期臺灣古典詩歌知識論的重構與衍異〉，《東亞現代中文文學國際學報：臺灣文學與跨文化流動》第3期，2007年4

篇全面性的提出日、臺漢文在跨域接觸的同時為彼此帶來的轉變的論文，探討的議題包括：日本漢詩的引介使得臺灣的漢文邊界擴大與位移、近代媒體的興起對「文類」的啟發、臺灣古典文學知識論等等。而「國民性的涵養」，亦是其中一例。有關「國民性」的討論，黃美娥延續陳培豐的說法，認為：「臺灣漢詩之欲承載日本國民性，無疑會混淆日、臺文化位階與界線的問題。」兩篇文章對「國民性」涵養的討論引起筆者很大的興趣。因為「教育敕語」代表著日本漢學與國體的緊密結合，筆者認為，從劉克明的生命經驗來看，有關於日本漢學與臺灣漢學間取法、交流的立場問題或許還可以再深化討論。

最後，回到劉克明在日治時期作為一位教師的相關前行研究。包括：楊惠菁〈《臺語大成》詞彙研究〉，[40]以及室屋麻梨子〈《臺灣教育會雜誌》漢文報（1903 1927）之研究〉。[41]作為一位日、漢語能力極佳的教師，劉克明編寫的數種語言教材，曾被列為考試指定參考書。楊惠菁〈《臺語大成》詞彙研究〉，即以1916年發行、再版高達9次的《國語對譯臺語大成》為研究對象。楊氏一文主要透過語言學的方式分析，將此書置於臺灣語言史料的座標中探討。文中並未將劉克明的身分背景、成書原因加以介紹。室屋麻梨子，〈《臺灣教育會雜誌》漢文報（1903-1927）之研究〉聚焦在明治36年（1903）到昭和2年（1927）《臺灣教育》有漢文報的階段。該文以詮釋漢文報作為政令宣導的工具為旨，指出漢文報內容與日文部分不盡相同的原因，乃在

月，頁111-133。
[40] 楊惠菁，〈《臺語大成》詞彙研究〉（臺北：臺北市立師範學院應用語言文學研究所碩士論文，2003年）。
[41] 室屋麻梨子，〈《臺灣教育會雜誌》漢文報（1903-1927）之研究〉（臺南：國立成功大學歷史研究所碩士論文，2007）。

總督府企圖利用臺灣教師進行漢語的政令宣導，讓民眾接受與接收同化訊息。室屋一文對《臺灣教育》漢文報詳盡的研究，使筆者對《臺灣教育》有更全面性的理解。《國語對譯臺語大成》及《臺灣教育》的漢文報與劉克明的生命緊密扣連，但兩文受限於研究主題，皆未對劉克明的生平進行耙梳。一切有關於劉克明的故事，我們得從頭說起。

綜觀上述有關於「劉克明」、「日治臺灣漢學」以及「臺灣近代教育」三方面的研究，可以發現，生於1880年代，同時受過漢學教育及近代教育的臺灣人，對臺灣漢學、歷史的思考方式有待進一步的釐清。有鑑於臺灣目前沒有劉克明的專家論述，因此有必要進一步理解這位日治時期臺灣籍教師、刊物編輯、以及詩人的生命歷程。而目前對於日治時期臺灣漢學以及近代教育的研究，並無法完整的詮釋劉克明對「臺灣漢學發展」以及「同化教育」的看法。因此有必要透過劉克明一生的著述、教育行動以至於交友網絡的了解，解決本論文所提出的問題。

## 第三節　概念釋義

### 一、同化

如同本文前行研究所述，關於日治時期臺灣同化政策的討論，以陳培豐最具代表性。筆者對於「同化」意涵之界定，基本上引自陳培豐《「同化」的同床異夢：日治時期臺灣的語言政策、近代化與認同》的概念。以下將進行說明。惟同屬日治時期同化問題之研究，筆者在同化一詞的翻譯上略有不同見解，一併補述之。

陳培豐在《「同化」的同床異夢：日治時期臺灣的語言政策、近代化與認同》[42]序論中，開宗明義指出他對「同化」一詞的看法。他表示，學界對於1895年到1945年日本統治臺灣的方針及內容，直指為「同化主義政策」，而忽略了進一步討論「同化」內涵的可能。並認為 "assimilation" 源自19世紀歐美殖民政策，基本精神是將殖民地統治當作本國施政的延長，與日本統治臺灣的實際內容、特徵有差異。陳培豐對於日治時期臺灣的同化政策並不能以 "assimilation" 稱呼的理由，值得詳細徵引：[43]

　　"Assimilation" 雖有鼓勵統治者與當地居民通婚、達到民族融合之政策意圖，但是並無透過學校教育試圖「將臺灣兒童變造日本兒童」，或「變成日本人種」的精神傾向。在 "assimilation" 典範的阿爾及利亞，初等教育也不像臺灣一樣，完全以統治者的語言來進行。再者，在臺灣以通婚的方式達到民族融合的政策並沒有被積極推行過，臺灣人的參政權也受到日本政府強力的壓制，僅只於聊勝於無的狀況。雖說如此，日本的臺灣統治卻擁有全世界殖民地史上前所未見、積極而強烈的國語「同化」教育政策。因此，精確地來說，臺灣人在日治時期所接受的只能算是日本帝國主義式的「同化」政策，並非完全西歐式的 "assimilation"。

陳培豐根據以下四點：一、教育的精神傾向；二、日治時期臺灣

---

[42] 陳培豐，《「同化」的同床異夢：日治時期臺灣的語言政策、近代化與認同》（臺北：麥田，2006）。

[43] 陳培豐，《「同化」的同床異夢：日治時期臺灣的語言政策、近代化與認同》，頁17-18。

教育特殊而強力執行的語言政策；三、民族融合的政策；四、參政權等，將日治時期臺灣的「同化」政策與西方 "assimilation" 的概念進行比較，得出 "assimilation" 並不適用於日本統治臺灣的結論。因此，該書英譯為 "douka"，即日文「どうか」，也就是「同化」。而書中使用同化一詞時，皆加上引號，與西方 "assimilation" 的概念區別。

陳培豐提出這段看法的主要目的在於提醒學界重視「同化」內涵。根據《「同化」的同床異夢》的分析理路，此概念的提出對臺灣學術界具有相當的貢獻。然而，若以「翻譯」問題來考慮 "assimilation" 與 "douka" 的使用，筆者認為將臺灣在日治時期的同化情境，直接以 "assimilation" 稱之並無大礙。詞彙的產生自有其語境。而「翻譯」的過程中，不同語境的詞語多半存在著借用與轉化的問題。因此，筆者認為使用 "assimilation" 不會讓人對日本的統治策略產生誤解，反之，使用 "douka" 也不見得能完全蓋括《「同化」的同床異夢》指出 "douka" 意義的流變。該書指稱，統治者施政過程中 "douka" 的內涵不盡相同。既然如此， "douka" 只是另一個蓋括了日治時期臺灣統治策略的詞彙。因此，筆者認為重點在於研究者面對 "assimilation" 時，必須明白不同國家對於 "assimilation" 的策略本來就存在著差異。而日本作為一個亞洲的殖民帝國、一個在面對西方列強的危機感中產生的帝國，當她遇上同樣位於亞洲的殖民地，極可能產生與西方 "assimilation" 大不相同的統治策略。

該書緒論中接著提出日本、臺灣學界在戰後面對「同化」問題時，普遍缺乏的五個問題意識：[44]

---

[44] 陳培豐，《「同化」的同床異夢：日治時期臺灣的語言政策、近代化與認同》，頁19。

（一）所謂的「同化」到底有什麼具體內容和意識型態？

（二）「同化」的內容和意識型態是否隨著時間的變化而有所改變？

（三）與同時期歐美殖民地統治和日本近代歷史中所謂的國內殖民地北海道、沖繩比較起來，臺灣的「同化」到底具有什麼特徵？其存在的意義為何？

（四）統治者實施「同化」的必要性何在？

（五）對於「同化」，臺灣人是以什麼態度去對應？是抵抗、接受、妥協還是催化？

以上正是陳培豐在書中企圖解決的問題。而筆者以為，本論文在處理劉克明生命經歷的議題上其實也和上述一、二、四、五項問題相關聯。在陳培豐提出將「同化」視為一個問題意識之後，「同化」成為一種分析方法，開拓臺灣文史研究的視野。而本論文也是在這樣的基礎上，展開「以劉克明為中心，檢視劉克明在不同階段的同化教育論述，如何反應對臺灣漢學存續之態度」的研究。惟須強調的是在「同化」翻譯與用法上，筆者與陳培豐抱持著不同意見，因此，本文並未同化一詞以附加引號的方式呈現。在論文英譯時，也以 "assimilation" 稱呼臺灣的同化政策。

## 二、漢學、漢詩文與漢文化

筆者認為，欲理解臺灣日治時期的漢學發展，有必要耙梳日本近代「漢學」意義的嬗變。以下有關日本領有臺灣以前近代「漢學」的產生與其意義的轉變，整理自陳瑋芬《近代日本漢學

的「關鍵詞」研究：儒學及相關概念的嬗變》；而在政治背景耙梳的部分，另參考李永熾《日本近代史研究》。

漢字語詞通常隱含強烈的象徵意義，但只要改變其表述方式，就很容易淡化文字本來承載的歷史意義。「儒教」、「漢學」、「孔子學」以及「支那學」等詞語烙印了近代日本認識中國的方式，並反映日本國內漢學者鞏固儒學地位時奮鬥的軌跡。[45]

首先，概觀上述詞語在日本史出現的情況：中、近世的日本人接受了以性理學為主的儒學，儒學的概念在日本內部也產生新的整合。「漢學」是與日本「國學」相應而生的詞彙。十八世紀後半葉，日本「國學」意識高漲，本居宣長（1730～1801）主張以「漢學」界定中國古典之學，與日本固有文化區別。德川幕末至明治維新時期，過去被稱為「蘭學」、「洋學」的西洋之學，由物質、技術領域擴大影響人文、社會科學，進一步具備了「哲學」的意涵。為回應「漢學」近代化的需求，「漢學」相對地成為表述「中國哲學、思想」的語詞，大學也因此設置了「支那哲學」、「東洋哲學」等學科。明治中晚期，「日本式儒教」隨著「教育敕語」的宣傳而流行；大正中期，服部宇之吉（1867～1939）等「斯文會」成員開始提倡「孔子教」。因此，帶有強烈政治色彩的「儒教」概念，直到二次世界大戰結束以前對日本國內具有一定的影響力。[46]

以下，筆者針對領臺前日本近代化的政治過程，造成「漢學」意義的轉變加以介紹。

日本近代化過程中，追求國家對內的統一與對外的獨立。幕末時期的民族主義運動、明治十年（1877）以前確立中央集權

---

[45] 陳瑋芬，《近代日本漢學的「關鍵詞」研究：儒學及相關概念的嬗變》，頁45。
[46] 陳瑋芬，《近代日本漢學的「關鍵詞」研究：儒學及相關概念的嬗變》，頁45。

制，以及明治十年（1877）後中央集權天皇制的加強、重編，都是面對西方勢力擴張所產生的危機反應。[47]明治維新意味著日本由封建式的藩國集合體統合為近代民族國家，政府的教育政策也在危機感的反應下向西方看齊。在中國，「漢學」指漢代為主到魏晉時、以訓詁為中心的學問；而日本在幕府後期出現「漢學」的稱呼，初期指相對於「國學」出現之後以及「蘭學」、「洋學」傳入日本以前，以中國文化為主體的學問。明治維新以後，「漢學」曾是「儒學」的通稱，與「國學」相對而產生「漢學」預設了「儒學並非日本本土學問」的立場，因此漢學學者備受批評，亟需伸張自我的正當性，遂將西洋社會科學與清代考證學一併納入思考，修正「漢學」的內涵。逐漸地，「漢學」的意義比德川時期「儒學」更加廣闊，幾乎容納所有中國學問。[48]為了「收復失土」，日本漢學者組織社團、學會，商量振興漢學的對策，使漢學朝向實效、實證、實利的存在。當時，有學者提出：「立聖之人教者，合眾異為大同，躋天下之治平」，指出聖人之教，前提在尊重多方意見，適應維新社會。漢學在此基礎上，可以學習洋學；漢學，是具備時空普遍性的道德規範的。[49]

再從政策的層面來觀察。1868年，明治天皇登基。此時，54歲的儒學家元田永孚（1818～1891）入宮內省擔任16歲明治天皇的侍讀，負責「君德輔導」。他不循宮中舊例授以《論語》，改而使之涉獵和、漢歷史。元田出任侍讀後，幾乎年年由他擔任主講，講述內容包括《書經》、《詩經》、《大學》、《中庸》、《周易》和《論語》。為了使天皇「內聖外王」、「仁者

[47] 李永熾，〈日治初期日本的近代化與知識份子〉，《日本近代史研究》，頁9。
[48] 陳瑋芬，《近代日本漢學的「關鍵詞」研究：儒學及相關概念的嬗變》，頁51-52。
[49] 陳瑋芬，《近代日本漢學的「關鍵詞」研究：儒學及相關概念的嬗變》，頁57。

愛人」，他選擇《論語》〈學而〉和〈為政〉篇，強調「脩德政治之本」。[50]

　　明治11年（1878）天皇到東京大學視察後，對日本舉國上下「崇洋媚外」的熱潮表示憂慮。他認為國（日）文、漢文是學校教育中不可或缺的，即使理工、醫學再發達，也無法用以治國。因此，教育方針從主智主義轉向「儒教主義」。翌年，頒布由天皇侍講元田永孚執筆的「教育大旨」，展現明治政府強烈的「儒教」倫理觀。其中，主張教學的本意在「依祖宗之訓典，專明仁義忠孝」，而「道德之學」以孔子為本。也就是以「仁義忠孝」等同於「君臣父子之大義」為體、「知識才藝」為用。明治15年（1882），同樣是元田執筆的〈幼學綱要〉公布施行，強調「孝行」與「忠節」是「人倫之最大義」，希望貫徹修身教育。而忠、孝之間，又以對國家盡「忠」優於家長制下的「孝」，這樣的「臣民道德」，影響了明治23年（1890）頒布的「教育敕語」內文所強調的臣民精神；[51]此精神也深深影響著殖民地臺灣，一直持續到二次世界大戰結束以前。

　　綜觀上述，與「國學」、「洋學」相應而生的近代日本「漢學」，涵養了實證性質的清代之學與西學，使得「漢學」的意義被擴張。而「儒學」在日本帝國主義興盛的時期，轉化成為道德標準的同時，「儒教」闡述的空間因而趨向保守。也就是說，在日本近代化的政治過程中，對外的獨立意識，也就是與「國學」以及「洋學」對抗的危機意識，「漢學」得以新的意義延續生存空間；而對內的統一，為了強調天皇制的權威與神聖，「儒學」

---

[50] 陳瑋芬，《近代日本漢學的「關鍵詞」研究：儒學及相關概念的嬗變》，頁165-166。

[51] 陳瑋芬，《近代日本漢學的「關鍵詞」研究：儒學及相關概念的嬗變》，頁60。

轉而著重「修身、齊家」，並培養「忠君愛國」的觀念，強調「臣民」的義務、也就是「國民性」的展現，使得「儒教」的意義漸趨保守。而幾乎囊括所有「支那」學問的「漢學」（包括儒學）與「教育敕語」中用以確立國體的「儒教」思想，在日本領有臺灣初期的統治策略發揮了一定的作用。

陳瑋芬在《近代日本漢學的「關鍵詞」研究：儒學及相關概念的嬗變》第五章〈井上哲次郎的《敕語衍義》──關於「忠孝」的義理新詮〉、第六章〈服部宇之吉的「孔子教」論──關於「革命」及「國體」說的考察〉以及附錄一〈近代日本漢學的庶民性特徵──漢學私塾、漢學社群與民間祭孔活動〉，[52]討論漢學意義擴張後，「儒教」精神如何透過漢學者的詮釋賦予其近代意義。除了「儒教」，筆者更關切日本的「漢詩、文」等文學活動，如何在領臺以前拋卻「舞文弄墨」的刻板印象，挾著具有「實質」社會效益的作用而與臺灣原有的文學活動結合。有關於日本的漢詩、文活動如何與臺灣原有的文學活動結合，我們可以參考楊永彬的研究。

根據楊永彬〈日本領臺初期日臺官紳詩文唱和〉一文，明治維新倡行脫亞入歐的政策後，繼承德川幕府時期三百年來儒學成就的漢學家，大多因為無法施展其才而退出政壇、自立師門，傳授國家之政道與治道的經學。同時，漢詩文社亦是這些漢學者及其學子們經常組織、參與的活動形式，甚至經常招待中國駐日使館人員、官紳、高等功名的留學生等等。日本儒士將其漢學素養發揮在日本與中國的交流之間，雅集活動相當盛行。這些儒士們多抱持著可以發揮所長，並得以為國效力的心態，與中國碩儒詩

---

52　陳瑋芬，《近代日本漢學的「關鍵詞」研究：儒學及相關概念的嬗變》。

酒聯歡。[53]也因此，漢詩活動在這個時期就被賦予了實用的意義。

　　再從臺灣的角度來看。日本統治臺灣以後，臺灣人逐漸意識到「漢」民族與「大和」民族的異同。過去並不會將經、史、子、集等學問視為「漢學」，所謂的「漢」文化、「漢」學、「漢」詩文等說法，則是在日本領臺後才有的稱呼。因此「漢」文化、「漢」學、「漢」詩文的名稱頗受日本「漢學」意義嬗變的影響。這也正是筆者認為有必要先理解日本漢學發展過程，再觀察日治時期臺灣傳統文學發展相關問題的原因。


## 第四節　章節架構

　　本論文以日治時期臺灣籍教師劉克明為研究核心。劉克明具有漢學素養及近代教育經驗，筆者欲從其生命經歷探究他對「同化政策」、「近代教育」的立場，據以分析劉克明對日治時期漢學存續的態度、理想及實踐。以下分別敘述各章觀察及論述之重點：


　　　　第一章　　緒論
　　　　　　第一節　研究動機與問題意識
　　　　　　第二節　文獻回顧
　　　　　　第三節　概念釋義
　　　　　　第四節　章節架構


　　緒論部分，闡述本論文研究「具有漢學素養及近代教育經驗的本島文人」之動機，並說明前行研究成果。在前行研究的部

島民、新民與國民──日治臺籍教師劉克明（1884～1967）的同化之道

---

[53]　楊永彬，〈日本領臺初期日臺官紳詩文唱和〉，《臺灣重層近代化論文集》，頁111-112。

分，包括日治臺灣漢學、臺灣近代教育以及劉克明等相關議題，都是筆者關注及對話的範圍。提出問題後，第三節為概念釋義，界定同化以及漢學、漢詩文與漢文化等關鍵詞在本論文中的用法。第四節就論文觀察角度、論述方法等述明章節安排的緣由。

第二章　劉克明生平概述與詩作分析
　　第一節　生平概述
　　第二節　詩作分析

　　由於目前並沒有以劉克明為研究核心的專家論述，因此筆者將第二章分成兩節，概觀劉克明的生命經歷並分析劉氏詩作之特色。第一節以劉克明一生所經歷的三個不同政治政權進行切割，首先說明劉氏在清代的成長經歷以及漢學學習背景；接著略述他在日治時期各種身分的扮演及成就，包括師範教育的職務、雜誌編輯以及詩社成員等等；最後是在日本戰敗後的經歷。第二節透過劉克明發表於日治時期的報刊及《寄園詩葉》之詩作，分析劉克明的詩作風格。在劉克明以寫實為主的詩文中，筆者將其分為「古奇一狂人」、「補筆待何時」二部分來討論。生性曠達的劉克明，在詩句中常以「疏狂」自喻，反映他竭誠相見的率真。因此，劉克明的詩作總不脫與文友醻觴賦詩、以山水寄寓心志等情境。此外，「思鄉」及「歸隱之志」是筆者在分析劉克明詩作時看見的二大意象。值得注意的是，為什麼青雲直上的劉克明，卻有歸隱之志？筆者以為，這和本論文關注的同化問題有極大的關聯。是以，第三、四、五章依序分析劉克明在教育以及文化的不同領域中，其角色、行動及著述與同化政策之間的關聯，據此論述他的認同及生命的志向。

第三章 「我等新民」的同化之路：臺籍教師的同化論述
　　　　與實踐
第一節　臺灣語權威教授
第二節　理念與實踐之道：《臺灣教育》發表之
　　　　分析
第三節　從「新民」到「臣民」


　　本章旨在提出劉克明在臺灣教育界的貢獻，以及他長期奉獻
教育界的理念與動機。分為三部分，第一節從劉克明任教的臺灣
語談起。雖然臺灣語是因統治需求而存在的學科，然而劉克明因
有著良好的語言能力、且抱持臺日交流的理想，除了認真教學，
更編寫了數種語言教材，包括《國語對譯臺語大成》、《廣東語
集成》、《教科摘要──臺灣語速修》以及《實業教科──臺
灣語及書翰文》。本章第一節將進行各語言教材之分析。第二
節，將劉克明在《臺灣教育》的發言，分為「從『中原』到『橿
原』」、「同化之道」以及「做為近代文明人」三個部分，分析
他對同化的看法，以及他思考民族、國家的方式。根據分析，劉
克明認為「本島人」是日本各種種族中的「後來者」。在「同
文」的傳統下，「本島人」有著涵養「國民性」的基礎，但仍必
須透過積極的「國語」學習，才能與「母國人」並駕齊驅。因
此，劉克明為臺灣人所開闢的同化之道，就是學習「國語」、涵
養「國民性」，逐步成為帝國真正的臣民。這個看似與官方同化
論述極為相似的論調，其實隱含著劉克明對「本島」文化的堅
持，例如，他仍會替未奉新曆、未斷髮、未解足的臺灣人進行解
套；此外，他也不希望「本島」的語言：如臺灣俚言、臺灣語在

日本的統治下消失。而劉氏因積極奉獻，獲得臺灣教育會、總督府表揚的事蹟，筆者將在本章第三節呈現。

第四章　《臺灣今古談》中的「臺灣」
　　第一節　關於《臺灣今古談》
　　第二節　談臺灣古今‧話本島故事

　　第四章透過劉克明在《臺灣今古談》中敘述臺灣之過去、現在的立場，以及對未來的期待，作為他重視「本島文治發展」的根據。更重要的是，對臺灣文化發展脈絡的關心，透露出劉克明維繫臺灣漢學的堅持。首先，第一節介紹《臺灣今古談》的書寫特色。由劉克明一人獨力完成的《臺灣今古談》，全文由日文寫成，並收錄漢詩文。分為地理門及人事門，單元式的介紹臺灣今昔之重要人物、地點、史蹟、物產等等。接著，第二節從《臺灣今古談》呈現臺灣昔日開拓史、文教，以及凸顯臺灣今日文治成果的角度，據以提出劉克明對「本島文脈」的重視。劉克明以為，過去的臺灣，是一個有漢學傳統的臺灣；而今天的臺灣在帝國的統治下仍能保有漢學活動。統治初期之總督、長官皆有漢詩文能力是日本帝國重視漢文的有力證據。此外，如同第三章所言，期待臺人逐步成為帝國臣民的劉克明，十分關注改隸35年以來臺灣人的成就。也因此《臺灣今古談》中更載錄臺灣各行各業的傑出人物，特別是能在日本內地任職或實力可與內地人相提並論的臺灣人才，用以呈現「本島人」逐漸具備「成為帝國臣民」的條件。

第五章　「同文」的美麗錯誤：從劉克明看「漢學」與「同化」的關聯

第一節　帝國統治下的漢學活動

第二節　維繫斯文一線的責任與失落

　　本論文旨在說明「同化政策」、「近代教育」以及「漢學」中所包含的民族問題，因此經過二到四章分析劉克明對國家、民族的思考及同化實踐後，第五章的重點回到同化與漢學之間的關係。本章分為二節。第一節先說明臺灣的漢學脈絡如何在統治者有著政治意圖而臺灣人有著漢學存續的理想之下，成功地嫁接並延續。不難發現基於與日本同文的基礎，部分臺灣文士期待作為「東亞國粹」的漢學，亦能在臺灣存續並改革。為此，他們取法日本維新後的漢學，欲使「本島漢學」存有正當性，也使「本島漢學」產生變異。接著，本章第二節，將重心回歸至有關劉克明的討論。筆者根據劉克明成長於新竹的生命經歷，進一步詮釋劉克明維繫一線斯文的動機：他希望透過漢學的實踐，延續鄉賢的文學成就。意志堅定的劉克明於日治時期籌組詠霓吟社、瀛東小社，其後更加入瀛社成為該社重要幹部；此外，劉克明長期擔任《臺灣教育》、《專賣通信》漢詩欄的編輯，或者獲邀評選其他詩文社的作品，也都展現了劉克明持續耕耘漢學的決心。然而，走到同化的盡頭，漢學並沒有「復興」。縱使詩社興起，也只剩下「維護本島傳統」的價值，且與愈來愈趨向「神格化」的「儒教」漸行漸遠。本論文最末，遂以劉克明在詩作中呈現對於「同化」及「漢學」的失落作結。

　　第六章　結論

　　總結論述及提出未來可持續進行研究的方向。

# 第二章　劉克明生平概述與詩作分析

　　由於過去並無與劉克明相關的專家論述,劉氏亦未曾出版傳記。因此,筆者首先於本章第一節概述劉克明的生平。著重劉氏在學經歷、任職經驗、詩社參與,以及職業、藝文方面的成就。其後,於本章第二節分析劉克明的詩作風格。因本文之討論著重於劉氏日治時期的活動,是以詩作分析也以時間切割,僅觀察劉氏日治時期的詩作。除了從唱答的對象勾勒劉克明的交遊網絡,筆者亦從劉克明即興偶作之賞析獲悉劉詩的兩大主題:思鄉及淡泊的生命情懷。據此更深刻貼近這位未曾被學術界研究的臺籍教師在日治時期生活的種種,以利後文針對同化的討論。

## 第一節　生平概述

### 一、從清國子民成為日本臣民

　　清光緒10年(1884),臺灣人民過得並不平靜。西方列強侵略中國國土的戰役波及臺灣。是年六月,法國軍艦砲擊基隆;八月集中火力攻打臺灣,甚至全面封鎖臺灣海域。直到隔年二月,清法於天津達成停戰和議,戰火才平息。光緒11年(1885)臺灣建省,省會設在臺北,劉銘傳成為首任臺灣巡撫。

　　光緒10年12月6日(西曆1884年1月3日),劉克明在這樣的時代誕生於竹塹城南一個書香世家。祖父劉瀛臺(1827～1910),

生平好善樂施，惠及鄉里；[1]父親劉廷璧（1857～1892），為新竹廩生，在鄉里課館授徒。[2]光緒12年（1886，劉3歲），[3]鄉賢蔡啟運（1855～1911）成立「竹梅吟社」，主要成員包括：鄭兆璜（1855～1921）、陳濬芝（1855～1901）、陳朝龍（1859～1903）、曾逢辰（1853～1928）、鄭鵬雲（1861～1915）以及劉廷璧。[4]

　　光緒16年（1890，劉7歲），劉廷璧應新竹宿儒鄭如蘭（1835～1911）之聘，在北郭園授課，劉克明亦寄學於北郭園，從竹塹文士張鏡濤（1850～1901）學文，[5]從曾逢辰學詩。除了跟隨父執輩為文作詩，課餘，亦隨雅號南管的祖父四處聽戲。然而，父親劉廷璧於光緒18年（1892，劉9歲）英年早逝，劉克明只得繼續隨張鏡濤寄學於潛園及北郭園。[6]在漢學學習階段，劉

---

1　〈含笑重泉〉，《漢文臺灣日日新報》，「雜報」欄，1910年3月23日，第5版。

2　劉克明，〈臺灣に關する最初の作詩〉，《臺灣今古談》（臺北：新高堂書店，1930；臺北：成文出版社復刻，1985年），頁103。

3　為使劉克明個人生命史與時代更為緊密，本節將年份後加註劉氏歲數。感謝臺灣文學館出版審查委員之意見。

4　詹雅能，《竹梅吟社與《竹梅吟社詩抄》》（新竹：竹市文化局，2011年12月），頁27-36。

5　寄園主人（即劉克明），〈讀北郭園全集〉（一），《臺灣教育》漢文報第178號，1917年4月1日，頁5-6。

6　劉克明，〈北白川宮能久親王殿下御泊の奭吟閣〉：「余が九歲の時，隣舍に居られた恩師張鏡濤先生が此の家の家庭教師に迎へられて行かれた時，余も之に從ひ往き，此所で一簡年間學んだことがある。」（筆者自譯：余九歲時，鄰居張鏡濤先生受邀至此家[指林家潛園]擔任家庭教師，余亦從之學習，為期一年。）奭吟閣在潛園內，日治時期移往新竹神社保存。見劉克明，《臺灣今古談》，頁76。筐村（即劉克明），〈日軍侵竹邑前後〉：「聞日軍侵占中國各地，臺灣亦將危險，且怕惡徒乘機搶劫，富豪家多雇壯丁練武以備不虞。時余寄學於北門外水田庄富豪鄭如蘭翁家，蓋先嚴曾為鄭府家庭教師，因此得寄學之機緣，時之老師為名廩生張鏡濤先生，先生本住余家隔鄰，為鄭家延聘，余亦隨之而去，初讀書處設在『吾亦愛』，後該處充為練武場所。」文中『吾亦愛』為鄭肇基書齋。見筐村，〈日軍侵竹邑前後〉《臺北文物》10卷2期，1961年9月1日，頁109。

克明與北郭園鄭家以及潛園林家之子弟結為竹馬之交，也認識了魏紹吳（1862～1917）的兒子魏清德（1888～1964）。當時，魏清德亦從張鏡濤學文、曾逢辰學詩。[7]

遭逢喪父之痛未滿三年，臺灣陷入動亂。光緒乙未（1895，劉12歲），馬關議和成立。割臺消息傳入臺灣，全民皆震駭。有人組織義勇軍抵抗到底，亦有人趁亂打劫。日軍入臺之際，劉克明一家同城內民眾疏散到虎子山避難。據劉克明晚年回憶：「避難期間，臺人要準備黑白二旗，白者書『大日本帝國善良民』，黑者則寫『歡迎義勇軍』。當日軍經過時，急插白旗；見抗日義勇軍到，急拔白旗換黑旗。終日如此，相當不便。待到城內平靜可居，始搬回故里。」[8]

改隸之初，臺灣總督府一方面對「匪徒」進行武力鎮壓，一方面在各地開展文化統治的策略。明治30年（1897，劉14歲）5月27日，總督府官派的第一任新竹縣知事櫻井勉（1843～1931）到任。雖然在竹塹任期未滿一年即離職，但櫻井一到新竹就招集騷人墨客大開詩會，使竹塹詩風有如前清時期興盛。清治時期，新竹地區曾產生「竹城吟社」、「潛園吟社」、「斯盛社」、「竹社」、「梅社」、「北郭園吟社」以及「竹梅吟社」等七大詩社。[9]竹塹士紳鄭鵬雲、曾逢辰、蔡啟運等「竹梅吟社」的成員，都是櫻井勉的座上賓。[10]日籍官員重視臺灣固有文化一事，在劉克明心中留下深刻印象。日後櫻井勉與臺灣文

---

7　參考「魏清德年表」，見李婉甄，〈藝術潮流的衝擊與交會：日治時期魏清德的論述與收藏〉（臺北：臺灣大學藝術史研究所碩士論文，2008年），頁180。

8　篁村，〈日軍侵竹邑前後〉，《臺北文物》10卷2期，1961年9月1日，頁109-110。

9　黃美娥，〈北臺文學之冠——清代竹塹地區的文人及其文學活動〉，《臺灣史研究》5卷1期，1999年11月，頁91-139。

10　詹雅能，〈櫻井勉與日治前期的新竹詩社〉，《社會科教育學報》第6期，2003年，頁1-28。

士仍保有詩文之誼。明治45年春（1912，劉29歲），櫻井勉再度訪臺，劉克明作有〈潤庵君邀飲席上呈兒山翁以姓為韻〉組詩二首，呈現劉氏與這位雅好詩文的行政長官交情匪淺：[11]

> 春風一褐艋津頭，忽見呂安命駕遊。（作者註：「春初，公次余詩曰：『底時能命呂安駕，同蹈古奇峰上苔。』」）斗酒百篇依舊壯，千鈞健筆壓曹劉。
>
> 清福問公幾世修，童顏鶴髮老風流。詩才直迫襄陽李，酒量還過沛國劉。

　　劉克明除了欣羨櫻井勉過著清閒的生活，讚嘆櫻井勉老當益壯，更值得注意的是，詩句有「千里命駕」的典故來形容與櫻井勉相會的喜悅與急切。就像魏晉交情甚篤的呂安和嵇康，每當思念對方定要驅車前往。櫻井勉在此年春初，曾寫詩傳達對文友的思念，不過數月，便有此機緣邀集眾人同樂。酣觴賦詩，劉克明直誇櫻井勉縱橫的才氣與過人的酒量，席間歡樂可見一斑。

　　日本的文治策略，除了對鄉賢的禮遇、漢學的尊重，更包括近代教育的開展。臺灣總督府在新竹地區設置的第一個文教機構是「新竹國語傳習所」。據《臺灣教育沿革誌》記載，新竹國語傳習所於明治29年（1896，劉13歲）11月21日舉行開所儀式，25日開始授課。[12]校舍則使用當時充當「陸軍衛戍病院」使用之「明志書院」。根據府令第15號發布之「國語傳習所規則」，國語傳習所按照年齡及修習內容分為「甲科」及「乙科」兩種。甲科生年

---

[11] 劉克明，〈潤庵君邀飲席上呈兒山翁以姓為韻〉，《臺灣日日新報》，「瀛社詩壇」欄，1912年4月30日，第5版。

[12] 臺灣教育會編，許錫慶譯註，《臺灣教育沿革誌》（中譯本）（南投：臺灣文獻館，2010年），頁80。

齡限制為15歲以上、30歲以下，專門修習國語兼及讀書、作文初步，修業以半年為限。乙科生年齡限制為15歲以下。修課內容除國語外，兼修讀書、作文、習字、算數等，修業以四年為限。[13]甲科分為上、下學期，乙科則比照日本小學為三學期制。明治29年（1896，劉13歲），新竹國語傳習所有72名甲科生，以及58名乙科生入學，共130人。

國語傳習所於明治30年（1897，劉14歲）10月增設漢文課程，劉克明於該年進入新竹國語傳習所就讀。漢文科的增設與臺灣實地的需求有關。國語傳習所規則之第一條明令：「機構設立之主旨為對本島人傳授國語，俾有助其日常生活，並培養本國精神。」[14]官方雖有這份期待，但臺灣人日常生活使用的語言仍然是漢文。是以，新式教育機構難敵書房的地位。《臺灣教育沿革誌》記載了當時的狀況：[15]

> 國語傳習所規則發布當時，正值萬事草創之際，別無其他可依循之法，只因對本島人教以國語一事為燃眉之急而制定之，故如乙科生般全無漢文素養者，即便耗費四年歲月而畢業，但僅能通曉國語，完全不解漢文（臺灣句讀、臺灣尺牘等），連在日常生活亦生障礙，故而自然導致其父兄偏重書房之後果，國語傳習所難與之抗衡。

因此，明治30年（1897，劉14歲）10月31日，修正國語傳習所部分規則。將規則之第四條：「依地方之情況，乙科學生添加

---

13 臺灣教育會編，許錫慶譯註，《臺灣教育沿革誌》，頁72-77。
14 臺灣教育會編，許錫慶譯註，《臺灣教育沿革誌》，頁72。
15 臺灣教育會編，許錫慶譯註，《臺灣教育沿革誌》，頁85。

地理、歷史、唱歌、體操之任一科目或數科目，亦得為女學生添加裁縫科目」，加入「漢文」科學習。各地方傳習所可視地方之需求增設漢文科，以改善學生畢業後全無漢文能力的情況。[16]

國語傳習所開設後，臺灣民眾逐漸認知教育之必要，各地競相爭取設立分教場。但傳習所由國費負擔，而日本政府在臺灣施行教育的經費又相當有限。總督府與地方協調後，決定開設由地方官廳負責籌措教育經費的公學校。明治31年（1898，劉15歲）7月28日，臺灣公學校令（敕令第178號）及臺灣公學校官制（敕令第179號）公布後，國語傳習所改稱為公學校。[17]劉克明遂由「新竹國語傳習所乙科生」，變為「新竹公學校本科生」。同年，魏清德亦進入新竹公學校。[18]當時，公學校學生年齡限制為8歲以上至14歲以下，修習的科目包括修身、國語作文、讀書、習字、算術、唱歌、體操，修業年限為六年。[19]

公學校訓令發布後，必須有相應的機構培育作為公學校教師的「本島人教員」。「師範學校」遂在這樣的背景下設立。因此，明治32年（1899，劉16歲）3月31日公布「臺灣總督府師範學校官制」，位於臺北、臺中以及臺南的三所師範學校成為培訓臺灣人擔任公學校訓導的機構。該制第一條即表示「師範學校培養本島人之擬擔任國語傳習所及公學校教員者」，明確指出師範學校的作用在於培養「本島人」從事教職，而當時培訓臺灣各級學校「日人教員」的單位則是「總督府國語學校師範部」。由於師範學校亦屬國費負擔之教育機構，因此師範學校畢業之學生須

16 臺灣教育會編，許錫慶譯註，《臺灣教育沿革誌》，頁74。
17 但因臺東、恆春兩地方無負擔經費之能力，仍維持國語傳習所制。見臺灣教育會編，許錫慶譯註，《臺灣教育沿革誌》，頁96-98。
18 《臺灣總督府國語學校生徒明細簿》（藏於國立臺北教育大學）。
19 臺灣教育會編，許錫慶譯註，《臺灣教育沿革誌》，頁96-100。

服務十年。相關規定見於師範學校規則第十六條：「願意自畢業之日起從事十年教職之誓約者」，以及第十九條「學生自獲頒畢業證書之日起十年期間，有到由知事、廳長指定之學校服務的義務」。[20]十年雖然是一段漫長的時間，但亦可以算是一種就業的保障。因此，能夠進入公家機關任職，對臺人而言仍然具有相當大的吸引力。

劉克明即是當時有意就讀臺北師範學校的志願者之一。他希望在師範學校三年的學習後能返鄉授徒，就像父親在世時一樣，將所學回饋鄉里。若能回到竹塹，也可就近照顧年邁的祖父與母親。[21]根據《臺灣總督府國語學校生徒明細簿》記載，明治33年（1900）17歲的劉克明在新竹公學校修習第五學年的課程，同年9月，進入臺北師範學校，成為該校第二屆的學生。此外，臺北師範學校入學申請書中須有保證人簽名，確保學生「身分相關事項」。[22]而劉克明入學時的保證人為新竹宿儒曾逢辰，即劉氏之詩學導師。[23]

進入臺北師範學校後，劉克明認識了畢生的至交：臺北盧子安（1876～1930）、王少濤（1883～1948）、楊潤波（1884～？）、林佛國（1885～1969）等人。鄉友蔡式穀（1884～1951）當時也是該校學生。然而，明治35年（1902，劉19歲），臺北師範學校竟因教師職缺供需不平衡而遭總督府廢除。意即，原本因公學校令公布而設立三所師範學校，藉此培訓「本島籍」教師；但是，公學校之發展卻不如預期，因此，原為

---

[20] 臺灣教育會編，許錫慶譯註，《臺灣教育沿革誌》，頁283。
[21] 劉克明，〈祖師廟之回顧〉，《臺灣教育》漢文報第277號，「雜錄」欄，1925年7月1日，頁1-2。
[22] 臺灣教育會編，許錫慶譯註，《臺灣教育沿革誌》，頁259。
[23] 《臺灣總督府國語學校生徒明細簿》（藏於國立臺北教育大學）。

培訓訓導的臺北、臺中師範學校，突然遭到廢止。[24]

總督府突如其來的決定，使得對未來充滿憧憬的臺北師範生皆感到相當惶恐。劉克明曾在〈稻江見聞錄〉一文中回憶：[25]

> （舊制臺北師範學校）廢校當時職員與學生俱感不滿，就中第一回之入學生再三個月將畢業而遭此境，尤為抱憾。當其送別小林鼎校長時，校長以下諸職員及學生俱含悲淚，至送別歌唱不成聲。

文中提及「第一回入學生」指的是明治32年（1899，劉16歲）開校時所收的第一屆師範生。師範學校於明治35年（1902，劉19歲）3月20日廢止。根據學制，再過三個月，第一批入學生之修業即屆滿三年。學生們將從師範學校畢業，並發配至各公學校任職。因此對於廢校一事皆感到相當不滿。

在全體師生悲傷地送別師範學校長小林鼎之際，劉克明作有〈呈臺北師範學校長小林閣下解組旋鄉詩〉四首並作有序，表達他對於小林鼎校長的感念：[26]

> 先生兵庫縣一君子也，亭亭卓立，嶽嶽懷芳，溫恭謙退，禮讓信仁。橄捧瀛東，帳開淡北，膺三寵命，閱三星霜，盡心教養如保赤子，竭力傳授不亞仲尼。原期杏壇尚設，以施時雨；怎奈絳帳被焚，遂返春風。無物餽遺，搦

---

24 臺灣教育會編，許錫慶譯註，《臺灣教育沿革誌》，頁286。

25 劉篁村，〈稻江見聞錄〉，《臺北文物》2卷3期，1953年11月15日，頁57。

26 作者自註：「明治三十五（1902）年三月二十二日，舊臺北師範學校二年生劉克明。」劉克明，《寄園詩葉》（1968年油印本；臺北：龍文，2009年），頁53-55。

管上供芹獻；有懷欲訴，裁箋聊表葵傾。伏冀加之削正，
勞不憚乎運斤；庶幾出自陶成，用儘宜於覆瓿。

　　春風裊裊遍瀛東，桃李華開正豔紅。偶爾先逢折柳
子，誤他白髮賣花翁。（其一）
　　護花園裡護花翁，萬物造成天地同。縱是無知草木
輩，亦能鏤骨感宏功。（其四）

來自兵庫縣（位於今日本近畿地區）的小林鼎，為人溫恭謙讓。
明治32年（1899）6月22日臺北師範學校開設，他奉命來臺擔任
校長。小林鼎在臺灣三年，盡心教育臺灣學生，就像教養自己的
孩子一般。在劉克明心中，小林校長敬業的態度不亞於孔子。[27]
劉氏因而對小林校長懷抱著一定的崇敬，並在詩句中以「護花園
裡的護花翁」來指稱小林鼎，形容小林鼎對臺灣學生的呵護，就
像照顧花卉一樣悉心。即使是無知的學子們，也能深刻感受小林
鼎對臺灣教育的奉獻。眼看這些青年學子就像盛開的花卉，準備
在臺灣的教育現場一展長才；然而，學制改革，使得學子們滿腔
熱情與理想無處施展，這可誤了賣花翁悉心照護的苦。劉氏有感
於此，只能在離別之際，將對小林校長的敬仰以及廢校的感傷付
諸詩文。

　　其後，所有臺北師範學校的學生，被併入國語學校師範部。
該校原為培訓日本教員、以及提供日本人學習臺灣語，並作為臺
灣人學習「國語」的機構。組織包括：師範部、國語部、土語
科、實業部及中學部。臺灣學生併入師範部以後，師範部分為

---

[27] 據劉克明記載，臺北師範學校創設時，校長小林鼎尋求學德兼備之教頭，獲知交
江村氏推薦，力邀正在廣島縣授業的鈴江團吉來臺。然而，廣島縣民不捨鈴江氏
離開而大力挽留。面對不忍拂袖離開廣島的鈴江團吉，小林鼎則致書鈴江氏，表
明必等待鈴江氏上任為止。小林鼎對於臺灣教育的用心可見一斑。劉克明，〈眞
の教育者であった鈴江團吉先生の記念碑〉，《臺灣今古談》，頁72-75。

「內地學生」就讀的甲科，以及「本島學生」就讀的乙科。劉克明於是成為國語學校師範部乙科生。正是因為從臺北師範學校變為國語學校師範部學生，廢校一事遂從「災難」變為「轉機」。本來只能擔任國語傳習所、公學校教員的師範生，在學制與總督府國語學校同步以後，就有機會擔任公學校以外的官職，甚至成為高等文官。從劉克明日後的發展來看，此事對其一生實有不小的影響。

進入國語學校後，劉克明積極參與校務、擔任「國語學校校友會雜誌部」編輯委員，並任運動部之擊劍部委員。《國語學校校友會雜誌》中，有數篇劉克明及其同學的國語作文，包括：劉克明的〈臺灣の年末及び年始に行はれる慣習〉、〈芝山岩遠足の記〉，簡楊華的〈生徒父兄懇話會に於て公學校各教科の目的を說く〉、黃守謙〈行遊の觀感〉、呂郁文〈遊屈尺記〉等等。[28]成為國語學校學生的機緣，使劉克明得以認識國語學校國語部的臺灣學生，開拓了他在北臺灣的交友圈，也與「內地生」有了接觸。

除此之外，在這段求學經歷中，最值得一提的是劉克明稱之為恩師的國語學校教授鈴江團吉（1871～1909）。鈴江團吉原為臺北師範學校教授，兼任國語學校第一附屬學校（即艋舺公學校）之主事。臺北師範學校廢校後，鈴江團吉轉任國語學校。根據劉克明及國語學校同窗友人之回憶，鈴江團吉對臺灣學生毫無成見、傾囊相授。[29]因此，十分獲得臺灣學生的崇敬。他更是日

---

28 臺灣總督府國語學校校友會，《校友會雜誌》第10、11、12號，臺北：臺灣總督府國語學校，1902年8月15日、1903年2月15日、1903年6月20日。

29 國語學校乙科生的魏清德，在校期間，頗受鈴江團吉教授的栽培，鈴江團吉曾欲以官費生名義助其留學，只是因事無法成行，未能遂願。黃美娥，〈奮飛在二十世紀的新世界：魏清德的現代性文化想像與文學實踐〉（上），《歷史文物》第

後提拔劉克明留任國語學校重要人物。[30]

　　明治36年（1903，劉20歲）3月，國語學校向東京等銀行爭取補助，獲得總督認可後，該年的畢業生，得以藉由參觀在大阪舉行的「第五回內國勸業博覽會」，前往日本修學旅行（即「畢業旅行」）。[31]數十日的旅程中，劉克明對博覽會場上新奇的事物充滿好奇，更讓他對日本帝國進步的文明留下深刻的印象。[32]同年7月，劉克明以第一名的成績從國語學校師範部乙科畢業。竹邑同鄉學友曾維新、蔡式穀，撥令在新竹公學校出勤；王榮則撥在中港公學校出勤。[33]幼年即遭父喪的劉克明，本欲在師範畢業後歸侍年邁的祖父以及母親，然而當時國語學校教授、第一附屬學校主事鈴江團吉，極力挽留劉氏在國語學校任職。劉克明遂在國語學校第一附屬學校留勤。


## 二、教師、詩人、報刊編輯

　　劉克明於明治36年（1903，劉20歲）開始擔任總督府第一附屬學校囑託，即代用教師。囑託的工作，主要是輔助該校訓導及教諭的教學；訓導由臺灣人擔任，而教諭多半由國語學校師範部甲科培訓的日人教員擔任。劉克明並於任職囑託之年，加

173號，2007年12月，頁20。

[30] 劉克明，〈祖師廟之回顧〉，《臺灣教育》漢文報第277號，「雜錄」欄，1925年7月1日，頁1-2。

[31] 長井實一，〈創立三十週年を祝す〉，《臺北師範學校創立三十年紀念誌》（臺北：臺灣日日新報社，1926年10月），頁206。修學旅行即為今日之畢業旅行。起初由於經費因素，並非每年皆可舉辦。大正元年（1912）後，改由官、自費各半，因而得以逐年舉行。轉引自謝明如，〈日治時期臺灣總督府國語學校之研究（1896-1919）〉（臺北：臺灣師範大學歷史所碩士論文，2007年），頁234。

[32] 《臺灣日日新報》，「雜報」欄，1903年5月14日，第4版。

[33] 〈新竹通信教員就職〉，《臺灣日日新報》第1570號，「新竹通信」欄，1903年7月25日，第3版。

入「臺灣教育會」。[34]明治38年（1905）22歲的劉克明與芳齡18的陳幼（1888～？）結為連理。兩人結褵六十餘載，育有三男四女。長男興文（1907年生，劉24歲）、次男凱元（1913年生，劉30歲）、三男達三（1915年生，劉32歲）、三女瓊娥（1918年生，劉35歲）、四女瓊珠（1920年生，劉37歲）。[35]一家人住在昔日艋舺粟倉口街。此寓所曾於大正5年（1916，劉33歲）重新修築，劉克明為之命為「寄園」。

課餘，劉克明仍透過詩作紀錄生活瑣事及抒發感懷。劉氏傳世的作品中，目前可見最早的作品即為前述〈呈臺北師範學校長小林閣下解組旋鄉詩〉，寫於明治35年（1902，劉19歲）。由於負笈臺北，其後又在臺北任職，劉克明早期多作思鄉之辭。如「家書頻到嫌猶少，旅夢偏多恨不長」[36]或「那堪客久忘為客，卻向他鄉認故鄉。」[37]除了書感，明治37年（1904）21歲的劉克明與硯友商議成立一個以文會友的詩社，由板橋文士趙一山（1856～1927）命名為「詠霓吟社」。創始成員包括北臺文

---

[34] 「臺灣教育會」前身為明治31年（1898）組成的「國語研究會」，為日治時期推廣「國語」的組織。明治34年（1901）改組為「臺灣教育會」當時，石塚英藏為第一任會長、學務課長松岡辨為副會長。並發行機關雜誌《臺灣教育會雜誌》，大正3年（1914）更名為《臺灣教育》。參考許佩賢撰「臺灣教育會」辭條，『線上臺灣歷史辭典』http://tkb.nmth.gov.tw/Doth/Default.aspx?2（2012年7月20日查詢）。

[35] 根據劉克明自敘及《臺灣人士鑑》記載，劉克明與妻陳幼育有三男四女。有關於長女、次女生辰並無進一步資料說明，至於二人名字，可從劉克明詩作有〈林萱堂君為小女蓮兒作伐定配故鄉黃克成氏來書云議定翌日黃家盆蘭忽開雙莖喜為佳兆云因賦此寄與林君〉（1927）、〈梅兒許字之日有作〉（1931），以及駱子珊〈劉克明先生墓誌銘〉中的記載，得知長女名瓊蓮、次女名瓊梅。長女瓊蓮適黃克成，次女瓊梅適林錦輝、四女瓊珠適鄭宗詩。見《臺灣人士鑑》（臺北：臺灣新民報社，1934年），頁202、劉克明，《寄園詩葉》，頁55-58。

[36] 劉克明，〈祖師廟之回顧〉，《臺灣教育》漢文報第277號，「雜錄」欄，1925年7月1日，頁1-2。本詩寫於明治36年（1903）。

[37] 劉克明，〈偶感〉，《臺灣教育會雜誌》，第83號，「文藝」欄，1909年2月25日，頁6。

士黃炳南（1875～1956，字純青，以字行）、國語學校同窗王少濤、鄭聰楫（？～？）、黃守謙（？～1927），以及尚在國語學校師範部就讀的魏清德等人。「詠霓吟社」活動方式與其他日治時期的吟社不同：詩社成立之後，未設置社長，亦未聚會擊缽；而是由值東者出課題通知會員，會員完成詩稿後以郵寄方式送交值東。待值東騰錄成冊，再由詞宗評選，後分送作者。[38]曾擔任「詠霓吟社」值東者包括板橋趙一山、新莊黃謙光（字承輝，1844～？）、大溪邱倬雲（？～？）、桃園鄭聯璣（1856～1933），以及新竹王松（1866～1930）。可惜的是，這個以寄稿方式聯繫的詩社，因會員四散各地，活動進行到明治39年（1906）即停歇。

明治41年（1908，劉25歲）可說是劉克明平步青雲的關鍵年分：原本在第一附屬學校奉任囑託的劉克明，升任為「國語學校助教授」。自此年始，一直到大正11年（1921，劉38歲）劉氏皆是以「國語學校助教授」的身分在臺灣教育界服務。

為什麼明治41年（1908，劉25歲）對劉克明而言是「關鍵」？前文曾經述及，舊制師範規則中明文規定臺人畢業後義務服務的十年，必須依照知事、廳長的安排就業，並且僅能任職國語傳習所、公學校。明治35年（1902，劉19歲）學制改革，該校併入國語學校後，相關規定與國語學校規則同步，因此臺人擔任國語傳習所及公學校以外的官職成為可能。根據國語學校規則第二條：[39]

師範部為培養可成為國語傳習所及師範學校教員，及<u>小</u>

38 劉克明，〈詠霓詩社〉，《臺北文物》4卷4期，1956年2月1日，頁31。
39 臺灣教育會編，許錫慶譯註，《臺灣教育沿革誌》，頁249。

<u>學校校長或教員者，並兼研究本島之普通教育方法</u>的場所。[40]

然而，任教資格還必須受到教師證的限制。而教師證的相關規定，仍然區別了師範部甲、乙兩科畢業生考證的資格。明治30年（1901，劉18歲）12月12日，臺灣公學校教員檢定及許可證規程（府令第108號）發布，將檢定分為教諭檢定及訓導檢定兩種。甲科畢業生及講習員可透過「無試驗檢定」取得教諭資格；乙科畢業生取得訓導資格，待任職滿五年以上，獲認品行優良、學術授課超眾，由地方官特別提出申請者，始得申請公學校教諭之「無試驗檢定」。[41]此規定正是為了避免臺人具有任職小學校校長或教員的資格。不過，若在訓導之職表現優異，仍然有機會升任公學校教諭、小學校教員、小、公學校校長，甚至是升任高等教育中的助教授、教授之職，成為高等文官。劉克明在明治36年（1903，劉20歲）從國語學校畢業後，先進入第一附屬學校擔任囑託，並在明治41年（1908，劉25歲）初取得訓導資格。又於該年（即任職於第一附屬學校之第五年）獲得推薦，進入國語學校擔任助教授。然而，究竟是誰推薦？因何而推薦？目前並沒有進一步的證據。[42]不過從劉克明後來在臺灣教育界的表現推測，或許是因為劉氏日、臺語言兼善、處事親和，對臺灣教育界認真奉獻的態度而獲得青睞。

---

[40] 引文底線為筆者所加，後面引文同。

[41] 《府報》第1074號，1901年12月12日，頁13。

[42] 目前僅能據《臺灣總督府公文類纂》得知劉克明從訓導轉任助教授的時間，然文中並未對劉氏得以陞遷的理由加以說明。見〈國語學校訓導劉克明任國語學校助教授〉，《臺灣總督府公文類纂》永久保存（進退），第1門秘書，冊號1433，文號62。

從明治41年（1908，劉25歲）到大正10年（1921，劉38歲），是劉克明在臺灣教育界的耕耘期。這段期間，劉氏的身分是國語學校助教授，講授「臺灣語」。並兼任臺灣教育會機關刊物《臺灣教育》漢文報編輯。[43]漢文報編輯的工作得與教師職務相輔相成。期間，劉氏曾將與教育有關的重要演說由日文翻譯成漢文，刊登於該報，如〈隈本學務部長對中學第一部生所講要領〉、隈本繁吉〈就本島人同化而言〉；亦有政令的宣導、議論文章，如：〈始政紀念日所感〉、〈讀臺灣公學校新規則〉、〈島民同化〉、〈風俗改良〉、〈臺灣勸業共進會所感〉、〈總督府教育品陳列場一瞥〉等文。此外，他還擔任臺灣教育會臺北地區的通信記者，自明治41年（1908，劉25歲）到大正7年（1918，劉35歲）《臺灣教育》中的「臺北通信」欄，皆由劉克明執筆。報導內容主要分為教育政令改革的宣導、臺北各級學校要聞等等。學校要聞則包括各級學校入學試驗時間、入學人數、各項典禮時程、表演活動、畢業典禮以及畢業生人數。在大正元年（1912，劉29歲）「國語學校同窗會」成立後，「臺北通信」也成為該會公告、聯絡之處。

《臺灣教育》刊行主旨之一即為提供教師學術交流。因此，劉克明除了擔任編輯，亦曾發表修身科、漢文科相關教案刊於該報。就修身科而言，明治41年（1908，劉25歲）劉克明曾發表臺灣俚言與修身科結合的教案、[44]大正元年（1912，劉29歲）明治天皇駕崩，劉氏譯註〈明治天皇聖藻〉系列文章刊於漢文報之首、[45]大正2年（1913，劉30歲）亦有專欄介紹的「祝祭日及國民

[43] 室屋麻梨子，〈《臺灣教育會雜誌》漢文報（1903-1924）之研究〉（臺南：國立成功大學歷史研究所碩士論文，2007年6月），頁68。

[44] 刊於《臺灣教育會雜誌》漢文報第70、72、73、74號。

[45] 刊於《臺灣教育》漢文報第123、127、128、129、130、131、133、134、135、

記念日」[46]……以上皆與傳授「國民」道德教育以及日常禮儀的「修身科」之授課內容有關。在漢文教案的部分，劉克明從大正6年（1917，劉34歲）至大正13年（1924，劉41歲），發表〈稿本漢文教程〉卷一、卷二、〈公學校漢文讀本〉卷一到卷三教授參考，以及〈公學校高等科漢文讀本教授參考〉等教案。〈稿本漢文教程〉是國語學校自編授予臺灣學生的教材，與由府方頒布的公學校讀本不同。劉克明所撰寫的漢文教案主要是名詞釋義，提供國語學校及使用此教材的各單位（如：書房）作為教學參考。[47]由於在教學現場累積了一定研究成果，加上大正4年（1915，劉32歲）與國語學校國語教授宇井英共同編纂《國語捷徑》的經驗，劉克明於大正5年（1916，劉33歲），出版了第一本自編的臺、日對譯語言教材《國語對譯臺語大成》。因為內容實用易懂，該書出版後大為暢銷，成為各界學習臺灣語的最佳教材。大正8年（1919，劉36歲），另出版《廣東語集成》，是客家話版本的「國語對譯臺語大成」。[48]正因為語言能力頗受肯定，劉克明亦曾擔任各種場合的通譯，包括民政長官內田嘉吉[49]巡視時隨行翻譯、三井會社徵才的臺灣語考官、大正協會演講翻

---

136、138、139、140、141、142、143、144等號。

[46] 刊於《臺灣教育》漢文報第131、132、133、134、138、139等號。

[47] 刊於《臺灣教育》漢文報第179、181、182、183、184、186、188、189、192、193、196、197、198、201、202、203、204、205、206、207、210、211、213、214、215、216、217、218、223、225、228、229、232、260、264等號。

[48] 劉克明年幼時曾向庶母學習客家語，加上他對語言研究的敏銳度，這或許是劉克明得以編寫廣東語教材的原因。

[49] 內田嘉吉（1866～1933），日本東京人。1891年東京帝國大學英法科畢業後，歷任司法官試補、遞信事務官、參事官、管船局長等。1910年8月當總督府民政長官繼任人選產生爭議時，自拓殖局第一部長調赴臺灣，任民政長官兼臨時糖務局長、土木部長、鐵道部長，1915年10月因與安東貞美總督理念不合而求去。返中央後任遞信次官，1918年敕選為貴族院議員，1923年9月繼田健治郎之後任總督，1924年9月因民政黨內閣成立而去職。見鍾淑敏撰，「內田嘉吉」辭條，許雪姬主編，《臺灣歷史辭典》（臺北：行政院文化建設委員會，2004），頁160。

譯等。此外更數次擔任臺灣小學校及公學校教員檢定臨時委員。

在明治41年（1908，劉25歲）到大正10年（1921，劉38歲）這段期間，北臺灣的詩社活動大為興盛。劉克明除了積極在教育界耕耘，明治42年（1909，劉26歲）北臺第一大詩社「瀛社」成立後，劉克明更有意協同「詠霓吟社」文友復興詩社活動。遂於明治43年（1910，劉27歲）重組，改稱為「瀛東小社」。雖然活動一年後，即因桃園地區的社員另組「桃園吟社」、以及受「瀛社」活動的影響而活動力大減，不過「瀛社」、「桃園吟社」以及新竹地區的「竹社」之間，有著良好的互動。因此，即使「瀛東小社」於明治44年（1911，劉28歲）後就沒有相關活動記錄，實際上文友們仍持續透過其他詩文活動切磋詩藝。劉克明則於明治44年（1911，劉28歲）以後，加入「瀛社」，其後成為該社中堅。詩社活動之外，劉克明還籌組了一個重要的臺灣人團體，即大正元年（1912，劉29歲）10月27日成立的「國語學校同窗會」。包括國語部畢業的謝汝銓、郭廷俊、楊楚卿，以及師範部畢業的楊潤波、魏清德、林佛國等人，都是主要發起成員。大正元年（1912，劉29歲）第一次大會後，協議由劉克明擔任總幹事。

積極的詩社參與反映在劉克明留存的作品中。劉克明的作品多見於報刊，以詩為大宗，文則偶一為之。其詩淺白、以書感為主；文則以隨筆居多，並使用樸實的文字反映劉克明最真實的感受。如同日記一般，他以詩文記錄生活軌跡，使我們得以一窺這位日治時期文官的生活常態。

劉克明隨筆詩文刊登於報刊的狀況，略述如下：就文章而言，主要多刊載於《臺灣教育》。依發表類型可分為三段時期：第一，明治41年（1908）到明治44年（1911）間，這段時期有數

篇遊記以及閒談、轉錄文章；第二，大正元年（1912）到大正12年（1923）間，幾乎全為教育議論；第三，大正13年（1924）年以後到昭和2年（1927）《臺灣教育》漢文報廢刊為止，這段時期有隨筆、雜談等。上述三段時期累積作品數量，仍以第二期之教育議論為大宗。不過，我們仍可以從第一、三期之隨筆、閒談，觀察劉克明的生活常態。至於詩作的部分，則以擊鉢、唱和詩作以及生活口占居多，並刊載於《臺灣日日新報》、《漢文臺灣日日新報》、《臺灣教育》以及《專賣通信》。

大正9年（1920，劉37歲）前後，臺灣總督府分別公布了兩次臺灣教育令，師資培育的制度也有了些許調整。大正8年（1919，劉36歲）國語學校改稱為臺北師範學校。大正11年（1922，劉39歲），第二次臺灣教育令（敕令第20號）公布後，原先教授、助教授的名稱廢止，皆改稱為教諭，[50]劉克明遂從國語學校助教授，變成「臺北師範學校教諭」。昭和2年（1927，劉44歲），臺北師範學校的官制再次修正（府令第113號），該校一分為二：「第一師範學校」包括小學師範部及研究科；「第二師範學校」則為公學（校）師範部、公學校乙種本科正教員養成講習科，劉克明兼任二校教諭至昭和6年（1931，劉48歲）。

在臺灣教育界奉職的臺灣人，多半中途轉職，棄職從商，然而劉克明卻選擇堅守教師崗位。教授日本人臺灣語課程的劉克明，滿心期盼日本人能透過臺語的學習，了解臺灣文化，並與臺灣人有良好的交流。劉克明希望自己教導的日本學生在畢業後任職於臺灣各教育機構時，能像他的恩師鈴江團吉一樣，對臺灣人不抱持任何成見。正因為劉克明如此悉心奉獻，18年後終於獲

50 臺灣教育會編，許錫慶譯註，《臺灣教育沿革誌》，頁294。

得官方的肯定。先是大正10年（1921，劉38歲），獲得臺灣教育會勤敘表彰──教育會特別肯定他在臺灣語教授上的貢獻。[51]其後，大正14年（1925，劉42歲）劉氏獲得臺灣總督府頒授勳章，敘勳八等，授瑞寶章。[52]擔任「臺北師範學校教諭」的大正11年（1922，劉39歲）到昭和6年（1931，劉48歲）間，可說是劉克明人生的最光輝燦爛的時光。

除了教學上獲得官方肯定，在大正11年（1922，劉39歲）到昭和7年（1932，劉49歲）間，劉克明持續撰作語言教材，包括：《教科摘要──臺灣語速修》（1925）、《實業教科──臺灣語及書翰文》（1926）。二書亦曾被選為教諭考試用書。他也持續擔任《臺灣教育》漢文報的編輯。不過，劉克明在這段時間較少發表教育議論文章。除了漢文教案的刊載外，人多為閒筆漫談，通信欄也多由他人執筆。可以看出劉克明已經逐漸退居幕後。除了篁村、寄園、竹外等號，劉克明在這段時間也開始使用「無悔道人」這個筆名發表作品。昭和3年（1928，劉45歲）《臺灣教育》停止刊行漢文報以後，劉克明仍繼續擔任該雜誌「文苑」的漢詩編輯。

這段期間，劉克明在教學以及詩社的活動之外，曾於大正15年（1926，劉43歲）6月6日在萬華孔道演講會主講「漢學與日本」。亦曾於昭和3年（1928，劉45歲）到昭和6年（1931，劉48

---

[51] 〈臺灣教育界表彰〉：「臺北師範學校助教授：劉克明氏。從事本島師範教育，越滿十八年殊如臺灣語教授上，貢獻之處不尠。」《臺灣日日新報》第7692號，1921年10月31日，第5版。

[52] 瑞寶章授與對國家在公共事務有功勞、長年從事公務、或功績受到推舉者。見《府報》，1925年12月27日；〈劉克明氏敘勳〉：「臺北師範學校教諭劉克明氏，此回敘勳八等，授瑞寶章……前後盡瘁於本島育英事業，凡二十餘年。傍從事著作，並努力於同窗會之斡旋。其人格之完滿，凤為學校及父兄一般所共信賴。……」《臺灣日日新報》第9212號，1925年12月29日，夕刊第4版。

歲）間擔任總督府評譯員翻譯官。重要的是，1930年代初，劉克明出版了兩本與臺灣史地相關的著作，一部是劉克明自行蒐找今昔史料撰作而成的史地雜著《臺灣今古談》（1930），[53]另一部是應中和庄長江讚慶之邀撰寫的《中和庄誌》（1932）。[54]

　　昭和8年（1933，劉50歲）年到日本戰敗，年近半百的劉克明，除了擔任臺北第一師範學校囑託（1932-1939）及臺北第三高女囑託（1932-1936）、文教局編修課教材書調查委員（1932-1933）等職，亦曾授命擔任南方協會講習教師、廈門小學校教員、留學生講習會教師。這段期間，劉克明許多文友相繼離世：黃守謙（？～1927）、盧子安（1875～1930，字磐石）、王名受（？～1930）、鄭神寶（1881～1941，字幼香）、劉振傳（1880～1942，字學三）[55]等人皆告別了人生舞臺。無怪乎寄園主人劉克明，在這個時候時常感嘆寄園冷清、人生無常。

## 三、戰後活動

　　1945年日本戰敗，劉克明已經步入耳順之年。戰後劉克明在臺灣教育界、藝文界仍享有盛名。他擔任臺北市立大同中學首任校長、省學產管理委員、省教育會常務理監事、私立中國文化學院

---

53　劉克明，《臺灣今古談》（臺北：新高堂書店，1930；臺北：成文出版社復刻，1985年）。

54　劉克明，《中和庄誌》（臺北：共榮社印刷，1932；臺北：成文出版社復刻，1985年）。

55　鄭神寶（1880～1941），字珍甫，又字幼香。光緒六年（1880）生於竹塹北門外。幼時以聰明慧思，甚得其父鄭如蘭之鍾愛。竹塹名園北郭園自鄭用錫修建後，幾經滄桑，日漸陳舊，神寶重加修整，並擴建為日式庭園，重回昔日盛況。賦性風雅，被推為竹社、瀛社、桃社等聯合詩社副社長。北郭園再成為文酒擊缽之所。見林松、周宜昌、陳清和編，《新竹市志》（新竹：新竹市政府，1997年），頁201。有關黃守謙、盧子安、王名受、劉振傳等人，僅能從劉克明詩作推知生、卒年及其字號，其餘資料不詳。

臺灣研究所理事、私立穀保中學董事等職。[56]在文藝團體方面，劉克明曾參加1946年（劉63歲）6月成立的「臺灣文化協進會」、[57]並在《詩文之友》、[58]《中華藝苑》[59]發表漢詩作品，而《臺北文物》亦有不少劉克明撰作臺北地區文化史蹟的相關文章。

　　晚年，劉克明仍時常到楊仲佐（1875～1968，字嘯霞，號網溪）居處賞菊，或者偕魏清德到黃純青家飲酒談詩，與文友相互寄詩慰問。偶爾會有早期從師範部畢業的日本學生來訪，如嬉野悌興、下川高次郎、伊佐次一作、田淳吉等人，[60]都讓這位日治時期盡職奉公的老先生備感欣慰。

　　劉克明在世時，雖未出版詩文集，但他八十大壽時，哲嗣為其祝壽，邀請劉克明親自將所著數十卷詩稿中選錄珠璣而成，預計編成《寄園詩葉》。然未及出版，劉克明即於1967年，因病逝世，享壽84。該詩稿由劉克明門生林蘭汀抄錄部分，於1968年油印出版，2009年龍文書局復刻出版。[61]

---

56　駱子珊，〈劉克明先生墓誌銘〉，見劉克明《寄園詩葉》，頁55-58。

57　「臺灣文化協進會」，理事長為游彌堅；劉克明則為該會理事之一。其他如林獻堂、林茂生、楊雲萍、王白淵、蘇新等人亦為理事；林呈祿為常務理事之一；黃純青為常務監事之一。「臺灣文化協進會」為民間機構，旨在將中國化的政策推廣到廣大的知識份子之中。發行機關刊物《臺灣文化》，並不定期舉辦文化講座、座談會、音樂會、展覽會與國語推廣。見陳芳明，《臺灣新文學史》（臺北：聯經，2011），頁224-225。

58　1953年11月在彰化創刊的古典詩文月刊。參考施懿琳，〈五〇年代臺灣古典詩隊伍的重組與詩刊內容的變異：以「詩文之友」為主〉，收於《戰後初期臺灣文學與思潮學術研討會》（臺中：東海大學中文，2003），頁41-49。

59　創刊於1955年3月，原名《中華詩苑》，以刊登古典詩為主。從1960年7月第12卷改刊後，範圍又擴及其他藝術作品，如書法、國畫、篆刻等。見施懿琳撰，「中華藝苑」辭條，許雪姬主編，《臺灣歷史辭典》（臺北：行政院文化建設委員會，2004），頁151。

60　見〈喜日本嬉野悌興學友來訪〉、〈日本下川高次郎學友重遊臺灣賦此歡迎〉、〈喜日本伊左次學友過訪〉、〈喜日本田淳吉學友來訪〉等詩，收於《中華藝苑》第84、99、103等號。

61　黃哲永，〈寄園詩葉題解〉，收於劉克明，《寄園詩葉》。

## 第二節 詩作分析

### 一、古奇一狂人

要談劉克明詩作的風格，不能不談「古奇峰」在其詩作中的意象。劉克明早期作品多作思鄉之詞，古奇峰正是劉克明寄託思鄉之情的重要象徵。古奇峰原稱平埔頂，青山環繞、景色宜人，包括今日新竹市十八尖山、青草湖、清華大學、交通大學及科學園區一帶。「古奇遠眺」是昔日竹塹八景之一。[62]劉克明詩文中出現古奇峰的有：〈遊古奇峰記〉、[63]〈重遊古奇峰記〉、[64]〈晤鄭君邦吉〉、[65]〈春日寄鄉友曾峰嶸洪燠川〉、[66]〈潤庵君邀飲席上呈兒山翁以姓為韻〉、[67]〈臺北驛喜晤櫻井兒山先生〉、[68]〈東行隨筆〉。[69]

先來看劉克明兩次遊覽古奇峰的經歷。〈遊古奇峰記〉[70]紀錄劉克明與鄉友洪燠川[71]在明治42年（1909）同遊古奇峰的趣

[62] 新竹新八景，http://traffic.hccg.gov.tw/new8/Point08.htm，（2014年6月23日查詢）。

[63] 劉篁村，〈遊古奇峰記〉，《臺灣教育會雜誌》第82號，「雜錄」欄，1909年1月25日，頁13。

[64] 劉篁村，〈重遊古奇峰記〉（上），《臺灣教育會雜誌》第85號，1909年4月25日，頁15。

[65] 劉篁村，〈晤鄭君邦吉〉，《臺灣日日新報》，「詞林」欄，1910年3月3日，第1版。

[66] 劉篁村，〈春日寄鄉友曾峰嶸洪燠川〉，《臺灣日日新報》第3875號，「詞林」欄，1911年3月7日，第1版。

[67] 劉克明，〈潤庵君邀飲席上呈兒山翁以姓為韻〉，《臺灣日日新報》，「瀛社詩壇」欄，1912年4月30日，第5版。

[68] 劉克明，〈臺北驛喜晤櫻井兒山先生〉，《臺灣日日新報》，「詞林」欄，1914年5月13日，第3版。

[69] 篁村生，〈東行隨筆〉，《臺灣教育》第157號，「雜錄」欄，1915年5月1日，頁5。

[70] 劉篁村，〈遊古奇峰記〉，頁13。

[71] 洪燠川（1883～？），名煙燦，劉克明竹馬交。新竹人，後遷居臺北。有關洪煙

事。遊記首段交代古奇峰的地點：古奇峰位於竹塹城南二里，山麓祀福德正神，當地人稱之為「土地公坑」。其後，記述昔日文人行跡，包括新竹宿儒鄭用錫、宿儒林占梅的季父林祥雲、高華、林占梅岳父黃雨生以及鄭用鑑都嘗詩酒盤桓於此。但後來人事推移、滄桑變換，劉克明感嘆日後此處竟無文人履跡。今日幸有李逸樵、王石鵬繼後唱起，邀集同志重新整理，並在該地修築小樓。為維繫詩文交遊的風氣，劉克明趁著一次返鄉的機會，在乍暖還寒的初春時節，與洪煥川拄杖前往王、李兩人修築的小樓。

除了說明動機，文中並記錄沿途所見各樣匾額、柱聯，以及此行詩作：[72]

> 登臨絕頂好徘徊，水色山光入眼來。天際依稀浮舶艇，波心飄沓泛樓臺。洪劉墨跡當年認，王李詩壇此日開。安得生平無所事，長攜琴酒與追陪。

首二聯寫登臨山頂時遼闊的視野，使人心曠神怡，可見當日的風光明媚，兩人心情也相當閒適。接著，「洪劉墨跡當年認，王李詩壇此日開」中，「洪、劉」指昔日鄉賢劉藜光、洪鍾，[73]

---

燦的資料並不多，然洪氏與劉克明交情甚篤，劉氏作有數首與其有關之詩作。在〈偶作為式垣君題書畫帖〉有「煥川言笑竂，共我靜如禪」句，「煥川」後有註解道：「謂小園寓客洪煙燦君。」又，〈祝煥川知友花甲〉，寫於1942年，可推知其生年為1883。目前可從《總督府職員錄》得知洪煙燦曾任臨時臺灣土地調查局調查課、新竹廳稅務課以及臺北醫院等處之雇員。見香亭（即劉克明）〈祝煥川知友花甲〉，《臺灣教育》，第483號，「漢詩」欄，1942年10月1日，頁95；《總督府職員錄》，1904、1909、1910、1912、1919、1920年。

[72] 劉篁村，〈遊古奇峰記〉，頁13。

[73] 劉星槎，一名希向，號藜光，竹塹人，生卒年不詳。道光廩生，與鄭用錫父子甚善，著有吟草若干卷，已佚，為竹塹七子之一。參考黃美娥，〈北臺文學之冠

「王、李」則是王石鵬與李逸濤。洪、劉兩人曾到此地吟詩作對，今日王石鵬與李逸濤兩位雅士也來此修築小樓，並開設詩會。湊巧的是，「洪、劉」也正是洪爐川與劉克明兩人的姓氏。尾聯寫出劉克明嚮往平淡暇適的生活。筆者以為，本詩詩眼即在「陪」字。詩句中的「陪」字，用來指琴酒相伴；若就詩意解，「陪」字還做與山水相伴、友朋同樂。寄情山水、尋訪親友以及酣觴賦詩，的確是劉克明詩文中的常客，幾乎可說是劉克明生命中最重要的三件事。不隔數月，劉克明再次邀集友人登臨古奇峰，遂有〈重遊古奇峰記〉。[74]

重遊古奇峰時，同行者包括李逸樵、鄭蘊石、魏清德、洪爐川、王了覺以及王少濤。劉克明有詩寫道：[75]

> 滿眼風光詩興催，登臨不厭一回回。山靈似舊欣相迎（作者註：「『迎』，作仄讀。」），應笑劉郎今復來。

詩人熱情洋溢，面對遼闊的山水風光，觸發詩人的興致；好似人間仙境，一再登臨也不覺得厭煩。這樣的山林景致，如果沒有三五好友同行，頗顯遜色。怎麼說呢？試看劉克明如何記載諸吟友為了創作而絞盡詩思的姿態，即可明白偕友同遊的樂趣：[76]

> 或盤坐石上以哦吟，或徘徊竹下以推敲，尋乃含筆於口中，橫紙於膝上，閉目緘口者如參禪和尚，拍案彈指者如悟道達摩。欲觀其逸趣中之逸趣、風流外之風流，不外於

---

—清代竹塹地區的文人及其文學活動〉，頁126。後述洪鐘，生平資料不詳。

[74] 劉篁村，〈重遊古奇峰記〉（上），頁15。

[75] 劉篁村，〈重遊古奇峰記〉（上），頁15。

[76] 劉篁村，〈重遊古奇峰記〉（上），頁16。

此時也。

就視覺而言，吟友們或動或靜，有盤坐石上或竹下徘徊；或有人
吞筆構思，亦有將紙橫放膝上沉思。沉思者除了姿態不同，動作
亦不相同，有的像在禪坐的和尚，也有人突然拍桌、彈指，就像
悟得真理的達摩。就聽覺而言，能聽到徘徊者的腳步聲以及拍
案、彈指的聲響。這幅熱鬧生動的畫面，是這群文友交誼時的最
佳描繪。朋友相逢一刻勝過千金，劉氏此行另作有一詩道：[77]

> 相逢一刻勝千金，杯酒論文慰素忱。他日還期藜杖到，竹
> 林深處聽鳴琴。

與朋友飲酒談詩、彼此互吐誠心，是人生　大樂事。劉氏與眾人
相約，未來就是拄著拐杖也要再次登臨，同享山林之樂。

　　第二次遊覽古奇峰之詩作還有個重點：雖然是賞遊古奇峰，
詩句卻不只寫景，倒是句句不離「詩」。如：「滿眼風光詩興
催」、「青山不老老吟身」、「杯酒論文慰素忱」。由此可見，
所謂「素忱」其實正是「為文作詩」一事。

　　至此之後，古奇峰出現在劉克明詩作中的面貌，就只是回憶
了。其詩〈晤鄭君邦吉〉有作：[78]

> 依舊相逢翰墨娛，寒梅香裡撚吟鬚。吾鄉近況君知否，山
> 館（作者註：「古奇峰。」）桃花開也無。

---

77　劉篁村，〈重遊古奇峰記〉（上），頁16。
78　劉篁村，〈晤鄭君邦吉〉，第1版。

這首寫給鄉友的七言律詩，化用了王維的〈雜詩〉。劉克明詢問從故鄉來的鄭邦吉，是否知道故鄉的事情。兩個人聚在一起，和以前一樣飲酒賦詩，在寒冬中開放的梅花香裡捋鬚談天。寓居臺北的劉克明心繫故鄉，問起「桃花開也無」正是借指鄉里間的瑣事。同樣也借碧桃山館桃花之意象，用以表達對故鄉的思念還有〈春日寄鄉友曾峰嶸洪燠川〉，詩曰：[79]

> 微軀七尺滯天涯，十四春風未返家。芳草池塘曾入夢，碧桃山館（作者註：「在古奇峰。」）又開花。詩談且喜潤庵共，酒戰還添了覺加。逆旅偏多同意氣（作者註：「兼謂浪仙、振傳以外相知。」），免教鄉思亂如麻。

洪燠川當時人在竹塹，劉克明透過寄詩，告訴洪氏身在異鄉的他還有同樣來自竹塹的魏清德，可以一同論詩；愛喝酒的劉克明，也幸好遇王了覺可以一同較量酒量。離鄉背井14年，在異鄉喜遇知交，不致使思鄉之情紛亂如麻。然而，就像〈旅寓清水岩〉一詩有作「家書頻到嫌猶少，鄉夢多成恨不長。歸去有懷何日賦，漫生吟興效詩狂。」旅居外地無論過得再好，都不比家鄉。這種「書劍飄零」的感慨，也出現在劉克明早期其他詩作當中。如〈偶感〉一詩：[80]

> 書劍飄零鬢欲霜，又增梅鶴伴行裝。那堪客久忘為客，卻向他鄉認故鄉。

79　劉篔村，〈春日寄鄉友曾峰嶸洪燠川〉，《臺灣日日新報》第3875號，「詞林」欄，1911年3月7日，第1版。
80　劉克明，〈偶感〉，《臺灣教育會雜誌》第83號，「文藝」欄，1909年2月25日，頁6。

因為14歲便負笈臺北，臺北幾乎成了劉克明的家鄉。返回故鄉竹塹，卻被認為是貴賓，就像〈重遊古奇峰記〉有：「山來我亦奇峰主，今日翻成作遠賓」，頗有「笑問客從何處來」的無奈。

　　一直到而立之年後，劉克明在詩作中藉「古奇峰」寄託思鄉情志的狀況漸減，或許是因為他在臺北的寓所重新修築後，便有「男兒三窟少，天下好為家」[81]的豁達。但每當與昔日文友相會，仍有滄海桑田之慨，如大正2年（1913）在臺北車站見到昔日新竹知事櫻井勉，劉氏道：「知否古奇非昔日，得無感慨發毫端。」[82]或是大正3年（1914）年率學生到日本校外教學，乘船時遇到鄉友鄭神寶與王石鵬，[83]劉克明作：「空負古奇山水好，風流疇孰繼前賢。」[84]古奇峰之所以「今非昔比」，不在古奇峰樣貌之轉變，而在文風不如過去一般興盛。從這裡可以看出劉克明除了懷念過去文人雅集的熱鬧場景，同時也相當敬重昔日鄉賢在詩文方面的成就。

　　雖然常有思鄉之嗟嘆，劉克明早期詩作中卻也呈現豁達的生命觀。他常以「狂人」自居，例如〈送兒山詞伯歸內地次韻〉：[85]

---

[81] 劉篁村，〈歸故宅〉，《臺灣教育》第161號，「文藝」欄，1915年10月1日，頁8。

[82] 劉克明，〈臺北驛喜晤櫻井兒山先生〉《臺灣日日新報》，「詞林」欄，1914年5月13日，第3版。

[83] 王石鵬（1877～1942），字箴盤，號了庵。1877年生於竹塹，10歲時即以通曉韻語，長於聯句而聞名。志趣廣泛，多才多藝，通曉日語，與日人相交熟稔。亦善隸篆，又工金石刻畫。性好吟詠，為擊缽能手。詩作清警，淡遠有緻。見林松、周宜昌、陳清和編，《新竹市志》，頁137。

[84] 篁村生，〈東行隨筆〉，《臺灣教育》第157號，頁5。

[85] 劉克明，〈兒山翁辭竹送行詩草〉，《漢文臺灣日日新報》，「叢錄」欄，1910年5月15日，第4版。

五月櫻花返客船，留將吟石記前賢。奇峰他日登■[86]去，
我亦疏狂一米顛。

自稱「疏狂」，又以北宋書畫家米芾的別號「米顛」說明自己的
倜儻不羈。這是劉克明早期詩作的另一特色。除了米芾，劉氏亦
曾表明「早歲幽閑欽靖節，晚年誕放愛知章。」[87]劉克明希冀取
法「詩狂」賀知章的生命情懷：曠達豪放、善談笑、喜飲酒。所
謂「晚年」，其實此時的劉克明不過年近不惑。又如〈瀛社秋季
大會叨蒙雅意見邀賦此鳴謝〉有：「青眼也垂到野狂，懶穿桐
屐上詩堂」句，[88]以及〈同了覺訪浪仙于雲滄別墅〉：「浪仙了
覺總天真，我亦疏狂一野人。索酒索茶拘束兔，豪談縱飲寫詩
新。」[89]

　　「疏狂」的意象，有三點值得注意：首先，這大約是一種自
謙，例如在瀛社秋季大會上初見社友，自喻為一介草包；或者是
在面對長官時的謙辭，如與櫻井勉唱和之句。然而，「疏狂」絕
大多數出現在劉克明與文友詩文雅集之時，所以比起「自謙」，
此語更反映劉克明的率真。例如，在〈立秋日楊兄嘯霞招飲網溪
別墅賦呈〉更有「我亦天真無束縛，傾觴若捲網溪流」。[90]雖然
並未提及「狂」，但卻可看出詩人的豪放。不過，不論是「自
謙」還是「率真」，這樣的狂語只在早期詩作中出現，卻也是劉

86　報刊字體不清晰，以「■」表示，以下同。
87　劉克明，〈辛酉（1921）除夕〉，《臺灣日日新報》，1922年1月3日，第4版。
88　劉克明，〈瀛社秋季大會叨蒙雅意見邀賦此鳴謝〉，《漢文臺灣日日新報》第
　　3750號，「藝苑」欄，1910年10月25日，第1版。
89　小浪仙（即王少濤），〈石壁潭捕魚記〉，《臺灣教育會雜誌》漢文報第107號，
　　頁16。
90　劉克明，〈立秋日楊兄嘯霞招飲網溪別墅賦呈〉，《臺灣日日新報》，「詞林」
　　欄，1911年8月25日，第3版。

克明詩作中極少數表達出「豪壯」情志的詩句。劉克明大多數的詩作，寫的都是避世隱居的渴望。他說自己早年傾慕陶淵明，從其詩作看來，確實一生都懷抱著歸隱田園之志。但是，由前一節的生平概述可知，白負笈臺北後可說是青雲直上的劉克明，如何在大有可為的時節高唱「歸去來」？官場上的劉克明和詩文中的劉克明究竟有什麼不同？本論文將透過後面的章節進一步抽絲剝繭劉克明內心的矛盾。而在本章節，筆者繼續探索劉克明的詩作，俾使吾人對劉氏生命歷程有更深刻的理解。

## 二、補筆待何時

大約是寄園落成之後，劉克明詩作中藉「古奇峰」象徵故鄉的意象逐漸減少。寄園第一次出現在劉克明的詩作，是在大正4年（1915）一首寫給魏清德的組詩之中：[91]

> 虛度光陰三十三，自憐自笑又懷慚。小園岑寂無聊賴，酒戰詩談待潤庵。

小園，指的正是「寄園」。劉克明在大正5年（1916）修築臺北的寓所，並名之為寄園，因為「高堂矮屋一時居，天地由來是寄廬。」[92]筆者以為這正是取自「以天地為棟宇」之義。「以天地為棟宇」，典出《世說新語》，是中國魏晉時期竹林七賢中嗜酒如命的劉伶所言。[93]

[91] 劉克明，〈寄潤庵〉，《臺灣日日新報》，「詩壇」欄，1916年1月5日，第6版。
[92] 竹外（即劉克明），〈次學三兄寄園小集偶作韻〉，《臺灣教育》第312號，「漢詩」欄，1928年8月1日，頁136。
[93] 竹林七賢指魏末晉初七位玄學的代表人物，好老莊，主張清靜無為。迴避政事，

劉克明雖未曾自喻為劉伶，也未曾直指「寄園」典出於此，然其詩句「高堂矮屋一時居，天地由來是寄廬。」[94]頗有劉伶豪氣。又如魏清德在〈寄園一夕談〉所言：[95]

（劉克明認為）凡人生於世上無一非寄。舉吾肉軀形骸猶然，而況於妻子、室廬、田園、財貨哉？蝸，寄也、角，亦寄也；蠅，寄也、頭，亦寄也。而況於蝸角之所爭，蠅頭之所營？亦徒觀其寄，寄之而已矣。

人生在世，軀殼不過只是一個虛有的形體，人不過是寄託在這個軀殼之中，所以貨財、物產都是身外之物。在在顯示劉克明以天地為家、看淡世間功名利祿的生命情懷。在〈偶作（茫茫塵世事）〉[96]這首組詩中，三十六歲的劉克明自嘆「中年頻落齒，兩頰欲鋪鬚」，步入中年，他反問自己外貌已經開始改變了，那「何物仍如舊？」答案是「冰心在玉壺」。已屆不惑，劉克明不像大部分國語學校畢業生，在轉戰實業後飛黃騰達；他自甘於擔任一位教員，並且悉心提攜臺、日學生，看淡世間紛爭。於是這首組詩之二便表明「吾有自然樂，不同大眾爭」。總而言之，將自己的書齋園林命為「寄」，就是這種淡泊名利的最佳展現。

將賦詩清談視為人生樂事的劉克明，時常邀集文友聚於寄

卻在詩文間隱晦地揭露統治者的暴行。劉伶嗜酒，澹默少言，時脫衣裸行於屋中。某日，友人來訪見狀質問。劉伶曰：「我以天地為棟宇，屋室為褌衣。諸君何為入我褌中？」

94　竹外（即劉克明），〈次學三兄寄園小集偶作韻〉，頁136。
95　潤庵生（即魏清德），〈寄園一夕談〉，《臺灣教育》漢文報第170號，「雜錄」欄，1916年8月1日，頁5。
96　笪邨，〈偶作（茫茫塵世事）〉，《臺灣教育》第208號，「文藝」欄，1919年9月1日，頁5。

園。吾人可從劉克明的回憶文字一窺寄園的座上賓為何方神
聖：[97]

> 寄園雖小，名士多來。曾來寄者有竹南郭仁齋，竹城戴天
> 飛、胡香秋、林篁堂、洪燠川、家頑椿，及桃園蒲化喬
> 梓。常來遊者有王筱川昆仲、楊秋若、王學農、王肖陶、
> 盧磐石、陳翕庵、覺齋二兄弟、張筑客、蔡式穀、范培卿
> 諸氏。同居則有魏潤庵、家學三。誠一時之盛且樂也。

上列名單多為北臺人士，包括鄉友、北桃竹三地文士，以及
國語學校同窗。足見劉克明交遊之重心。而有關寄園雅集的情
況，可以劉克明在大正7年（1918）〈九月二十三夜寄園小集〉
為例：[98]

> 霡雨入夜歌，天猶水氣涵。砌蟲作怪聲，岑寂人不堪。有
> 客破暗來，更闌興彌酣。燠川寡言笑，索句共學三。津津
> 道詩畫，翕潤有二弇。如此秋夜長，耐冷作清談。凡人不
> 解意，得毋笑太憨。相揖悠然散，禪味夢中參。

大雨初歇的秋夜，有客不請自來。席上都是寄園的常客，除了劉
振傳是臺北人，其餘三人皆是劉克明的同鄉：洪煙燦、陳槐澤
（1885～1963，字心南，號翕菴）以及魏清德。四人年紀相仿，
有著頻繁的詩文往來。魏清德與劉振傳，不僅與劉克明比鄰而
居，更是情同手足。這次不期而會，眾人或評比書畫、或推敲詩

---

[97] 篁邨人，〈次韻〉，《臺灣教育》第323號，「文苑」欄，1929年6月1日，頁
106。

[98] 劉克明，〈九月二十三夜寄園小集〉，《臺灣日日新報》，「詩壇」欄，1918年
11月1日，第4版。

句，漫談生活也說禪。秋夜雖長，但與文友閒話家常或能排遣寂寞。縱然凡人不能理解，詩人們卻盡歡而散。這樣的雅集，其實是寄園悠悠紫藤花下的常態：「月白風清來故人，紫藤花下寄吟身」、[99]「恰值無聊好友來，紫藤花下共傾杯」、[100]「春閒好友來尋醉，助興何須倩麗娟」。[101]寄園小集，不需要美女環伺，但杜康卻是不可少的，因為寄園主人愛酒的事蹟，可是「報上有名」。

《臺灣日日新報》曾經記載嗜酒的劉克明與魏清德，向創設「樹林造酒公司」的黃純青索酒一事。這件趣聞，值得一窺究竟：[102]

〈墨瀋餘潤〉

樹林黃君純青，久藏佳釀。篁村、潤庵兩君，賦詩索之。黃君欣然寄將，同人今誦其往來唱和之什，道得津津有味，不覺大發酒興，未審能否均沾其利益也。夫世之佳釀，名士美人，皆得而共之。三君子，豈得私自授受哉。而篁村、潤菴兩君得後，默然據為己有可乎，信非公開不可也。兩君如不公開，黃君有以處之乎。篁村君索酒詩曰：「涼冷西風客興孤，此間何可以為娛。知君黃酒珍藏久，翹首星馳寄一壺。」黃君和之曰：「林下月明興不孤，美人相對自清娛。知君雅愛黃花釀，秋色收藏送一壺。」「又見伶仙揮醉筆，篁村兩甕潤菴一。怪君索酒今無詩，載酒舟人呼不出。」觀黃君附識，輒有不可為外人

[99] 寄園主人，〈喜心南薰南二君見訪〉，《臺灣教育》第195號，「文藝」欄，1918年9月1日，頁10。
[100] 劉克明，〈寄園小飲〉，《臺灣日日新報》，「詩壇」欄，1920年5月28日，第6版。
[101] 劉克明，〈寄園偶集〉，《臺灣教育》第225號，「文藝」欄，1921年2月5日，頁5。
[102] 「墨瀋餘潤」，《臺灣日日新報》第8799號，1924年11月11日，夕刊第4版。

道之語，則是私相授者，有為而為之矣。局外人必欲一知其端諸，黃君又何以善其後乎。哈哈。

　　黃純青，臺北樹林人，在樹林有紅酒造酒公司。聽聞他長久以來私藏著好酒，劉克明與魏清德兩人各寫了「索酒」詩寄給黃純青。黃純青不但和了兩首詩，更寄酒給兩人。還在詩句後附註：「這件事情可別告訴別人，是因為你們向我索酒，我才給的。」臺灣日日新報社的社員一知道此事，不但要兩人不可私藏好酒，得拿出來分享；還將此趣聞登報，博君一笑！

　　事實上，在劉克明的詩作中，五首就有一首不離酒。劉克明另一位文友楊仲佐曾在臺灣製酒會社內修築偶園。劉克明除了喜歡品嘗「樹林紅」，也常留連偶園。在偶園，「甕有甘醅籬有菊」，[103] 既能品嘗美酒，又有東籬作陪，可謂人生一大快事，見〈黃菊酒〉一詩：[104]

　　人之愛物別有託，豈真愛酒與愛花。花能解語酒有權，使人無愁與自賒。當其欲醉未醉間，飄飄羽化欲仙之。寵不為驚辱不畏，吾有吾道自操持。林之梅花陶之菊，愛雖有殊意無差。月明林下日斜籬，聽其幽香賞其姿。對此啣杯頹然醉，會心獨樂知者誰。故人新醅酒黃菊，白衣送我秋日來。老圃閒坐正岑寂，飲之無辭千百杯。況復江頭螃蟹肥，擘螯獨酌更快哉。但覺色秀味而甘，不問釀就黃花否。歐陽太守曾有云，醉翁之意不在酒。

103 劉克明，〈偶園小集〉，《臺南新報》，「詩壇」欄，1921年12月2日，第6版。
104 劉克明，〈黃菊酒〉，《寄園詩葉》，頁6。

應偶園主人之邀，文友們有幾次在偶園小集的機會。詩作中提到了愛菊成癖的陶淵明，也提到了與陶淵明有關的另一個典故「白衣送酒」：陶淵明辭官歸隱後，過著躬耕的簡樸生活。一日，正愁著無錢買酒之際，忽見一個穿白衣的人說是奉王弘之命前來送酒，陶淵明大喜，接過酒之後一飲而盡。對於「嗜酒如命」的劉克明而言，偶園主人就像是白衣使者一樣。但是，「人之愛物別有託，醉翁之意豈在酒」，銜杯而醉的詩人自認「風趣卻同元亮家」。[105]而且，寄園主人不只愛酒，他也戀菊。偶園主人楊仲佐也是個戀菊的人，除了臺灣製酒會社，楊仲佐的網溪別墅也是老圃黃花。劉克明有數首在網溪觀菊的詩作，以〈重訪網溪別墅〉為例：[106]

> 三徑將凋秋欲盡，漫嗟我又渡江來。愛花總要偕花老，不在全開與半開。

劉克明有多愛菊？從這首詩就可以看得出來。秋天將盡，網溪別墅的菊花就要凋零了。古人云：「飲酒微醉，看花半開。」但劉克明卻自有一番雅趣，在秋風蕭瑟、花木枯黃的時刻前去賞花。他認為，既然愛花，就要陪著花一同老去。劉氏留存的戀菊詩作中，除了多情，更藉著濃濃的秋意，抒發內心的岑寂。如：「似覺中年秋到早」、[107]「斜陽籬下獨徘徊」、[108]「忽憶同遊漸

---

[105] 劉克明，〈偶園小集〉。

[106] 筥村生，〈重訪網溪別墅〉，《臺灣教育》漢文報第294號，「文藝」欄，1926年12月1日，頁9。

[107] 劉克明，〈網溪別墅觀菊賦呈主人〉，《臺灣教育》漢文報第304號，1927年12月1日，頁9。

[108] 竹外，〈觀楊氏網溪別墅殘菊〉，《臺灣教育》第329號，1929年12月1日，頁156。

減少，一時高興轉悲來」、[109]「花果知人心事否，東籬南徑獨徘徊」、[110]「未老緣何志漸萎，往年韻事不堪追」[111]等。

再回到〈黃菊酒〉一詩。詩中不只藉陶淵明愛菊與白衣送酒的典故，還提到了另一位同樣不屈名利，隱居於西湖孤山的林和靖。劉克明曾經在《臺灣教育》介紹林和靖及其詩作。[112]《臺灣教育》之漢文欄，常有編輯之雜錄以補白，僅只出現三期的「詩人逸話」欄其實也屬其一。然劉克明在眾多詩人中，只挑選了蘇東坡和林和靖，可見他對林和靖評價頗高。劉克明傾慕的是林和靖「人一生所貴者在適己意耳，吾志之所適不在室家，亦不在功名富貴。只覺青山綠水與我情相宜者也」如此高雅的生命情懷。林和靖以梅為妻、以鶴為子，事實上，劉克明亦曾有「山舍梅妻思鶴子」之句來指妻子和女兒。[113]又見〈老梅〉：[114]

> 幾經寒苦吐清芬，瘦骨橫斜傍水濆。我作糟糠妻比擬，孤山偕老共欣欣。

原來「與花偕老」其實也是與髮妻白頭偕老。雖然「老梅」是高山文社課題，但將髮妻比擬為梅，劉克明卻寫得情深。

林和靖愛梅，陶淵明愛菊，雖然對象不同，但是意義是相同的。綜觀上列詩作，不難看出劉克明避世的心志。三徑、白衣送

---

[109] 劉克明，〈與林雲樵劉學三二君遊網溪別墅〉，《專賣通信》9卷9號，1930年12月15日。

[110] 劉克明，〈網溪別墅觀菊〉，《專賣通信》10卷12號，1931年12月22日，頁95。

[111] 劉克明，〈和楊仲佐君招邀觀菊韻〉，《臺灣教育》第487號，1943年2月1日，頁93。

[112] 劉篁村，〈詩人逸話：林和靖〉，《臺灣教育》第81號，1908年12月25日，頁14。

[113] 竹外，〈答雲樵吟友〉，《臺灣教育》第311號，「文苑」欄，1928年7月1日，頁114。

[114] 劉克明，〈老梅〉，《臺灣日日新報》，「詩壇」欄，高山文社三週年紀念擊缽吟，1925年2月14日，第4版。

酒、菊、梅、清談都是顯而易見的象徵。同前所述，既然是「男兒三窟少，天下好為家」，[115]在「寄園」落成之後，「古奇峰」的思鄉意象在劉克明的詩作中逐漸淡去，轉變成「大隱隱於市」的情志。某次陳槐澤與其弟陳薰南（1892～？）夜訪寄廬，劉氏有〈喜心南薰南二君見訪〉組詩其二作：「來往盡為不俗人，吾廬吾愛絕紅塵。乾坤到處堪容膝，何必仙源去隱淪。」[116]既然「往來無白丁」，又何必要隱居山林呢？

然而，中年的劉克明，在官場上不能說不得意。大正10年（1921），38歲的劉克明因對教育有功，接受表彰。有詩〈受臺灣教育會表彰〉[117]如下：

> 尸位素餐年復年，何曾棫樸育群賢。誤人子弟憂晨夕，老我生涯愧俸錢。碌碌無能成事業，悠悠敢說樂林泉。閒來更把詩書讀，溫故知新補未全。

烏兔匆匆，歷經18年春秋的默默耕耘，劉克明謙虛地說自己尸位素餐、誤人子弟。他在教育界的付出，筆者將於第三章分析說明。而在這首感懷詩作中，劉克明再次揮毫言志，正是「吾有自然樂，不同大眾爭」。

「寄園」成了劉克明寓居臺北的避世堡壘後，「古奇峰」的意象雖然不再出現，但不代表劉氏因而忘卻故鄉。中年的劉克明時常感嘆自己一事無成，愧對鄉賢。在這類作品中，常出現「翰村」、「補筆樓」以及「江東父老」、「吳下阿蒙」等詞語。

[115] 劉克明，〈歸故宅〉，《臺灣教育》第161號，「文藝」欄，1915年10月1日，頁8。
[116] 寄園主人，〈喜心南薰南二君見訪〉，《臺灣教育》第195號，「文藝」欄，1918年9月1日，頁10。
[117] 劉克明，〈受臺灣教育會表彰〉，《寄園詩葉》，頁17-18。

「翰村補筆樓」，是劉克明父親劉廷璧的書齋。筆者認為，劉克明藉補筆樓之名寄託對鄉賢漢詩文成就之崇敬；也從愧對鄉賢的感慨抒發對於漢學存續幽微的憂慮。

　　劉克明之父劉廷璧（1857～1892），[118]字維圭，號雪和，又號無悔道人，祖籍福建晉江，清代咸豐年間生於竹塹南門。同治13年（1874）考取淡水廳儒學生員，光緒5年（1879）改撥臺北府學廩生。入庠後，由於文才橫溢，某試驗官將其書齋命名為「翰村補筆樓」，取「村」字再添一筆即為「林」，即以「翰林」勉其更上層樓。然三赴秋闈皆不中，因此絕意功名，以課館授徒為志。劉廷璧曾獲鄭如蘭聘請於北郭園「吾亦愛」書房授課，教授鄭氏子弟及族親，光緒18年（1892）辭世，得年36。[119]

　　光緒18年（1892），劉克明9歲。在劉克明目前留存的詩文中，並無回憶父親的作品。不過，1930年出版的《臺灣今古談》錄有劉廷璧詩作數首。筆者以為，劉克明藉著書中討論的主題，可能有意讓父親的作品流傳於世。例如〈臺灣に關する最初の作詩〉，錄劉廷璧的〈澎湖賦〉，〈詩社の林立〉一文也提到劉廷璧參加詩社的事蹟，更錄有其〈淵明歸隱〉七絕一首。劉克明在日治中後期，亦開始使用「無悔道人」（原劉廷璧字）、「古翰

---

[118] 有關於劉廷璧的生卒年，黃美娥〈北臺文學之冠——清代竹塹地區的文人及其文學活動〉一文作「同治年間～？」，詹雅能《竹梅吟社與《竹梅吟社詩抄》》則作「咸豐年間～？」。筆者從目前可見資料交叉比對：黃美娥一文中指出劉父於光緒5年（1879）入府學廩生，劉克明《臺灣今古談》則有劉父23歲入府學廩生的記載，意即1879年時劉廷璧23歲。據此推測，享年36的劉廷璧生於咸豐7年（1857）、卒於光緒18年（1892）。見黃美娥，〈北臺文學之冠——清代竹塹地區的文人及其文學活動〉，《臺灣史研究》5卷1期，1999年11月，頁129、詹雅能，《竹梅吟社與《竹梅吟社詩抄》》（新竹：竹市文化局，2011年12月），頁55。

[119] 參考劉克明，〈臺灣に關する最初の作詩〉，《臺灣今古談》，頁102、黃美娥，〈北臺文學之冠——清代竹塹地區的文人及其文學活動〉，頁129、詹雅能，《竹梅吟社與《竹梅吟社詩抄》》，頁55-56。

村」、「古翰樓」等號，彷彿要讓父親重現於臺灣文壇。筆者推測，劉克明最廣泛使用的號「篁村」，更是將對故鄉與父親的情感結合。「篁」字泛指「竹子」，比直接使用「竹」字為號更雅；而「村」字即是沿用了父親「翰村補筆即為林」的意象，以此為號，期勉自己在漢學的學習上持續精進。

「補筆樓」首次出現在劉克明的詩句中，是1911年劉氏悼念與父親同是「竹梅吟社」社員的詩壇前輩蔡啟運。在〈輓蔡啟運前輩〉有句：「年來父老凋零甚（作者註：「謂陳瑞陔、翁星嶠、陳子潛、家廷玉諸父執。」），少過翰村補筆樓（作者註：「先嚴樓名。」）。」[120]蔡啟運過世時，臺灣文壇先後有許多前輩凋零，包括竹梅吟社陳瑞陔（？～？）、翁星嶠（？～？）、陳朝龍（1859～1903），以及臺北紳商劉廷玉（？～？）。陳瑞陔、翁星嶠、陳朝龍以及蔡啟運，都是劉克明父親劉廷璧在「竹梅吟社」時的吟友，然而，隨著父老的凋零，父親的補筆樓就鮮少有鄉賢的足跡了。

「補筆樓」第二次出現，則在大正4年（1915）夏季，劉克明返鄉與竹塹吟友唱和之時：[121]

〈偏遠堂雅集〉

（作者註：「北郭園乃新竹鄭用錫進士之別墅，余兒時曾寄學於其宅第。」）

門第春官竹馬親（作者註：「寄學春官第內數年。」），今宵唱和續緣因。翰村補筆成空想，北郭司文有替人（作

---

[120] 劉篁村，〈輓蔡啟運前輩〉，《臺灣日日新報》第4022號，「詞林」欄，1911年8月4日，第3版。

[121] 劉篁村，〈北郭園雅集分韻得真〉，《臺灣日日新報》第5424號，「詩壇」欄，1915年7月27日，第6版。

者註：「謂鄭幼香。」）。柳暗花明留客好，地偏心遠寫詩新（作者註：「內有偏遠堂。」）。座中父老談前事，胸底能無感慨頻。

難得與鄉友聚會，劉克明憶起和鄭氏子弟一同在春官第學習的過去。當時，父親劉廷璧受邀擔任鄭家子弟的家庭教師，劉克明遂寄學於北郭園之春官第書齋。因此，鄭幼香與劉克明可說是總角之交。鄭幼香承遞北郭園的文氣，開設吟會，成為地方碩儒；相較之下，劉克明謙虛地表達自己未能傳承父親的文采，又因為滄桑變換、人去樓空，仕進之路亦成空想。末聯則從父老們的角度抒發長者淪沒、吟友凋零的感慨。詩句中雖有「柳暗花明」、「寫詩新」這類較為光明的期待，但仍在惆悵中作結。從劉克明的生平經歷細究這份惆悵的來由，仍然與劉氏對故鄉的思念有關。既然已經是「天下好為家」，劉克明為何喟嘆？

原來，「補筆樓」不只是承繼「古奇峰」的意象，成為思鄉的寄託；更精確的說，應是思念竹塹地區文風鼎盛的輝煌時代之表徵。劉克明有志傳承父老當年開設吟會的風氣，以維持漢學的一線命脈，所謂「翰村補筆成空想，北郭司文有替人」意指：科舉仕進已成空談，幸好竹塹文風後繼有人。又如大正7年（1918）擔任國語學校於各地開設的暑期講習會講師，獲派前往嘉義，見到嘉義文士蘇櫻川時劉克明表示：「等待樓修重補筆，時開北閣會詩盟。」[122]也同樣將補筆樓作為維繫詩盟的象徵。

在詩作裡似乎常見中年過後、未能歸返竹塹的劉克明總是悲愧交集。大正8年（1919）他返回竹塹省親，又與文友聚會於胡

---

[122] 劉篁村，〈敬和瑤韻呈蘇櫻川先生〉，《臺灣日日新報》第6490號，「詩壇」欄，1918年7月17日，第6版。

香秋「古月山莊」，時劉氏有詩作：「我歸鄉國翻為客，何日重修補筆樓。」[123]這是劉克明的自我詰問。又如大正14年（1925）6月，劉克明又一次返鄉「作客」的機會中，偶憶起二十幾年前離鄉，到臺北求學後留在臺北任職之初的種種。有感而發，作了〈客次偶作〉七律一首：[124]

> 兒女成群願易酬，歸耕乏計負初遊。江東父老知無咎，吳下阿蒙也自羞。狡兔營三看幾日，頑龜藏拙屬吾儕。身心卻喜年逾健，未許霜花亂點頭。

劉克明說，兒女成群的夢想容易實現，但是他歸隱山林的心願卻遲遲未能成真。故鄉的父老知道他有所苦衷，所以並不苛咎他未能承續鄉賢遺志，但是自認才疏學淺的劉克明自喻為吳下阿蒙。雖然他曾在詩作中表達「男兒志在天下」的豁達，但竹塹的故居，卻是長年草木不除，看起來蕭條荒蕪。「何日重修補筆樓？」歸返故鄉遙遙無期，僑居臺北的他也只能「藏如六龜」，靜待時變。保持著這個信念，並留得青山在，將來有一天還是有機會完成心願吧。

或如〈旅行雜俎〉：[125]

> 故里歸來感若何，廿年歲月任蹉跎。近鄰相識兒童少，到處凋零父老多。敢說艱難辭跋涉，不因落托廢吟哦。武營榕樹憐蒼古，獨立斜陽撫復摩。

---

[123] 莒村，〈古月山莊小集〉，《臺灣教育》漢文報第208號，「文藝」欄，1919年9月1日，頁5。

[124] 作者註：「大正乙丑（1925）六月十七日早晨。」劉克明，〈祖師廟之回顧〉，《臺灣教育》漢文報第277號，「雜錄」欄，1925年7月1日，頁1-2。

[125] 錄自莒村，〈旅行雜俎〉一文，《臺灣教育》漢文報第291號，1926年9月1日，頁3-5。

首、頷聯頗有賀知章〈回鄉偶書〉的感觸。離鄉二十多年，只任歲月蹉跎。故鄉能夠認得劉克明的兒童寥寥無幾，父老們也多凋零了。接著說，雖然維繫漢文脈的路相當艱苦，但自己也不會因事而荒廢了寫詩作詞。雖然這首詩意仍趨向正面積極的意義，但從「蹉跎」、「凋零」、「艱難」、「跋涉」、「憐」、「蒼古」、「斜陽」等用字，仍可看出一種逐漸衰老的悽愴。

再如〈歲暮偶作〉：[126]

> 但求寡過敢言功，故事奉行歲又終。日月如流人未老，詩書一榻我何窮。談兵於紙知無補，作氣成樓究是空。門外朔風當凜冽，呼兒暖酒趁爐紅。

只求清閒度日，安份自持的劉克明，年年奉行著同樣的事務，年華逐漸老去。自怨阮囊羞澀，也自憐「成樓」、「無補」，曾經懷抱著「補筆築樓」的志向，至今一切究竟是空談。還是飲酒吧！因為「人生本是有窮通，楓葉春青秋到紅。且把心頭持自在，虛名虛利馬牛風。」[127]

《臺灣日日新報》的編輯曾經如此評論劉克明的詩：「篁村詩多寫實。」[128]確實，從上述引錄的詩作不難看出劉詩的平易近人及其與現實的關聯。前文曾提及劉克明頗嚮往陶淵明、賀知章、林和靖等人的生命情懷，也常研讀他們的詩作，不過最符合劉克明詩觀的卻是此詩：[129]

---

[126] 劉克明，〈歲暮偶作〉，《專賣通信》7卷1號，「漢詩」欄，1928年1月1日。

[127] 寄圃，〈次浪仙韻似百祿氏〉，《臺灣教育》第309號，「文苑」欄，1928年5月1日，頁142。

[128] 《臺灣日日新報》，「南瀛詩壇」欄，1923年8月8日，第3版。

[129] 無悔生（即劉克明），〈次學三君韻〉，《臺灣教育》第314號，「漢詩」欄，1928年10月1日，頁138。

驚人句敢出新奇，白白說來是我詩。描寫性情宜簡易，香山居士和微之。

劉克明雅好白居易的詩作，他說「偶閒尤愛明窗下，圈點香山幾卷詩」。[130]淺白，是劉克明詩作最顯著的風格。他的詩句總是明明白白的寫景，明明白白的抒發心境，不假雕飾。此詩提到元稹，因其與白居易皆提倡足以反映社會民情的樂府詩。除了白居易，初唐詩僧寒山（又稱寒山子）的詩作，其詩語言通俗、淺白如話。劉克明也曾在數首詩作中提到他喜讀「寒山詩」。如：「人家消夏苦無為，我讀寒山一卷詩」、[131]「笑我正來坐磐石，喃喃一卷讀寒山」、[132]「時讀寒山詩一卷，淨心閉眼坐黃昏。」[133]

　　透過劉克明淺白且寫實性強的詩，我們得以略知其日常生活的概貌，進一步從中探究其隱微的心志。劉克明在日治時期的詩作可分為三大類：吟社擊鉢課題、籌唱詩作以及即興偶作。前文即以劉克明與文友雅集的偶作或日常興感作為主要分析對象。而接下來在劉克明社會參與的分析中，筆者將以《臺灣教育》的議論以及劉克明的著作為主，選擇相關的漢詩作分析，包括與長官友人的唱和、悼念恩師或近代化相關的作品。值得注意的是，劉克明漢詩裡顯而易見的思鄉情志或是淡泊的生命情懷，在其社會

---

[130] 篁村生，〈次莊怡華先生殘春感作瑤韻寄呈絳秋詞長哂政〉，《臺灣教育》第311號，「文苑」欄，1928年6月1日，頁101。

[131] 劉克明，〈消夏詞〉，《臺灣日日新報》第8680號，「詩壇」欄，1924年7月15日，夕刊第4版。

[132] 錄自篁村〈旅行雜組〉一文，頁3-5。

[133] 作者註：「民國三十九年庚寅（1950）。」劉克明《寄園詩葉》，頁24-25。

參與相關論述中卻是看不見的。筆者在本章曾如是提問：為什麼青壯年時平步青雲的劉克明，卻總是有歸隱之志？官場上的劉克明和詩文中的劉克明究竟有什麼不同？概論劉克明的生平、詩作以後，我們究竟應該站在什麼角度，觀看這一位日治時期臺灣籍教師兼漢詩人的故事？筆者希望能從這樣一位看似平凡，卻在「漢學」、「近代教育」以及「日治時期同化政策」中皆佔一席之地的人物，了解「漢學」、「近代教育」以及「同化政策」三者存在的交集與衝突，藉以更貼近地掌握日治時期一位臺灣知識份子的生命歷程。究實而論，不管是「出仕」、「入仕」，皆與劉克明對日治時期同化政策的理解有極大的關聯。因此，了解劉克明生平經歷及詩作風格後，本論文第三、四、五章，依序分析劉克明在教育以及文化的不同領域中，其角色、行動及著述與同化政策之間的關聯，據此論述他的認同及生命的志向。

# 第三章　「我等新民」的同化之路：
## 臺籍教師的同化論述與實踐

　　自擔任國語學校臺灣語教師後，劉克明感到臺灣語言教材的不足。因此，藉由自身專業，撰寫了適合臺日雙方閱讀的語言教材。目前可見者，包括：《國語對譯臺語大成》、[1]《廣東語集成》、[2]《教科摘要——臺灣語速修》、[3]《實業教科——臺灣語及書翰文》。[4]本章第一節，透過教材使用情形、語言學科存在的意義以及教材內容的分析，說明劉克明如何在日治時期臺灣教育界站穩其地位，並探究劉克明對「同化」的看法。

　　除了擔任臺灣語教師、撰作語言教材，劉克明亦是《臺灣教育》主要編輯之一。《臺灣教育》，是日治時期教師們發表教學研究、教學心得以及通信的管道。劉氏自明治41年（1908）始擔任該雜誌漢文報編輯。昭和3年（1928）漢文報停刊後，劉氏持續編輯尚存的漢詩欄至昭和18年（1943）該雜誌停刊為止。期間，除了協助重要日文教育演說、論文之翻譯，劉克明也是北臺灣教育事務的主要通信員。此外，劉氏亦曾在雜誌發表漢文教案、教育議論，以及隨筆文章等，記載課間的心得、偶感。本章第二節即以《臺灣教育》中的議論發表為主要分析對象。分為對

---

1　劉克明，《國語對譯臺語大成》（臺北：新高堂書店，1916年11月30日）。
2　劉克明，《廣東語集成》（臺北：新高堂書店，1919年4月18日）。
3　劉克明，《教科摘要——臺灣語速修》（臺北：新高堂書店，1925年12月30日）。
4　劉克明，《實業教科——臺灣語及書翰文》（臺北：新高堂書店，1926年3月20日）。

日本帝國與天皇制的看法、同化教育以及近代生活等三部分討論之。

　　劉克明對當時的教育界具有相當的貢獻，因此大正10年（1921）獲得臺灣教育會表彰，大正15年（1926）獲總督府頒授勳章，成為首位以教師身分獲得總督府頒授勳章的「本島人」。這部分筆者將在第三節進行討論。

## 第一節　臺灣語權威教授

### 一、臺灣語：作為統治輔助工具、研究對象的學科

　　明治36年（1903）劉克明自國語學校畢業後，原定返回竹塹，然受鈴江團吉的挽留，遂在國語學校附屬之艋舺公學校擔任囑託。明治41年（1908）3月31日昇任國語學校助教授，在該校講授臺灣語及漢文，成為國語學校臺灣籍畢業生擔任助教授的首例。若論劉克明在日治時期最重要的學術成就，當屬他在臺灣語教授及教材編纂的貢獻。然而，儘管劉氏在臺灣語言研究方面成績卓著，對統治當局而言，臺灣語只是階段性的工具。以同化臺人為宗旨的殖民教育，主要目標仍然是普及日語。不過，我們仍可以從臺灣語作為統治輔助工具的角度，觀察劉克明撰著的教材及其使用情況，分析劉氏在日治時期臺灣教育史的地位。

　　首先回顧臺灣語在日治時期師範教育中的需求，該科目的授課時數隨著臺灣社會環境的變遷而有所轉變。統治初期，為使行政及教務順利進行，在臺灣擔任公職的日本人都必須具有一定的臺灣語能力。依照年齡與學制的規範，日人可就讀臺灣總督府國

語學校「語學部土語科」（日人以「土語」稱呼當地土著使用語言，在此指臺灣語，以下同）以及「師範部」（學習科目中包括「土語」）。「語學部土語科」以及「師範部」培訓了公、私業務員以及日籍教員。具有尋常中學校第四年以上學歷、18歲到30歲的日人可就讀師範部，修業期限為兩年；而具有高等小學校畢業以上學歷、15到25歲者，可就讀語學部，修業年限三年。然而，因為統治初期有大量的人力需求，國語學校內曾開設短期「講習科」，提供已經具有教員資格以及中學校畢業或同等以上學力者就讀。一期三個月，明治29年（1896）開設第一期，其後，陸陸續續招募七次的講習員，最後一期入學時間為明治33年（1900）12月。除了正規的「語學部土語科」、「師範部」以及類似補習教育的「講習科」，明治31年（1901）更曾設有「土語專修科」，專門為擬在臺灣從事公私業務者修習土語者而設，修業年限兩年。[5]統治初期，學習「土語」的管道相當多元，不外是為了統治的便利而應變。

不過，隨著人力供需逐漸達到平衡，各機構入學者逐漸稀少，「語學部土語科」於明治35年（1902）廢除、「土語專修科」亦於明治36（1903）廢除。至於「講習科」的部分，總督府依照前七期講習科的經驗，於明治36年頒布「臺灣總督府國語學校講習科規程」，但講習科因人力資源供過於求，並未實際執行。只有在明治45年（1912）因日人教員不足，因應所需而招募過一次「臨時講習員」。[6]大正3年（1914）修正講習科規則，改為「欲成為臺灣小學校、公學校教員者，或目下在職者，進行

5 臺灣教育會編，許錫慶譯註，《臺灣教育沿革誌》（中譯本），（南投：國史館臺灣文獻館，2010年），頁247-274。
6 謝明如，〈日治時期臺灣總督府國語學校之研究（1896-1919）〉（臺北：臺灣師範大學歷史所碩士論文，2007年），頁51-52。

必要之講習」，類同講座形式、在職訓練的課程。[7]師範部之土
語課程，則在明治35年（1902）北師、中師併入國語學校後，改
為甲科生學習之「臺灣語」，臺人就讀的乙科則無此科目。[8]

　　就上述作為行政、教務需求之「土語」教育的教學內容而
論，臺灣語的學習，不外乎針對音韻性質、語言種類的辨別、
會話及作文練習，強調語言的實用性。以「語學部土語科」為
例：[9]

　　　　依廣泛通行本島內之口音，教授音韻之性質、語言種
　　　類、會話實習及會話文與公文之讀法、寫法等。
　　　　教授土語時須常注意口音及語調是否正確，並使其熟
　　　習將其意義正確譯成國語，且能迅速解釋他人思想及表達
　　　自己思想。

　　為了速成，明治29年（1896）國語學校語學部土語科的土語
課，每週授課12小時，佔每週總授課時數34小時的35%，並持續
三學年。師範部的土語課程為10小時，佔總授課時數34小時的
30%，並持續兩學年。土語專修科則在兩年的修業中學習土語及
漢文。土語12小時、漢文6小時，共18小時。明治35年（1902）
師範部更名為師範部甲科，臺灣語課程由之前每週10小時，更改
為第一學年每週授課6小時，第二學年7小時，約佔每週總授課時
數34小時的20%。

　　大正8年（1919）臺灣教育令公布後，該年3月31日公布之師

7　臺灣教育會編，許錫慶譯註，《臺灣教育沿革誌》，頁274。
8　臺灣教育會編，許錫慶譯註，《臺灣教育沿革誌》，頁267。
9　臺灣教育會編，許錫慶譯註，《臺灣教育沿革誌》，頁254。

範學校規則（府令第24號），仍然要求日本教員接受臺灣語的訓練。日本人修習的小學師範部課程，每週總授課時數為36小時，需接受每週3小時的臺語發音及日用會話的訓練；公學師範部每週總授課時數同樣是36小時，需接受每週6小時的臺語發音及日用會話的訓練。[10]

　　大正11年（1922）臺灣教育令第二次公布，師範學校設立小學師範部及公學師範部，修業年限六年，包括普通科五年，演習科一年。而女子修業年限五年，其中普通科縮短一年。同年4月1日公布之師範學校規則（府令第88號），未在規則中區別臺人、日本人教員培訓的學習內容。規則第八條說明臺灣語學習之主旨：「以能理解普通言語或文章，能辦理日常用務為要旨。臺灣語應教授簡易實用會話，或文章講解、作文及公學校中之漢文教學法。」教學內涵其實與統治初期並無明顯差異。無論是未來要擔任小學或公學校的教師，都需要學習臺灣語；不過，實際授課時數則依學生情況而定。小學師範部男學生第一、二學年，每週總授課時數為33小時，第三到五學年以及最後一年的演習科，每週總授課時數為32小時，在這之中臺灣語的授課佔2小時。女學生第一到四學年以及演習科，每週授課時數為34小時，臺灣語的學習亦為2小時。公學校師範部男、女學生，每週總授課時數同小學師範部男、女學生，不過，在「國語及漢文」以及「臺灣語」的學習分配上，第一、二學年將學生以通曉「臺灣語」的能力進行區分，懂臺灣語的學生無須修習臺灣語課程，「國語及漢文」總授課時數為12小時；若不通曉臺灣語，每週則須修習3小時的臺灣語，「國語及漢文」則縮減為6小時。第三學年開始，

10　《府報》第1795號，1919年3月31日，頁89-91。

無論是否通曉臺灣語，都必須接受臺灣語課程，每週2到3小時不等。由於師範學校規則區分為普通科及演習科，因此未讀過小、公學校師範部普通科，而直接就讀演習科者，臺灣語的學習時數又有不同。直接就讀小學師範部演習科的男學生，需修習4小時的臺灣語、女學生3小時；公學師範部則同樣以通曉「臺灣語」的能力區分，無論男、女生，「臺灣語」、「國語及漢文」兩科目的分配比例是7比2，亦即不懂臺灣語的學生，必須修習7小時臺灣語，而縮減日語及漢文的學習為2小時。而昭和8年（1933）以後，臺灣語則成為基本科目以外的「增設科目」，視學習需求而開設，但未就讀普通科者，臺灣語則為基本科目。

要言之，師範教育制度內之臺灣語學習時數的演變，可分為三個階段：1896年到1902年，無論是語學部土語科、師範部的土語課程或是土語專修科，臺語科的學習都佔了學習總時數的30%以上；1902年到1919年，師範部甲科臺灣語的學習則降為總時數的20%左右；1919年以後，則為彈性調整，學習時數在10%以下。由於生活環境所需，臺灣語的學習要旨也始終以實用為目標。只不過隨著日語在臺灣相對地普及，臺灣語的學習從必要科目，逐漸轉變為增設科目，授課時數也相對減少。然而，尚須顧及臺灣語在臺灣仍有生活上的使用需求。因此，不具有臺灣語能力的人，仍須經由各種管道修習基礎語言課程。

臺灣語的學習時數雖曾歷經數次調整，既以實用為旨，與其他學習活動互相配合之實用課程便不容忽視。明治40年（1907），國語學校開始試辦「土語修學旅行」，讓日籍學生投宿臺人家中，以達到練習臺語、查知人情、了解風俗、視察教育產業及實查地理之目的。假日則帶日籍學生至北部郊外旅行，「一則研究地理及自然，二則研究臺語及風俗，三則訓練膽

識」。據傳，校方還曾為了讓學生練習，令學生至臺灣人家中購買樹木。[11]

在劉克明擔任國語學校臺語科教師以前，任教該課目的教師依照到職先後順次分別為：藤田捨次郎（1896.5-1899.10在職）、吉島俊明（1896.6-1900.1在職）、鈴木金次郎（1897.4-1908.6在職）、增永吉次郎（1903.7始任，1915年轉臺南廳屬，離職時間不詳）。[12]四人皆為日人教師，並且未著有臺灣語相關教材。而劉克明在臺語方面的長才，很早就為日人發見。明治39年（1906），劉克明還是附屬學校訓導時，東京小石川區小日向茗荷谷町「臺灣協會專門學校」，曾向臺灣本地徵求土語講師一名。據報載，總督府地方某課員指稱，該講師一席「若得臺北總督府國語學校第一學校附屬教員劉克明氏，補充臺灣協會專門學校臺灣土語教員，必能無忝厥職，且教學相長，其前程小未可量。」[13]然而，或許是因為當時祖父、老母俱在，年幼失怙的劉氏選擇不遠遊，遂未應允。是以，劉克明持續在第一附屬學校任職。而後，根據本論文第二章曾敘述的檢定規則，訓導在畢業後五年，可因品行優良、學術表現或授課技藝超眾，獲得地方官推薦後，申請公學校教諭之無試驗檢定。明治41年（1908）3月31日劉克明因而受命擔任臺灣總督府國語學校助教授，[14]從訓導轉陞國語學校內部的教員，而非僅止於升任初等教育之教諭一職。

---

11 上述事例，轉引自謝明如，〈日治時期臺灣總督府國語學校之研究（1896-1919）〉，頁202。

12 謝明如，〈日治時期臺灣總督府國語學校之研究（1896-1919）〉，頁337。

13 〈講師未定〉，《漢文臺灣日日新報》第2554號，「雜報」欄，1906年11月2日，第1版。

14 〈國語學校訓導劉克明任國語學校助教授〉，《臺灣總督府公文類纂》第1門秘書，甲種永久保存，文獻館冊號1433，文號62。

劉克明甫上任，即因以實用為目標的教學法，獲得由國語學校教師為主要編輯群的《臺灣教育》之讚譽：「新任的劉助教授任教土語科以來，（甲科生）該科成績不僅顯著，此間更開辦了土語言論會。儘管學生入學僅一個月，但已經在努力練習簡短的日常生活用語及打招呼的用語等。」[15]

劉克明的語言能力不只教學上獲得肯定，大正2年（1913），民政長官內田嘉吉巡視臺灣各處，劉克明擔任通譯。《臺灣日日新報》對劉氏的翻譯能力相當讚賞：[16]

> 故兒玉總督及前長官後藤男爵，屢次巡視全島各地詢問民間疾苦，惜哉通譯往往有隔靴搔癢之憾。者番內田長官，視察各地，通譯則採用國語學校助教授本島人劉克明氏。上意下達、下情上申，莫不條陳理晰，靡有遺漏。一般參事區長，大為感動。佐藤阿緱廳長，亦感心之。通譯之職既難，長官之通譯尤難，必也平易能解，措辭高尚。而本島人歡迎辭之間，往往多用故事，間或一二擬駢體四六者，比事屬辭，意可會而言不可傳者。若劉氏實令得其要領，發揮而無憾云。

報導中描述：劉克明比起過去的通譯，更能使得官方與民間有良好的溝通。劉氏妥善的措詞用字，將長官的意思完整傳達給民眾知道，也能妥善傳達民眾意思給長官。報導另指出，通譯這個工作並不容易，擔任長官的通譯更不容易。經過翻譯的內容必

---

[15] 〈臺北通信〉，《臺灣教育會雜誌》第74號，1908年5月25日，頁54。翻譯參考謝明如，〈日治時期臺灣總督府國語學校之研究（1896-1919）〉，頁138。

[16] 〈長官善用通譯〉，《臺灣日日新報》第4843號，1913年12月3日，第6版。

須要平易近人，但又要無損於原說話者高尚的地位；臺灣人的歡迎辭，往往喜歡透過對句、韻語相互問候，文辭中多有只可意會、不可言傳的情意。劉克明皆能得其要領，傳達說話者最真實的心意。

官方期待在學校教育的普及後，臺灣人將逐漸具有一定的日語能力。然而，日語及臺灣語在臺灣使用的實際比例，則和官方的預測大相逕庭。根據總督府大正2年（1913）的調查，全臺區長401人中，熟諳日語者僅有36人、略通者57人、不通者308人；而區書記796人中，熟諳日語者308人、略通者212人、不通者276人。[17]顯示出絕大多數地方領導者、基層行政人員並未熟悉日語，日人輿論認為此現象違逆「國語普及」的政策。官方遂積極謀求改進之道，包括慫恿地方領導階層成立「國語研究會」、「同風會」、「同仁會」等等，企圖提升日語在臺灣社會使用的頻率，促進臺人的同化，並將之作為「始政二十周年紀念事業」的一環。[18]不過，正因為官方強力執行日語教育之普及，引起臺灣啟蒙知識份子的反彈。例如《臺灣民報》中王敏川、黃呈聰、蔡培火等人，各有不同看法。王敏川提出，應該盡可能用臺語教學，俾收事半功倍之效，並應該恢復漢文科為必修科，以符合民意。而黃呈聰、蔡培火兩人認為大眾啟蒙的關鍵在於使用民眾平日熟習的語言；強制性的日語學習只會流於形式，阻礙文化進步的可能。因此，反「國語普及」運動的浪潮，被視為反殖民統治體制的民族運動之一環。[19]本文討論的重點雖不在「國語普及」

17 吳文星，〈日據時期臺灣總督府推廣日語運動初探〉（上），《臺灣風物》37卷1期，1987年3月31日，頁9-12。
18 吳文星，〈日據時期臺灣總督府推廣日語運動初探〉（上），《臺灣風物》37卷1期，1987年3月31日，頁9-12。
19 王敏川，〈評論：公學校教育改善論〉，《臺灣民報》2卷22號，1924年11月1

的反動，卻可以從這樣的事例看出臺灣社會大眾仍普遍使用臺灣語的情況。因此，即便1920年代後臺語學習必要性比統治初期降低許多，因而將臺語科列為選修；但不具有臺語能力的日本人，為了教學、生活上的便利，仍然必須學習臺語。更因為使用及研究上的需求，日治時期臺灣語研究的著作可謂汗牛充棟，因而被當今臺語研究者洪惟仁稱之為「臺語研究二百年史之中最璀璨的時代」。[20]

日治時期提供各界學習臺灣語言的教材非常多，據洪惟仁統計，日治初期學務部以「對譯法」所編的參考教科書就有12種、以「古安氏教學法」編纂者有5種。[21]此外，持續擔任日治時期臺灣使用語言調查研究的小川尚義，更主編數本臺日對照辭典，由學務部發行。[22]總督府學務部以外，亦有許多臺灣語的研究者如林久三、陳輝龍、東方孝義、今田祝藏、川合真永、片岡巖、兼松礒熊等等。[23]其中，劉克明的教材值得我們注意的原因在於，他的教材長期被列為師範教育培訓機構的教科書，更被列為教員檢定的參考書。劉克明的書籍主要提供日籍學生學習臺灣

日，頁5-6；黃呈聰，〈應該著創臺灣特種的文化〉，《臺灣民報》3卷1號，1915年1月1日，頁7；蔡培火，〈新臺灣の建設と羅馬字〉，《臺灣民報》第13號，1923年12月11日，頁14-15。針對國語普及運動的反彈之討論，轉引自吳文星，〈日據時期臺灣總督府推廣日語運動初探〉（下），《臺灣風物》37卷4期，1987年12月31日，頁53-56。

20 洪惟仁，〈日據時代的臺語教育〉，《臺灣風物》42卷3期，1992年9月30日，頁49。
21 對譯法，顧名思義是只將臺語與日對照學習，藉使學生明白單詞意義；而古安氏教學法（ゴアン氏）特點是語言與觀念、聽覺的結合，亦即以一句一句理解與表達，取代對譯法的逐字對譯；以觀念的喚起以及聽覺與語言的聯繫，取代注重抄寫、習字的視覺訓練。洪惟仁，〈日據時代的臺語教育〉，頁60-63。
22 包括《日臺小字典》（1898）、《日臺大辭典》（1907）、《日臺小辭典》（1908）、《臺日大辭典》（1931-1932）、《臺日小辭典》（1932）、《新訂日臺大辭典》（1938上卷）。見《日文臺灣資料目錄》（臺北：中央圖書館臺灣分館，1980），頁59。
23 洪惟仁，〈日據時代的臺語教育〉，頁59-78。

語，又因為書中採日臺對譯的會話形式，也方便臺人作為日語學習的教材使用。因此，劉克明所撰著的教科書中如何呈現臺灣語言的特色、如何介紹臺灣的文化，甚至有沒有可能反映出他對民族、族群的看法，都是值得進一步探究的。

## 二、臺灣語教材及其使用狀況

早在「國語普及」運動之初，劉克明就注意到臺灣基層官員之所以不諳日語的原因，乃在現任區長多是老紳宿儒，因年衰歲暮，不能一味怪其不解日語。不過「言語不通，則意思不疏；意思不疏，則生誤解疑惑；誤解疑惑，則感情打壞。況為國民，焉得不知國語？是故本島教育，是國語尤重」。[24]因此編纂適合臺日雙方學習彼此語言的教科書，成為劉克明努力的方向。日治時期，劉氏獨自編纂的語言教材包括：《國語對譯臺語大成》（臺北：新高堂書店，1916）、《廣東語集成》（臺北：新高堂書店，1919）、《教科摘要——臺灣語速修》（臺北：新高堂書店，1925）、《實業教科——臺灣語及書翰文》（臺北：新高堂書店，1926）。此外，同他人合纂者，尚有與同校國語科教授宇井英共同編寫的《國語捷徑》。[25]又根據官方資料記載以及報刊報導，劉克明另編有「修身科」及「漢文科」教材，如《臺譯公學校修身書》、《選用漢文時用尺牘》（或有作《選要漢文時用尺牘》，以下同）以及《公學校漢文讀本註解》一書，不過目前三本書並未得見，相當可惜。[26]以下依各書出版順序介紹其內

---

24 劉克明，〈時事所感〉，《臺灣教育》漢文報第134號，1913年6月1日，頁3-4。
25 宇井英、劉克明同著，《國語捷徑》（臺北：臺灣教育會，1915年10月27日）。
26 見劉克明，〈就拙作公學校漢文讀本註解之使用法而言〉、盧子安〈讀出版新書〉，《臺灣教育》漢文報第294號，1926年12月1日，頁2-5。至於《臺譯公學校

容，接著根據「公文類纂」及「府報」整理劉克明所編教材使用的狀況。

大正4年（1915）與同校國語科教授宇井英共同編寫《國語捷徑》，是劉克明編纂教材的初體驗。宇井英（？～？）於明治41年（1908）8月始擔任臺灣總督府國語學校教務囑託，教授國語。宇井英進入國語學校的時間與劉克明升任助教授的時間相當接近，同年9月宇井英即升為助教授，明治45年（1912）6月轉任總督府編修課書記兼國語學校教授。宇井英在編纂《國語捷徑》以前已編有多項國語教材，例如，《國語教育農業讀本》（臺北：臺灣總督府，1913）、《臺譯國語教本》（臺北：新高堂，1914），以及與同樣是國語科教授西山清澄合著的《國語教育新撰讀本》（臺北：臺灣教育會，1912）。[27]

《國語捷徑》凡例說明，該書為各地興起的國語研究會、青年會，以及夜學會的國語學習者所編纂。本書正是1910年代中期「國語普及運動」的產物。《國語捷徑》內容以實用會話為主，頁面上書「國語」，下半部則以臺語對譯。無論是「國語」、臺語皆附有假名，以利誦讀。由於附有臺語對譯，對於臺語學習者也相當便利。[28]大正4年（1915）發行後，此書在市場上的反應相當好。大正6年（1917）10月刊登在《臺灣教育》上的廣告指出：此書供不應求，本次印刷為「第十二版」，並強打「國語夜學會的福音」作為宣傳口號。[29]透過與宇井英合作的機會，劉克

---

修身書》此書是否確實為劉克明著作，則有待進一步查證。此外，官方資料中教科書參考之記載，偶爾會出現將管向榮《標準廣東語典》誤植為劉克明著作的情況。管向榮，《標準廣東語典》（臺灣警察協會，1933年；臺北：古亭書屋，1974重印）。

[27] 謝明如，〈日治時期臺灣總督府國語學校之研究（1896-1919）〉，頁330。

[28] 宇井英、劉克明同著，《國語捷徑》，頁1-2。

[29] 《臺灣教育》第184號，「廣告」欄，1917年10月1日，頁11。

明深感「國語」與臺語對譯的教科書有其實用價值，遂在大正5年（1916）編成《國語對譯臺語大成》。

《國語對譯臺語大成》（以下簡稱《臺語大成》）在日治時期經過9次重新印刷，[30]成為日治時期日人、臺人學習語言的重要教材。全書分為三篇，即「音調篇」、「語法篇」、「會話篇」。吾人悉知臺語最微妙處乃在轉調，此外臺語的發音及音調更因地域而異。因此，劉克明遂將音調列為第一篇，下分十一個章節詳細介紹臺語八聲、鼻音、音標「ム」（mu）、「ヌ」（nu）、「ン」（n）、「ウ」（u）列、「ラ」（ra）行臺語發音與國語發音方式之別、「オ」（o）、「ヲ」（wo）二音在臺語音標中之差異、出氣音與非出氣音、泉州音以及同安、泉州、漳州音的比較。由於同安腔的發音介於泉、漳之間，因此該書以同安腔為主。而在第二篇語法的部分，分為十二章，包括代名詞、數詞、貨幣、金錢ノ勘定、形容詞、動詞、副詞、助動詞、接續詞、反說辯駁等ヲ表ハス場合、感動詞、終詞，並配合各單元而有十一則「演習問題」。第三篇為實用的會話篇，即以類似同時代語言教材之對譯方式，乃將臺語書於上、「國語」於下，對照練習。包括基本的問候、帶路、天氣狀況、搭乘交通工具、買菜、差遣小吏、看醫生等等。更有臺灣民俗、宗教信仰的介紹、風俗改良、普及「國語」的情況等等與教化直接相關的對話。對話之中，在每個漢字右側標注同安

---

[30] 根據《府報》刊載之教科書使用記錄，劉克明《國語對譯臺語大成》一書，曾經再版9次，第九版出版時間為昭和9年（1934）。此版至昭和11年（1936）仍廣泛受各級學校使用，至昭和12年（1937）後葦張耀堂撰有《新選臺灣語教科書》才取代劉書在教育界普遍使用的情況。不過，雖然稱為「九版」，實際上內容並未做任何更動，總頁數也相同，僅由出版單位由一開始的「臺灣日日新報印刷社」轉由出版教育相關書籍的「新高堂書店」（今東方出版社），故在此稱為九刷，而不稱為九版。惟若須註記該書出版資訊時，為遵照原書，仍以各「版」稱之。

腔調之音標、轉調等，並利用字的左側標註漳州腔不同的轉調或發音。書後附「演習問題答案」以及「臺灣文官普通試驗臺灣語問題答」。全書經過臺灣總督府編修官、精通臺語研究的小川尚義校閱後出版。

此書一上市，劉克明摯友、《臺灣日日新報》記者魏清德即為此書撰寫推薦文章：[31]

> 一以便內地人研究臺語者，一以便臺人研究國語者。……
> 隈本學務部長則敘其於母國人，對新領土開發誘導，及本
> 島人之欲同化於國風者，可謂甚便。……吾人茲更有感
> 者，為本島人不知研究本島，例如本島人文風俗習慣、動
> 植鑛之調查、海潮氣候之探討，無一非成于外人及內地人
> 之手，本島人不與焉。不識廬山面目，只緣身在山中。
> 當今之世，不宜如是。知己知彼，然後可以隨世界進化
> 潮流。

魏清德指出本書能提供臺、日雙方做為語言學習的利器。文中引用當時學務部長隈本繁吉的說法，可使我們進一步證實官方對「臺灣語」該學科存在的態度。對於「母國人」而言，深入學習臺灣語能更加了解新領土，利於開發誘導，有助於同化工作的進行。那麼，這樣一本語言學習書，對臺灣人而言有何助益呢？除了透過對譯法學習「國語」，魏清德本人更有其感慨，他認為臺人應當藉由此書「知己知彼」。目下關於臺灣人文風習、動植物的調查、海潮氣候的探討，都是出於外人以及日本人之手，臺灣

---

31 潤菴生（即魏清德），〈臺語大成出版〉，《臺灣日日新報》第5901號，1916年
　12月5日，第6版。

人竟沒有能力自成一家。因此魏氏特別強調「知己」,即臺灣人應當了解島上的語言、文化、風土,並深入研究;知己知彼,才能跟上世界潮流。

《臺語大成》本是作為臺語學習者的教科書,卻也在官方極力推廣「國語」學習的情況下,成為日、臺雙方語言學習的最佳教材。官方報紙《臺灣日日新報》特別報導此書暢銷的消息,並將這股風氣之稱為「本島人研究國語之盛」。[32]更有渡臺日人特別登報詢問《臺語大成》兜售地點。[33]該書之所以如此暢銷,除了對詞語構造說明詳盡、會話舉例內容實用之外,與該書自1919年始編為「小學校本科正教員及甲種公學校教諭試驗檢定受驗者參考書」亦有相當大的關係。此後各官、私立機關以《臺語大成》做為考試參考用書的情形甚為普遍。例如「嘉義稅務出張所」所長,有鑑於從事稅務之機構與民眾接觸的機會極多,遂積極鼓勵員工學習臺灣語。據報載,該所所長規定員工以劉克明的《臺語大成》為自修教材。五個月後,進行測驗。若不及格,隔年將開設講習會。不能精通臺灣語的員工,必須參與講習,並限制出差。[34]

《臺語大成》完成後,大正8年(1919),劉克明再根據自己年幼時向庶母學習客家話的經驗,編成《廣東語集成》。[35]

---

[32] 〈臺語大成暢消(銷)〉:「既報剞劂問世之國語學校助教授劉克明君所著之『國語對譯臺語大成』,自發行以來,不論內地人士及本島人士。爭先購讀。各廳下國語研究會之需用猶多,而嘉義廳下占最多數。可見該書之良好,及本島人研究國語之盛也。」見《臺灣日日新報》,1916年12月11日,第4版。

[33] 〈十把一束〉:「『臺語大成』はどこの店で賣って居ますか(南望生)」(哪家店有賣「臺語大成」呢?[南望生]),《臺灣日日新報》第5925號,1916年8月23日,第7版。

[34] 〈臺語研究〉,《臺灣日日新報》第9044號,「諸羅特訊」欄,1925年7月14日,夕刊第4版。

[35] 盧子安,〈讀出版新書〉,頁4-5。此處所指之「廣東語」係指「客家話」。下以

《廣東語集成》是為延續《臺語大成》而撰寫，內容編排、會話題材，事實上與《臺語大成》大同小異。《廣東語集成》同樣分為「音調」、「語法」以及「會話」三篇。音調篇共分八章，分別是「廣東語」的種類、四聲、符號假名、出氣音與非出氣音、存在於福建語但不存在於「廣東語」的音、存在於「廣東語」但不存在於福建語的音、轉調、「福建、四縣、海陸三音的比較」。語法篇分為五章，包括疑問、代名詞、數詞、形容詞、助動詞，各章又分小節，解析不同情況的使用方式。會話篇分為二十二章，題材不出《臺語大成》的範圍。與《臺語大成》相同的部分還包括在每一章節後附加單詞以利學習。該書與《臺語大成》之異，在於《廣東語集成》並無檢定考試題庫，亦未普遍見於教科參考用書。此外，值得一提的是，目前藏於靜宜大學臺灣文學資源數位博物館的《廣東語集成》，封面以毛筆題字：中書題名「廣東語集成」五字；右書「此書若能解，國語不求人。因無入學校，所以要認真」；左上有「光陰似箭去，每日須記心」、左下書「普漢」。封面最右處，有不同字體寫著作者的名字「劉克明先生」。由於筆者目前僅只尋得此本，不知上書文字是否為出版時字樣，或可能是藏書者所書籤言。無論如何，從「此書若能解，國語不求人。因無入學校，所以要認真」這首小詩來看，《臺語大成》、《廣東語集成》主要雖作為日人學習臺灣語的主要教材，對於臺灣人學習「國語」也有助益。連未能進入學校就讀的臺人，都被要求透過語言教材自學「國語」。在臺、日皆有語言學習需求的情況下，《臺語大成》之所以能暢銷不無道理。

「引號」區別之。

有了《臺語大成》、《廣東語集成》的基礎，大正14、15年
（1925、6）劉克明又完成另外兩部語言教材《教科摘要——臺
灣語速修》（以下簡稱《教科摘要》）以及《實業教科——臺灣
語及書翰文》（以下簡稱《實業教科》）。兩書構成方式相當
接近。《教科摘要》是替任職臺灣的教學者所編的教材，分為
第一篇「音調」、第二篇「會話及獨話」；《實業教科》則為實
業界臺灣語的學習者所編，分為三篇，即「音調」、「會話及獨
話」，以及「書翰文及成語雜文」。第一篇「音調篇」內容以
《臺語大成》、《廣東語集成》二書的音調分析為基礎；第二篇
「會話及獨話」，即為會話舉例以及單詞介紹。因讀者訴求不
同，《實業教科》特別加上第三篇「書翰文及成語雜文」的使
用，而《教科摘要》中除了原有的附錄（即單詞補允）之外，更
有俚諺、擬聲語、謎語等具有臺灣元素的補白，或可提供教師授
課時融入教學，增添授課內容與生活環境的連結。二書亦得各教
育機關的使用。

至於目前筆者未能一見廬山面目的《臺譯公學校修身書》、
《選用漢文時用尺牘》以及《公學校漢文讀本註解》，除了《臺
譯公學校修身書》未知下落之外，另二書則可從《臺灣教育》新
書介紹之篇章略窺一二。劉克明在〈就拙作公學校漢文讀本註解
之使用法而言〉一文中記載，《公學校漢文讀本註解》一書之出
版，係因小波商店主人吳為崍（？～？）執鞭於公學校多年，認
為公學校本科及高等科之漢文讀本，無有用漢文註解。為了使學
生多培養漢文能力，劉氏遂據昔日教授講義整理出版。該書可能
是為了配合漢文朗誦而編寫，因此，劉克明介紹本書使用方法
時，再一次解說書中「八聲」、「廣東音之聲調」、「五十音以
外新訂之符號假名」標記之意義，並囑咐師範畢業生或高女講習

科學生應將此書作為教則，使未來學生學習漢字讀音，才能進行漢文讀本的自修。[36]

《選用漢文時用尺牘》出版緣由同《公學校漢文讀本註解》，即應小波商店主人吳為楝之邀，而將平日使用講義集結成冊。本書為劉克明編、劉育英（1857～1938，字得三，以字行）[37]校閱。雖然未能一窺全貌，但《臺灣教育》的新書出版介紹非常詳盡。所謂「選用」漢文，包括小學、說苑、列女傳，以及其他關於教化材料，並秀逸詩文聯句。另有常用故事成語、慶弔用語、平仄字例等，共六十篇。其中詩文關於臺灣者為數最多。如：巡臺御史張湄〈臺灣雜詠〉、陳元圖〈輓寧靖王〉、何借宜〈過五妃墓〉、夏之芳〈望玉山〉、臺灣巡撫劉銘傳〈偶感〉、〈無錫道中〉，以及兒玉源太郎、上山滿之進、後藤新平、臺北知事村上義雄等人的作品。尺牘文則有三十五篇，以實用簡易為主，自入學至畢業、先家庭而後親戚，循序漸進，包括報知、規勸、拓邀、依賴、慶弔各格具備。[38]

語言教材的內容及其承載的民族意識，筆者將在下一階段分析。在進入分析之前，先回顧劉克明的語言教材在日治時期使用的情況。自大正8年（1919）始，臺灣總督府學務部開始在官報中公告各級學校使用之固定教材。筆者據「臺灣總督府公文類纂」以及「府報」，整理劉克明所撰寫之語言教材使用情況（如下表），可見劉克明的語言教材確實相當受到重視：

---

[36] 劉克明，〈就拙作公學校漢文讀本註解之使用法而言〉，頁2-4。

[37] 劉育英（1857～1938），字得三，生於板橋。清光緒6年（1880）曾游泮。日本領臺後，曾任教於板橋公學校、國語學校。大正2年（1913）遷居稻江，為北市名儒。林正三、許惠玟，《瀛社會志》（臺北：文史哲，2008年10月），頁224。

[38] 盧子安，〈讀出版新書〉，頁4-5。

表3.1 劉克明撰寫之語言教材及其使用情況

| 書名 | 使用單位 |
|---|---|
| 國語對譯<br>臺語大成<br>（1916） | 1919 小學校本科正教員及甲種公學校教諭試驗檢定受驗者參考書臺北師<br>範學校臺灣語教科書<br>1922 臺北師範學校本科臺灣語教科書<br>1923 小學校本科正教員及公學校甲種本科正教員臺灣語指定參考書<br>1924 臺北師範學校臺灣語教科書（公學校乙種本科正教員、養成講習科）<br>臺北師範學校臺灣語教科書（小、公學校師部普通科）<br>1925 臺北師範學校臺灣語教科書（公學校乙種本科正教員、養成講習科）<br>1927 臺北師範學校臺灣語教科書（小、公學校師範部普通科）<br>1928 臺北第一師範學校臺灣語教科書（小、公學校師範部、演習科）<br>1929 小學校本科正教員及公學校甲種本科正教員臺灣語受驗者參考書<br>尋常小學校本科正教員及公學校乙種本科正教員臺灣語受驗者參考書<br>小學校專科正教員及公學校專科正教員受驗者參考書<br>小學校准教員及公學校甲種准教員受驗者參考書<br>尋常小學校准教員及公學校乙種准教員受驗者參考書<br>1930 臺北第二師範學校臺灣語教科書（公學校師範部普通科、演習科）<br>1931 臺北第二師範學校臺灣語教科書（公學校師範部普通科）<br>1932 臺北第二師範學校臺灣語教科書（公學校師範部普通科）<br>1933 臺北第二師範學校臺灣語教科書（公學校師範部普通科、演習科）<br>1935 臺北第一師範學校臺灣語教科書（小學校師範部普通科）<br>1934 臺北第二師範學校臺灣語教科書（公學校師範部演習科）<br>1936 臺北第一師範學校臺灣語教科書（小、公學校師範部普通科、演習<br>科） |
| 廣東語<br>大（集）成<br>（1919） | 1923 小學校本科正教員及公學校甲種本科正教員臺灣語指定參考書 |
| 教科摘要──<br>臺灣語速修<br>（1925） | 1926 臺北師範學校臺灣語教科書（小、公學校師範部普通科）<br>臺北師範學校臺灣語教科書（公學校乙種本科正教員、養成講習科）<br>1928 臺北第一師範學校臺灣語教科書（小、公學校師範部）<br>臺北第二師範學校臺灣語教科書（公學校師範部）<br>1929 小學校本科正教員及公學校甲種本科正教員臺灣語受驗者參考書<br>尋常小學校本科正教員及公學校乙種本科正教員臺灣語受驗者參考書<br>小學校專科正教員及公學校專科正教員受驗者參考書<br>小學校准教員及公學校甲種准教員受驗者參考書<br>尋常小學校准教員及公學校乙種准教員受驗者參考書<br>1931 臺北第一師範學校臺灣語教科書（小、公學校師範部、演習科）<br>1934 臺北第二師範學校臺灣語教科書（乙種本科正教員）<br>臺北第二師範學校臺灣語教科書（一年制養成講習科）<br>1935 公學校乙種本科正教員臺灣語教科書（三年制養成講習科）<br>1937 小學校本科正教員及公學校甲種本科正教員臺灣語受驗者參考書<br>尋常小學校本科正教員及公學校乙種本科正教員臺灣語受驗者參考書<br>小學校專科正教員及公學校專科正教員受驗者參考書<br>尋常小學校准教員及公學校乙種准教員受驗者參考書 |

| 書名 | 使用單位 |
|---|---|
| 實業教科──臺灣語及書翰文（1926） | 1926 臺北師範學校臺灣語教科書（小、公學校師範部普通科）<br>1927 臺北師範學校師範部臺灣語教科書（小、公學校師範部演習科）<br>1929 臺北師範學校臺灣語教科書（小、公學校師範部、演習科）<br>1930 臺北第一師範學校臺灣語教科書（小、公學校師範部）<br>1937 臺北第一師範學校臺灣語教科書（小學校師範部普通科）<br>小學校本科正教員及公學校甲種本科正教員臺灣語受驗者參考書<br>尋常小學校本科正教員及公學校乙種本科正教員臺灣語受驗者參考書<br>小學校專科正教員及公學校專科正教員受驗者參考書<br>尋常小學校准教員及公學校乙種准教員受驗者參考書 |
| 臺譯公學校修身書（1926） | 1926 臺北師範學校臺灣語教科書（公學校乙種本科正教員、養成講習科） |
| 選用漢文時用尺牘合編（1926） | 1928 臺北第一師範學校臺灣語教科書（小、公學校師範部）<br>1929 臺北第一師範學校臺灣語教科書（小、公學校師範部） |

## 三、咱的國：語言教材內容分析

　　長期受到總督府學務部認可使用的三部教材《臺語大成》、《教科摘要》以及《實業教科》，在篇章安排上皆從字詞的發音介紹起，《臺語大成》多了語法說明的部分，而三本教材都相當著重在會話演練的篇章。本論文重點不在呈現語言語法的分析，而在透過教材中模擬的對話內容，探查劉克明對於「國語普及」、臺灣語的學習、乃至於「同化」的思考，據此分析一位因為雙語能力而受到重用的臺灣籍教師，如何思考「國語」與臺灣語的定位。劉氏為此二語言所做的定位，與他所受的教育以及身處的社會背景有相當大的關聯，因此對語言定位的分析，可延伸至成書旨趣，更可反映劉氏對民族、族群的觀念。

　　以生活實用為取向的《臺語大成》，四十八章會話單元中，舉凡食、衣、住、行以及婚、喪、喜、慶的會話舉例都有。依照篇章的順序，略可分為以下六個類別。首先是「問候」，如第一章新年的問候，以及第二章以下一般問路、問候，包括早晚天氣

氣候、路途中的寒暄。接著，是旅行、出差時常見的對話，如：問路、請人焄[39]路、坐手車、搭火車、坐轎、搭船、宿客館、尋人。第三慶弔類，包括嫁娶、生孩子、過生日、探病、弔慰、辦桌及其禮儀等等。第四為生活常態對話，如：租房子、差遣小使（雇傭）、看醫生、請產婆、查戶口、舉報偷竊、爭執等等。第五類為同化相關議題，包括介紹臺灣民間信仰、習俗以及傳達同化相關政令，如：社寺廟宇、宗教、書房、勸人解（纏）足、勸人學國語、咱的國、三大節、臺灣神社、臺灣總督府等等。第六類則與學校生活直接相關，包括調查學籍、容儀及整頓的檢閱、監督掃除工作、督促學生到校上課等等。《教科摘要》與《實業教科》的會話單元，則以教學及實業的專業為重。《教科摘要》主要為師範生或目前擔任教師者而編寫，因此三十二個會話單元都與教學與教師之實用對話直接相關，包括學生自我介紹、教師間的對話、差遣雇員、招攬新生，以及課室內的對話，如學生吵架、遲到、早退、物品遺失等等。《實業教科》的編纂則是以實業科的學生或者目前的實業家為對象，三十八個會話單元都與實業常態會話有關，包括實業生與教師的對話、產品輸出、輸入、辦貨、調查商況、借錢還債、差遣雇員，更有巡視農場、造林、製茶以及鐵路維修等。

　　昭和2年（1927），日本統治三十多年後，新竹州視學鈴木利信在視察地方學事時提出了〈國語普及問題〉的報告。鈴木利信指出，使「國語普及」最重要的方案在於提高「本島人」對「國語」使用需求的必要。當時臺灣人日常生活仍以臺灣語和漢文為主要工具，鈴木的調查報告指出：[40]

---

[39]　「焄」，tshuā，帶領之意。

[40]　鈴木利信，〈國語普及問題〉，《臺灣教育》第299號，1927年5月1日，頁7。翻

臺人對於國語的必要超乎吾人想像的薄弱，值得吾人善加檢討。常聽到地方上許多純樸的臺人表示：「雖然官廳和學校積極獎勵我們學國語，可是我們並無必要那麼費心學國語。」當然，站在普及國語的立場，不懂國語的臺人仍可閱讀新聞雜誌，使用臺語仍可買到火車票，官廳設有通譯，甚至不懂國語仍可被推選為州、街庄協議會員等，在在均是值得認真考究的問題。

這段話反映出官方積極推廣日語，但日人仍須學習臺灣語的矛盾之處。未被強制禁止使用的臺灣語，在日本統治三十多年後，仍是臺灣人主要使用的語言。臺灣人在日常生活中不使用「國語」，甚至不會造成生活上的不便。另一方面，我們亦可想見，將臺灣視為大日本帝國一部分的日本人，不覺得有學習臺灣語的必要性。對日本人來說，臺灣人做為日本帝國的一部分，學習「國語」是「想當然爾」的事情。因此，臺人的語言習慣和日人對新附之土的期待有著嚴重的落差。然而，語言是基本的溝通工具，如果雙方未能有良好的溝通管道，很容易造成彼此的誤解。劉克明欲使日臺雙方學習彼此語言的首要用心即在於此，也就是讓日臺雙方不要因為語言而產生隔閡。因此，原為臺語學習者而撰作的《臺語大成》，卻不只為臺語學習者所用，也成為日語學習者的工具。例如：《臺語大成》中〈咱的國〉、〈勸人學國語〉的會話例，目的就在於使臺灣人在語言學習過程中認識「咱的國」；也教導日本人如何用臺灣語對臺灣人敘述「咱的國」。

譯參考吳文星，〈日據時期臺灣總督府推廣日語運動初探〉（上），頁22。

茲舉下篇兩會話為例。《臺語大成》第39章〈勸人學國語〉：[41]

> 甲：此公學校暗時要設國語的研究會，汝哪不去學。
>
> 乙：都無閒可去。
>
> 甲：一禮拜即三暗，一暗即一點鐘咧。
>
> 乙：多歲嘮，學了沒記得。
>
> 甲：□[42]，一回若記得二句，一百回亦記得二百句。
>
> 甲：國語是咱的國的話，做國內的百姓沒曉得國語是真不
> 　　合適、尚真不利便。

「國語是咱的國的話，做國內的百姓沒曉得國語是真不合適、尚真不利便」一句，除了可以視為「國語普及」宣傳口號之一，事實上也反映劉克明對「國」之「語」的認識。那麼，劉克明認識的這個「國」，是什麼樣的「國」？《臺語大成》第40章〈咱的國〉的對話如下：[43]

> 甲：咱的國怎樣號做日本，汝知不。
>
> 乙：我打算是在東旁日出來的所在，所以號做日本。
>
> 甲：是是，尚咱日本國一直興起來，亦洽若早起時日頭起
> 　　來的款咧。
>
> 乙：咱日本國講是六個大島來合的，彼是何位及何位。
>
> 甲：□[44]，本州、四國、九州、北海道本島、臺灣、樺太

---

[41] 劉克明，《國語對譯臺語大成》，頁344-346。

[42] 原文如此。《國語對譯臺語大成》凡例指出，無法以適當文字表示的情況，以「□」表示之。在本對話中，「□」的標音為「ン」（音「n」）。發語詞，此音在臺語中為「逆接」的語意。劉克明，《國語對譯臺語大成》，頁3。

[43] 劉克明，《國語對譯臺語大成》，頁346-349。

[44] 在本對話中，「□」的標音為「エ」（音「e」）。發語詞，此音在臺語中為

的南旁。

乙：尚頂年合併彼個朝鮮豈不是島嶼。

甲：不是，朝鮮是半島。

乙：全國的面積有若大、人有若多。

甲：面積大約有四萬三千方里，人大約有七千萬。

乙：咱日本國開國以來到此候有幾年。

甲：從皇祖神武天皇開國以來到此候有二千五百七十外年，此中間皆皆是天皇的子子孫孫坐位，尚歷代的天皇皆皆真愛百姓，百姓對天皇真盡忠。

乙：世界的內面親像如此的國有幾國。

甲：無半國，但咱日本國而已，所以咱做日本國的百姓，實在是真福氣。

乙：是是是。

這一段不斷強調「我們日本國」的對話，呈現相當濃厚的民族建構意味。對話中的甲向乙說明「我們日本國」國名的由來、國土的範圍、人口數量等等，重點是，「我們的國」是一個強盛的、歷史悠久的，甚至有著舉世無雙天皇體制的日本帝國。歷代以來，天皇愛惜百姓、百姓對天皇效忠。臺灣人今日能有機會共沐皇恩，是相當有福氣的一件事。劉克明對「我們日本國」的認識亦是如此。他接受近代教育的經驗、並擔任國語學校助教授的立場，使他相信「強盛的日本國」將會帶領臺灣與世界並駕齊驅。也因此，他呼籲臺灣人要趕緊學習「國語」，發揮長才、報效國家、向天皇盡忠。所以在《臺語大成》中還有這樣的例句「因為

「同意」的語氣。劉克明，《國語對譯臺語大成》，頁346-349。

著愛俾本島人較緊同化，所以設法普及國語。」[45]然而，究竟為什麼要「趕緊同化」呢？除了源自劉克明對於日本帝國建構的民族神話的認同之外，也來自他對「殖民」與「教育」的思考：[46]

> 領臺當時，學校之數，寥寥無幾。今也公學到處建立，上有國黌、醫學、及農工講習試驗之所。中學、高等女學之設，又不在遠。各學校由以陶冶國民精神為重，即欲使速與母國人同化也。觀諸外國之對殖民，多不欲教之。縱教之，亦不欲使之同化，我國則不然也。

劉克明顯然稱揚日本對臺教育之功，而鄙夷他國的殖民策略。日本在臺施行教育，以陶冶「國民」性格、涵養「國民」精神為重。為使臺人盡速同化，各級學校漸次設立，臺灣人不分貧賤，皆有機會就學。而同化首要工作在於「國語」的使用能力。「國語」是國家之語言，作為「國民」不會講「國語」，是不合適的。有了使用「國語」的能力，才能涵養國民精神；涵養了國民精神，才有助於建設大日本帝國。因此，「國語」的學習和「國民性」的涵養是同化的必要條件。劉克明對「國語」與「教育」的想法，明顯地表達他對日本帝國的認同。認同的成因，亦即劉克明如何產生對日本帝國建構的民族神話之認同，筆者將在後文說明。而在本節語言教材的討論中，筆者從劉克明對日本帝國認同的基礎出發，進一步發現劉氏認為透過語言學習，介紹臺灣傳統文化、宗教習俗、臺灣俚言以及漢詩文傳統，與「陶冶國民精神」的教育內涵並不衝突。

---

[45] 劉克明，《國語對譯臺語大成》，頁174。

[46] 劉克明，〈時事所感〉，《臺灣教育》漢文報第142號，1914年2月1日，頁3。

首先，《臺語大成》第35篇〈社寺廟宇〉、36篇〈宗教〉透過對話極為詳盡的介紹臺灣民間信仰。〈社寺廟宇〉中介紹臺灣民間信仰習俗及其相關，包括：臺灣的和尚、廟宇的董事、油香錢、擲筊、藥籤、籤詩、跳童、舉乩、扛轎、法師（桌頭）、菜堂（茹素之處）、祖厝等等。〈宗教〉一篇則藉由甲乙的對話，呈現臺灣人目前信仰的狀況，包括介紹佛教、神教（指道教）、耶穌教的內涵，說明祭祀的神祇有：觀音媽、媽祖婆、土地公、福德正神、有應公。對話中更指出臺灣第一有名的神明是北港媽祖，如實的反映臺灣民間信仰的情況。

除此之外，《教科摘要》的諺語補充以及《實業教科》中看起來像是補白的論語篇章、詩作刊載，也是介紹臺灣風俗、文化傳統的例子。《教科摘要》在每一篇對話之後，附上一句臺灣諺語，例如：「家內無貓、老鼠蹺腳」、「飼老鼠咬布袋」、「火金姑、來食茶；茶燒燒、配芎蕉；茶冷冷、配龍眼」等，文字旁皆書以假名以利誦讀；《實業教科》則是在第三篇「書翰文及成語雜文」後，附上一些單詞補充，此外更有論語數篇、朱熹〈勸學〉、張繼〈楓橋夜泊〉、王維〈送元二使安西〉、釋月性〈題壁〉等詩作的刊載。

為什麼這些「本島」文化元素並不會與「涵養國民性」產生衝突？在本段討論中，筆者以「教化」的觀念來思考。修身科是日治時期為使帝國臣民涵養「國民性」而設立的科目。修身教育的內容，是依據「教育敕語」的意旨，培養國民道德上的思想及情操。因此，臺灣原有道德修養的傳統，並不會阻斷臺灣人「成為帝國臣民」的道路，反而與以儒學為基礎的「教育敕語」相輔相成。舉例而言，朱熹的〈勸學〉，在《實業教科》、《教科摘要》皆有載錄。朱熹的〈勸學〉詩為：「少年易老學難成，一寸

光陰不可輕。未覺池塘春草夢，階前梧葉已秋聲。」本詩勸人及早學習的意味非常濃厚。將這樣的詩篇放入語言學習的教材中，不正是為了「勸」導島民「學」習「國語」嗎？此外，劉克明早在明治41年（1908）開始，就已經在《臺灣教育》發表臺灣俚言的教授方針，將臺灣諺語與修身科的教學結合。因此，將臺灣文化精髓及漢文經典與其他學科結合，是劉克明一貫的做法。透過語言教材學習臺灣文化，也使得學習臺灣語的日本學生有機會將教學與臺灣風俗結合。

　　而在新制度下保存臺灣風俗的例子，也存在於《臺語大成》的會話例當中。第一章〈新正〉，甲和乙討論著臺灣「過年」的傳統，是否要改曆過「新曆年」的問題。對話如下：[47]

　　　甲：恭喜恭喜。

　　　乙：恭喜恭喜。坐坐。

　　　甲：好好，勞力。

　　　乙：食甜俾汝生後生。

　　　甲：食一個棗俾汝年年好。

　　　甲：現時咱本地人多人做新曆的正月無。

　　　乙：有是有，總是大概舊曆的正月更再做。我亦是如此。

　　　甲：我亦是如此，如此做雙回真費氣□[48]。

　　　乙：是是，真費氣。

　　　甲：明年起咱干乾來做新曆的正月嘵。

　　　乙：好好。

---

[47] 劉克明，《國語對譯臺語大成》，頁211-214。

[48] 在本對話中，「□」的標音為「ホオ」（音「hoo」）。語末助詞，此音在臺語中為「確認雙方都同意」的語氣。劉克明，《國語對譯臺語大成》，頁346-349。

甲：要大家皆皆來做新曆不真好。

乙：是是，打算漸漸能如此。

甲：要在我打算。就是做新曆的正月，暫時換新聯嘮、尚
　　甚麼貨嘮，一切猶原照本前的款亦是好。

　　此段對話以「改曆」為背景。所謂改曆，就是將新曆奉為正
朔：以陽曆新年為主，不再使用舊曆，即陰曆或農曆。這其實與
政權的認同相關聯。透過對話可以看出，劉克明對奉新曆為正
朔、過新曆年的想法是：省去麻煩是一大好處，不過臺灣過新年
的習俗應當照舊。統治當局的文治策略，使臺灣文化與「國民
性」的涵養能透過適當的調整，共存於臺灣社會。由此例證可
知，劉克明認為臺灣優良的風俗傳統仍有保存的價值，因此「本
島」元素與涵養「國民性」並非絕對的衝突。然而，必須注意的
是，此現象反映了劉克明認為「臺灣固有文化」與「邁向同化」
可以並存的態度；實際上日人與臺人閱讀劉氏的語言教材後究竟
會有什麼影響，則無法從目前可見的資料中得知。

　　隨著總督府對於「國語普及」的立場越趨強硬，臺灣語學習
時數逐漸減少，劉克明似乎也開始思考著臺灣文化存續的問題。
在大正15年（1926）以後，劉克明未再編寫語言教材，轉而為畢
生重要著作《臺灣今古談》的編寫做準備。該書延續了劉克明對
臺灣文化的態度，筆者將在第四章詳細探討。回到語言問題，昭
和3年（1928）開始，教育界的「國語普及運動」更趨徹底的執
行。自該年起，《臺灣教育》廢止「漢文欄」，僅保留漢詩欄。
比戰爭期昭和12年（1937）報章雜誌全面禁止漢文欄提早了約10
年，可見當局推廣「國語教育」的決心。下一節，筆者將以劉克
明在《臺灣教育》上的發表為文本，探討臺灣教師劉克明為什麼

認同日本帝國建構的民族神話？他究竟如何思考國家、民族、同化？又，如何思考臺灣籍教師的教育實踐在日治時期教育史中的位置？

## 第二節　理念與實踐之道：《臺灣教育》發表之分析

《臺灣教育》是臺灣教育會（1901.6-1945）的機關雜誌，明治44年（1911）第116號以前稱為《臺灣教育會雜誌》，大正元年（1912）改題《臺灣教育》（以下以《臺灣教育》做為總稱）。「臺灣教育會」則是自國語教授研究會（1898.9-1899.12）、國語研究會（1899.12-1901.6）改稱，從教師自發性組成的研究機關，逐漸轉變為由總督府行政人員領導、監督的教育組織。[49]一開始的《臺灣教育會雜誌》並沒有漢文報的設置，然有感於推廣初期溝通聯絡之必要、使臺灣人願意加入臺灣教育會，自明治36年（1903）1月第10號始設立漢文欄。[50]「臺灣教育會」之會員分為三種：通常會員、名譽會員以及贊助會員。通常會員指的是一般入會者；名譽會員為有名望者或對臺灣教育會有功績者，需經過評議會員推薦決議；贊助會員則為臺灣教育事業的贊助者，同樣需經過評議會員推薦決議。正會員需繳會費，明治35年（1902）2月以前為每月30錢，2月以後改為每月20錢。[51]

加入會員需要透過原始會員介紹，因此臺灣教育會的成員以

---

[49] 又吉盛清，〈解說：臺灣教育會雜誌──臺灣教育会の活動と同化教育──〉，《臺灣教育會雜誌》別卷，（沖繩：ひるぎ社，1996年1月），頁30。

[50] 佚名，〈明治三十五年の臺灣教育會〉，《臺灣教育會雜誌》第9號，1902年12月，頁2。

[51] 〈臺灣教育會規則〉，《臺灣教育會雜誌》第10號，1903年1月，頁15-17。

從事教職者為多數。劉克明於明治36年（1903）漢文欄開設之初加入臺灣教育會，成為其中的一員。相關研究指出：明治41年（1908），因為具有漢文能力的日籍教師會員相繼離開臺灣或者離世，遂由臺、日語能力兼善的劉克明出任漢文報編輯。[52]雖然劉氏在國語學校教學的主要對象為日本人，但在《臺灣教育》雜誌中，劉克明說話的對象，也就是《臺灣教育》漢文報的讀者，則以臺灣人為主。而自劉克明擔任漢文報編輯後，臺灣人在《臺灣教育》漢文報的參與程度逐漸提高，日本人在《臺灣教育》漢文報的發表則相對減少。此現象在大正元年（1912）劉克明擔任國語學校同窗會總幹事以後更加明顯。[53]因此我們可以就《臺灣教育》相關的發言，觀察在教育界具有一定地位的臺灣籍教師劉克明，作為日本帝國臣民，以及對於同化教育的實踐。筆者欲從三個層次：即對國家與天皇制的看法、同化教育以及對近代生活的體驗，探討劉克明對於國家、民族與同化的看法。

## 一、從「中原」到「橿原」

日本近代教育的基準，源自明治23年（1890）頒布的「教育敕語」。明治29年（1896）漢譯「教育敕語」在臺灣頒行。「敕

---

[52] 相關研究可參考川路祥代，《殖民地文化統合與臺灣儒學社會（1895-1919）》（臺南：國立成功大學中國文學研究所博士論文，2002年6月），頁166。室屋麻梨子〈《臺灣教育會雜誌》漢文報（1903-1927）之研究〉（臺南：國立成功大學歷史所碩士論文，2007年6月），頁68。

[53] 室屋麻梨子根據漢文報中「論說」、「雜報」、「學術」等欄位進行統計，發現明治36至40年（1903～1907）之間，臺灣人發表的文章數並不多。明治41年（1908）開始逐漸增加，而日人亦有相當比例的發表。但在大正元年（1912），也就是同窗會成立以後，日人文章數相對減少，臺人文章數相對提高。室屋據此研判，此時期《臺灣教育》漢文報已成為臺灣人為主的雜誌。室屋麻梨子〈《臺灣教育會雜誌》漢文報（1903-1927）之研究〉，頁68-70。

語」中的儒學精神，成為日本在臺推行文治教化策略的利器。筆者以為，「教育敕語」在臺灣的頒行，容易使臺灣具有漢學素養，又經歷日本統治後近代教育的一代，產生對日本教育方針的認同，進而衍生對日本帝國的認同。因此，分析劉克明在《臺灣教育》中「共沐皇恩」的論述以前，有必要簡略回顧「教育敕語」產生的背景，並分析「敕語」中的儒學精神。

日本展開民族主義運動的近代化政治過程中，形塑了「天皇制絕對主義的政權」，也就是在明治2年（1869）版籍奉還的行動中，解散封建階級制、廢藩制縣，使全國人民、土地皆歸於中央；並且，強調天皇的權威與神聖，把天皇歸附於古代的神道，在中央官制中，特設「神祇官」位於百官之上。明治時代初期，結合「西歐資本主義文化」的自由平等、富國強兵的觀念以及「天皇制絕對主義」的中央集權概念而展開的「文明開化」運動，在日本如火如荼的展開。[54]天皇的神聖性即在此時被形塑、強化，並在「教育敕語」形成的討論與頒布後，形成「天皇的絕對化」與「道德的國民統一」。吾人可從明治23年（1890）頒布的「教育敕語」窺見以「個人道德實踐，彰顯國之遺風，以報萬世皇恩」的說法：[55]

> 朕惟我皇祖皇宗，肇國宏遠，樹德深厚，我臣民克忠克孝，億兆一心，世濟厥美。此我國體之精華，而教育之淵源，亦實存乎此。爾臣民孝于父母，友于兄弟，夫婦相和，朋友相信，恭儉持己，博愛及眾，修學習業，以啟

54 李永熾，〈明治初期日本的近代化與知識份子〉，《日本近代史研究》（臺北：稻禾，1992年），頁1-10。
55 吉野秀公，《臺灣教育史》（臺北：臺灣日日新報社，1927年），頁112。

發智能，成就德器，進廣公益，開世務，常重國憲、遵國法，一旦緩急，則義勇奉公，以扶翼天壤無窮之皇運。如是者，不獨為朕忠良臣民，又足以顯彰爾祖先之遺風矣。斯道也，實我皇祖皇宗之遺訓，而子孫臣民所宜俱遵守，通之古今不謬，施之中外而不悖。朕與爾臣民，拳拳服膺，庶幾咸一其德。

明治初期，在西方雷聲隆隆的大炮中，[56]日本不得不建立對內的統一以及對外的獨立；並以西方的民族國家為典範，建構日本帝國。「教育敕語」中，不稱「國民」反而稱人民為「臣民」，即是對內統一的策略，企圖建立人民對天皇的臣屬關係。當今天皇，是體現道德的儀範，而天皇，承襲萬世一系的「皇脈」。此「皇脈」以「孝悌忠信」的儒家思想為訓。「教育敕語」便將教育的淵源溯自「皇祖皇宗」的遺訓，要求臣民對皇室克忠克孝。是以，如何扮演一位忠良臣民？對父母盡孝、友愛兄弟、夫婦相和、朋友相信，恪遵恭、儉、博愛的道德觀念，努力盡學以啟發智能，具備道德修養與才識度量，維護社會公益，都是作為帝國忠臣孝子的最佳表現。這些論述，都是將皇室神聖化的重要過程。

　　上述以儒學「孝悌忠信」作為愛國之道的「敕語」內涵，使乙未割臺後成為「棄地遺民」的臺灣士紳重見漢學對國家有所貢獻的榮耀。臺灣士紳的認知中，儒學是為漢學的核心；而「教育

---

[56] 1917年3月，印度詩人泰戈爾（R. Tagore）在一篇題為「西方的民族主義」的文章中寫道：「西方的雷聲隆隆的大炮在日本的門前說道：『我要一個民族！』……一個民族於是乎出現了。」R. Tagore, "Nationlism in the West," The Atlantic Monthly, March 1917. 轉引自齊思和，〈民族與種族〉，《禹貢半月刊》，第7卷1、2、3合期，1934年4月，頁31。

敕語」，即是以儒學精神作為日本臣民道德涵養的準則。被清廷遺棄的臺灣人，在日本帝國國體聖典中，看見漢學不是使國家積弱不振的守舊學問，而是經世濟民、促使國家強盛之道。用劉克明的話來說，這是當今「咱的國」從皇祖皇宗時期就流傳下來的遺訓。作為「國民」，豈能不起而效尤？具有漢學背景的臺灣士紳，如何不樂見漢學在一個「強盛的國體」中發光發熱？「教育敕語」中帝國臣民「孝悌忠信」的愛國之道，因而成為「我等新民」同化於日本民族以重振「東亞文化」之道。

　　臺灣總督府國語學校編有「稿本漢文教程」，是臺灣學生漢文教科用書。劉克明曾在《臺灣教育》刊載他對〈稿本漢文教程〉所做的釋義。其中卷一之第一課即為「教育敕語」。[57]從劉克明對「教育敕語」的釋義，我們即可看出這條「愛國之道」與「重振東亞文化」的企圖是如何聯結。一百九十四字的漢譯「教育敕語」，劉克明挑選六個重要詞彙進行釋義，包括：教育敕語、皇祖皇宗、我臣民爾臣民、國體、國憲國法、庶幾咸一其德。列舉如下：

### 教育敕語

教育敕語為下賜以前，雖有教育令以及諸學校令，然一般教育者之方針尚未盡一。明治先帝垂念及此，乃於二十三年十月三十日頒賜教育敕語。於是教育大方針以及臣民當遵守之大道，一定確立矣。

第一個關鍵詞為「教育敕語」，重點在說明「教育敕語」的由

[57] 劉克明，〈稿本漢文教程卷一參考〉（一），《臺灣教育》漢文報第179號，1917年5月1日，頁1。

來。在「教育敕語」頒布以前，雖然有教育令[58]以及各級學校令，但並沒有大方向的教育準則。明治23年（1890）10月30日始頒布「教育敕語」，教育方針於是確立。

### 皇祖皇宗
謹按　自天照皇大神至神武天皇稱為皇祖。自綏靖天皇以後代天皇皆稱皇宗。

闡述「皇祖皇宗」之意。自天照大神至神武天皇，是「皇祖」；綏靖天皇以後皆是「皇宗」。「天照大神」，根據日本最古正史《日本書紀》記載，天地造設之初有三神：天之御中主神、高御產靈神以及神御產靈神，曰造化三神。三神之後有男女二神，伊奘諾尊以及伊奘冉尊，生女天照大神。天照大神奉父君之命統治高天原，而高天原就是飄浮在海上、雲中的島。此為日本民族起源的傳說。[59]而神武天皇，則是「人皇」的第一代，西元前660年到585年間在位。[60]作為一個受過傳統教育、又在近代教育體系中擔任教師的劉克明，因為接受「教育敕語」中的儒學精神，使他進而接受日本的教育方針。但是，劉克明如何接受「日本民族起源的傳說」？他認同的民族起源，難道不應該是「黃帝」嗎？劉克明難道不自認為「炎黃子孫」嗎？

　　對於劉克名而言，「炎黃子孫」的概念恐怕要到1949年以後才進入他的意識中。根據沈松僑〈我以我血薦軒轅──黃帝神話

---

[58] 日本於明治13年（1880）12月改正教育令，是為日本近代教育施行之則。日本領臺後，殖民地臺灣之教育令，則至大正8年（1919）才頒布。時為日本領臺第25年。
[59] 劉克明，〈稿本漢文教程卷一參考〉，頁1。
[60] 劉克明，〈稿本漢文教程卷一參考〉（二），《臺灣教育》漢文報第181號，1917年7月1日，頁1。

與晚清的國族建構〉一文，晚清中國，經由一套由特定的「框架、聲音與敘事結構」所構成的論述策略，將「黃帝」由象徵政治權力的「皇統」轉化成為「中華民族」的始祖，成為「國統」，為二十世紀中國的國族認同提供了一個文化符號。但是，以黃帝符號為中心所塑造出來的中國國族，只能是一個以血緣之根基性聯繫為本質，並具有高度排拒性的族群團體。因此，究竟應該建立「文化的」中國或是「血統的」中國──康有為和章太炎的爭論，也是中國歷史上有名的。甚至，「黃帝」符號亦自有其內在的歧義與緊張。[61]這段發生在二十世紀初期的歷史，劉克明並未參與。因此，在臺灣改隸日本以前，劉克明學習的是以儒家為中心發展出來的文化，他對「近代國家」是沒有概念的。改朝換代，對於劉克明而言是歷史的必然。[62]只是這一次象徵政治權威（而非民族權威）的「黃帝」，換成了「神武天皇」。從「中原」到「橿原」，[63]對劉克明而言是一次皇統脈絡的移轉。而「皇統」移轉的基礎，就在「儒學」。


### 我臣民爾臣民

　　謹按　前者想是指皇祖皇宗所愛撫之臣民。後者想是指現在　聖上所治之我等臣民也。

---

[61]　沈松僑，〈我以我血薦軒轅──黃帝神話與晚清的國族建構〉，《臺灣社會研究季刊》第28期，1997年12月，頁1-77。

[62]　劉克明曾作：「循環天道幾時休，消長原來自有由。酒好高斟詩好作，春帆樓上一登樓。」可見他對統治權改易的想法。見劉克明，〈赤間關偶作〉，《臺灣日日新報》，1914年9月20日，第3版。

[63]　指「橿原神宮」，位在日本奈良縣橿原市畝傍山麓的神社。明治23年（1890年），為了紀念第一代的神武天皇，遂在昔日神武天皇的宮殿所在地創建。

### 國體

謹按　國體猶謂國之特質也。我國上戴萬世一系天皇，至仁至聖。下有善良臣民，克忠克孝。如此國體冠絕萬國。古今未見其此，是我國之體最可貴。而教育之道亦實發源於此。

依照上述脈絡，「我臣民」和「爾臣民」的概念，在劉克明的意識中即是祖先以及「我等」。至於國體，我國上有寬仁至聖、萬世一系的天皇，下有善良臣民，對國家克忠克孝，「上之視下如手足，則下視上如腹心」。這樣的國體遠遠超過各個國家，因此「我國國體」最為可貴。劉克明不是戰後研究者口中所謂的「思想不純正」；此時此刻的劉克明認為自己便是日本國體中的一份子，並將之傳達給「本島新民」。

### 國憲國法

謹按　國憲謂帝國憲法。國法為諸種之法律法令也。帝國憲法於明治二十二年敕頒，定一國政體。明君臣上下之分。示吾儕臣民所享有之權利義務之綱領者也。

### 庶幾咸一其德

謹按　庶幾希望之意。蓋上陳忠孝大道，實皆皇祖皇宗之遺訓。通諸古今內外而無不通。自修身處世以至齊家富國，無不以是為本。故　聖上躬親率先，願與億兆臣民奉池遵守。我等臣民豈可不恪守實行以副聖意哉。

國憲與國法的釋義，說明二詞所指，並指出帝國憲法頒布的時

間，以及憲法乃是立國的根本。最後「庶幾咸一其德」，是要帝國臣民和睦同心，實踐自皇祖皇宗以來的遺訓。劉克明對此詞彙的釋義中強調「忠孝」之大道，以及「修身處世」乃至「齊家富國」的概念，正是「教育敕語」融合「儒學精神」及「近代國家主義」所得的國體價值。以上六個詞彙的闡釋，展現劉克明從對於「敕語」的「儒學精神」之認同，轉而認同日本帝國的態度。這條為帝國臣民開啟的忠孝之道，在劉克明看來，也是新附之民得以成為帝國臣民的實踐之路，更是重振東亞儒學文化之道。

為使「吾等新民」易於實踐「敕語」精神，前述語言教材分析中，提及修身科與俚言、漢文經典、臺灣固有文化等結合教學，即為劉克明將「教育敕語」精神實踐於教學的提案。此外，劉克明在明治末年、大正初年發表於《臺灣教育》的「天皇聖藻」，亦可看出他認同日本的理由基於「咱的國」對文教的重視。第一篇〈聖藻〉刊載於明治44年（1911）7月1日的《臺灣教育》，劉克明在序言中表示：[64]

> 皇上　允文允武，乃聖乃神，性秉生安，道參化育，睿智天縱，聰明日躋。側聞萬機親裁之暇，觸物感事，所詠御製，已達十萬餘編。……美國魯伊道博士亦嘗英譯御製，環球莫不欽仰。況我等新民，尤當敬謹拜誦，以益知聖意之廣大也……經請督府學務部長檢閱，以問於我同胞者也。

身為臺灣籍教員的劉克明，在以教員聯絡、發表研究的《臺灣教育》刊載聖藻之詮釋，除了欲使大多數漢文閱讀者共同「感沐皇恩」之外，也取得對日本帝國國體核心價值的詮釋權。序文中說

64 〈聖藻〉（一），《臺灣教育》第123號漢文報，1911年7月1日，頁1。

明刊載〈聖藻〉的本意在於使「我等新民」亦能拜誦，感知聖意的廣大。然而，要詮釋蘊含國體精髓的天皇〈聖藻〉，必須有「正統」的道德涵養；身為一位「本島人」，要取得國體精髓的詮釋權也非易事。此系列御製的詮釋，仍須經過學務部長檢閱，才能見於我同胞——在「內地人」眼中是次等公民的「本島人」。然而，劉克明或許自認為「本島」固有的漢文化，亦有助於詮釋天皇〈聖藻〉。在成為帝國臣民的道路上，同屬儒學文化圈的「本島人」，不比「母國人」劣等。因此，藉著自身對日語的精熟以及漢文化的素養，劉克明向眾人展示「本島」新附之民同化於日本帝國的實踐之道：發揚獨一無二的國體精神，使東亞儒學文化得以重振。以下論述劉克明對天皇〈聖藻〉的詮釋。

〈聖藻〉原為日文，由劉克明選錄刊登。在形式上，〈聖藻〉從原文解釋入手，接著說明大意，而後進行詮釋。據選錄之內容，可分為三大層次：明治天皇之仁德、「帝國臣民」之要務，以及從〈聖藻〉延伸教育議題。

首先，展現明治天皇仁義之舉，是形塑國體儀範、強調天皇宅心仁厚的造神運動中不可或缺的一環。明治天皇「寬仁大度」，因此「如我等新附之草莽，皇上猶同仁一視，垂愛如舊隸。」[65]不僅體恤在夏日除草的工人、體恤征戰時飽受酷暑、蚊蠅之擾的士兵；更能禮賢下士、致重學者。如此「親親而仁民，仁民而愛物」的明治天皇，不只國內人民愛戴，連西方諸國領袖亦欽仰其德。天皇曾言「四海之內皆是兄弟，世界萬國宜互相親交，相倚相濟，以共享福利，何故爭戰如此之烈乎。」[66]這篇短歌還曾經被「亞沙露伊土」氏英譯，米國大統領「屢愈迷屢都」

---

[65] 〈聖藻〉（一），頁1。
[66] 〈明治天皇聖藻〉（三），《臺灣教育》第127號漢文報，1912年11月1日，頁2。

氏拜讀御製，欽佩明治天皇寬仁如天，重國交、淳友義。[67]

正是因為有「明君英主」的帶領，日本帝國才能脫亞入歐，躋身世界強國之列。因此，身為帝國臣民，當「取泰西諸國之長，而捨其短，使我國不劣於外國也」、[68]「萬事萬物不可不（此「不」字疑贅）總維新，濫為外國科學，反闇自家事情，本末倒置，誤謬甚矣。」[69]意即，「帝國臣民」之要務為：先涵養本國文化，再學習外國之長，才不至於本末倒置。劉克明順著此概念，闡述臺灣學生之要務：「本島學生而論之，昔日之孝悌美德依然宜重，今日之忠勇精神漸次宜養，國語之精通尤宜早計，實用之學問最要先為。」[70]也就是說，「國語」的學習對於臺灣生而言是首要任務，唯有透過學習最有利於接觸新知識的語言，臺灣人才有自學新知識的能力。而昔日的美德，即過去臺灣所具有的善良風俗也不能忘卻；今日的忠勇精神也需要培養，亦即臺灣人當儘速涵養忠君愛國的「國民性」。此話可呼應劉克明將臺灣俗諺與修身科結合的教學方針。

由是，「教育之道殊難，動輒太過，動輒不及，難得其中。」[71]不可一味趨新，亦不可執故。有關教育之道，聖意為何？包括注重通才、教以無貴賤、闡釋學問之道、家庭教育之重要性等等，皆是〈聖藻〉中對教育實施的具體方向。而劉克明在闡釋以教育為主題之〈聖藻〉時，將〈聖藻〉與漢文經典結合的例子不少。茲舉數例如下：

---

[67] 前述「亞沙露伊土」不知何指，而「屢愈迷屢都」指Theodore Roosevelt（1858-1919），即「老羅斯福」總統，任期為1901年9月14日至1909年3月4日。

[68] 〈明治天皇聖藻〉（五），《臺灣教育》第129號漢文報，1913年1月1日，頁1。

[69] 〈明治天皇聖藻〉（四），《臺灣教育》第128號漢文報，1912年12月1日，頁2。

[70] 〈明治天皇聖藻〉（四），頁2。

[71] 〈明治天皇聖藻〉（五），頁1。

〈聖藻〉第六篇，有：學校、庭訓、讀書、手習等四篇御製。「學校」，囑咐學生勿因畢業而怠於學習；「庭訓」，強調家庭教育之必要，並指出家庭、學校、社會三教育彼此互相關聯，任何一方都不可偏廢；「讀書」，則類同前述，指出聖上有著閱讀古籍的興趣；「手習」，則要學生勿怠於學書，也就是要勤於「練字」。其中，「學校」一文，引用《論語·述而篇》，子曰：「加我數年，五十以學易，可以無大過矣。」強調學海無涯，不可恃數年之學而滿足。

又如〈聖藻〉第七篇「行」二則、[72]〈聖藻〉第八篇「行」、「鏡」、[73]〈聖藻〉第九篇「鏡」、「時計」、[74]〈聖藻〉第十五篇「老人」、[75]〈聖藻〉第十七篇「塵」，[76]則以具體事物，寄寓教養、修身之內涵。第七篇「行」，引《論語：公冶長第二十七》，子曰：「已矣乎！吾未見能見其過，而內自訟者也。」提醒世人「行」於世，當時時自省。第十五篇「老人」，舉孔子四十而不惑之句，勸人勿有「早老之弊」。劉克明說，東洋人常有此弊，認為自己年過四十就老了，再也無法學習新的事務，無法改變舊有習慣。此例有可能意指部分臺灣居民不學「國語」、拒斥斷髮放足，以年齡為由，實則藉口。此外，第十七篇「塵」，一首大意為勉人勤奮，勿積塵為山，難以掃盡。而劉克明的詮釋則再次提及朱熹〈勸學歌〉，要人切切忽惰、勤勉向學，若怠惰一日，則會日積月累、怠惰成性。

---

72 〈明治天皇聖藻〉（七），《臺灣教育》第131號漢文報，1913年3月1日，頁1-2。
73 〈明治天皇聖藻〉（八），《臺灣教育》第133號漢文報，1913年5月1日，頁1-2。
74 〈明治天皇聖藻〉（九），《臺灣教育》第134號漢文報，1913年6月1日，頁1-2。
75 〈明治天皇聖藻〉（十五），《臺灣教育》第141號漢文報，1914年1月1日，頁1-2。
76 〈明治天皇聖藻〉（十七），《臺灣教育》第143號漢文報，1914年3月1日，頁1。

將修身科與漢文經典結合，等於是向「我等新民」展示如何發揚國體精神，一方面重振東亞文化、一方面藉以修身。而為人師表當以身作則，是為實踐之道。因此〈聖藻〉詮釋過程中，劉克明也對教育界諸君耳提面命。如〈聖藻〉第七篇「行」，一首大意為「官吏公吏以及其他之為人上者，其所行要自端正，以示範模也。」劉克明有言：[77]

> 教育者為人師表者也，是故一言一行，亦當敬謹，俾學者而效之。倘己不躬踐實行，綜修身教授如何善講善說，亦只作一片空談，終歸無用。苟正己以示人者，修身教授之時間，無特設可矣。

對於教師而言，修身教育是隨時隨地進行的。而這些能夠提供作為立身行道之鑑的〈聖藻〉，除了是吾等新民的道德指標，也是教育界諸君可以結合於修身科的絕佳教材，更是教育界諸君當以日日自省的精神準則。

除了〈聖藻〉的詮釋，劉克明自大正2年（1913）在《臺灣教育》第131號漢文報，開始刊載數篇與祝祭日與國民紀念日相關的知識以及祭儀「行事」，也是劉克明介入詮釋帝國文化核心價值的一例。其目的在於透過對儀式的介紹，使一個良善的「國民」對帝德之大、皇恩之深懷報應有的感激，並啟發報國之心。劉克明所介紹的相關紀念日如下：[78]

1.紀元節（今稱建國紀念日）：第一代神武天皇即位紀念

---

77 〈明治天皇聖藻〉（七），頁1。
78 載於《臺灣教育》漢文報第131-134、138-139號，1913年3-6月、10-11月。以下節日敘述參照劉克明文章。

日，明治5年（1872）11月始訂此日為祝日，翌年3月名此為紀元節。即位之日為日本古曆一月二十九日，陽曆2月11日，遂訂此日為紀元節。

2. 陸軍紀念日：明治38年（1905）3月10日，時值日俄戰爭之際，日本陸軍擊破俄軍，佔領中國的奉天府。劉謂：「日露爭戰之勝敗，由是而決。故以此日為陸軍記念日也。」[79]

3. 神武天皇祭（今不存）：神武天皇崩御之日，因神武天皇為皇室始祖，是以特於春秋二季皇靈祭之外，於駕崩日再次舉行祭典。

4. 海軍紀念日：明治38年（1905）5月27日，日本東鄉海軍大將率聯合艦隊，於對馬沖破俄國太平洋第二、三艦隊，因戰功將此日訂為海軍紀念日。

5. 春秋二季皇靈祭：即春分與秋分之祭典，春季皇靈祭為3月21日，秋季為9月23日。皇靈祭於春秋二季舉行，是明治維新以後所制定。

6. 神嘗祭（今為伊勢神宮內部儀式）：10月17日舉行於伊勢神宮。伊勢神宮奉祀天照大神，是為教民衣食之本、訓以忠孝之道之皇室先祖。該日為答謝皇恩賜與飽食煖衣而設。

近代學校的學習，相當強調學校「行事」（ぎょうじ，指固定儀式）的執行，而學校行事中，最重要的便是參與祝祭相關儀式。教育當局選定具有「國民」道德教化意義的符碼，例如三大節（新年、紀元節、天長節）以及其他祝祭日、國民紀念日，透過

---

79 笘村生，〈陸軍記念日〉，《臺灣教育》漢文報第132號，1913年4月1日，頁6。

祝祭儀式的舉行，潛移默化地改造學生對國家的認知，將天皇的
神聖性以及國民應具有的道德觀念，注入學徒心中。而劉克明對
祝祭日的介紹，也在於使吾等新民，共同瞭解國之精神所在。

　　不論是從強調天皇才德兼備，或是天皇親民、一視同仁的
態度──〈聖藻〉、祝祭日祭儀的詮釋由一個臺灣教師進行，
某種程度上是同化論述的「成功」，卻也可能反映出官方同化
論述的弔詭之處。官方對於臺灣人同化之道的說法，可以大正
4年（1915）時學務部長隈本繁吉於國語學校畢業式的演講為代
表，該文後由《臺灣教育》之編輯譯為漢文刊載於報端。隈本認
為：[80]

> 蓋所謂同化者，我總督府自改隸以來，亦既諸般施設，以
> 期達其目的。倘國民的要素，即為國民之資格若經具備，
> 始可看作真同化之時到來矣。夫此國民的要素，決（案：
> 應作「絕」）非可以得於一朝一夕。從來知日本人經三千
> 年歷史而後有此，即我國體特優於萬國而為之根本者焉。

官方的同化論述強調臺人必須經過相當長的一段時間，才能涵養
大和民族數千年培育的文化涵養。這樣的說法，在劉克明詮釋聖
藻、祝祭日等等的同時產生了明顯的矛盾。在劉克明看來，「教
育敕語」中的儒學傳統，是「本島新附之民」與「母國文化」同
源的根據。當殖民母國發揚東亞文化，欲使之對抗西化的浪潮
時，同文的「本島新民」有責任、也有能力共同為東亞文化而努
力。因此，日本形成近代國家時，天皇絕對制中融合的儒學思

---

[80]　隈本繁吉，〈就本島人同化而言〉，《臺灣教育》漢文報第154號，1915年2月1
　　日，頁1。

想，是為「母國臣民」量身訂作的愛國之道，卻也成為具有漢學及近代教育經驗的「本島士紳」，藉以闡述「本島新民」認同日本統治的正當性，以重現漢學之興盛的「同化之道」。亦即「本島人」與「母國人」一樣共沐皇恩，而具有漢文化傳統的臺灣，與日本人在「成為帝國臣民」的道路上，有著同源的文化基礎。因此，涵養「國民」道德臺灣人而言並非難事。臺灣人惟在「國語」的學習上略顯不足，若能急起直追，成為國之棟梁，也是為國克忠盡孝之道。劉克明藉由詮釋帝國文化核心的機會，呼告臺人，當努力無間，以報聖德，共同為發揚國體、發揚東亞文化而努力。

## 二、同化之道

透過帝國文化核心的詮釋，劉克明使官方的同化論述有被突破的可能。如果劉克明認為同化之路並不那麼遙遠，他對於總督府的教育策略又有什麼看法？

首先，劉克明開始在《臺灣教育》發表同化相關議論，約在中國辛亥革命、大正2、3（1913、4）年臺灣發生「陰謀事件」後。中國辛亥革命後，當時的學務部長兼國語學校長隈本繁吉曾有這樣的觀察：[81]

> 在外，支那革命新成，中國南部的意氣頓振，島民的心理也起了一種變調。爾後一、二年間，急革辮髮纏足之弊

---

81 隈本繁吉，《臺灣教育令制定的由來》（1922年執筆，手稿本藏東書文庫），《アジアの友》第141號，1976年4、5月復刻，頁8。轉引自若林正丈，《臺灣抗日運動史研究》（臺北：播種者，2007年），頁372。

風，與其說是皇化使然，毋寧說受到彼等腦海中潛在的母國（即對岸支那）革命後急急行力的斷髮放足的影響居多。此變調與大正二、三年的陰謀事件有關。我作為學務當局者，自履任當初就提倡導民同化之策，以浸染國語國風為急務……

根據隈本的觀察，臺灣人之所以急急於斷髮、解足，與其說是受皇化影響，不如看成是受到中國辛亥革命後的風俗改良的間接影響。除此之外，大正2、3年的「陰謀事件」也是受到辛亥革命的影響。所謂「陰謀事件」指的是明治45年（1912）到大正2年（1913）間臺灣數起「叛亂陰謀」，因同時於苗栗審理，合稱「苗栗事件」，包括羅福星案、陳阿榮「南投事件」、張火爐「大湖事件」、李阿齊「關帝廟事件」、賴來「東勢角事件」。[82]

而劉克明對於同化的論述，多發表於1913、4年之後。包括：大正3年（1914）2月發表〈時事所感〉、[83]同年3月發表〈島民同化〉、[84]大正4年（1915）年元月發表〈新年書感〉，[85]以及延續到大正5年（1916）年2月「芝山岩大祭」時所發表的〈追念六氏先生並亡故諸教育者〉[86]等，文中皆直接提及「島民應盡速同化」的概念。其中，最值得一提是〈島民同化〉中陳述同化於日本的堅定立場。以下試述之。

---

[82] 若林正丈，《臺灣抗日運動史研究》，頁372-373。
[83] 劉克明，〈時事所感〉，頁3。
[84] 劉克明，〈島民同化〉，《臺灣教育》漢文報第143號，1914年3月1日，頁2-3。
[85] 劉克明，〈新年書感〉，《臺灣教育》漢文報第153號，1915年1月1日，頁1。
[86] 劉克明，〈追念六氏先生並亡故諸教育者〉，《臺灣教育》漢文報第165號，1916年2月1日，頁3。

該文首段即則駁斥了異種族難同化之說，舉蝦夷、熊襲、隼人諸族為例：[87]

> 或曰：「異種族，難同化。」此甚誤解謬見之至，然此固非當局者之本意也。蓋聞天孫降襲西化之前，國內已有蝦夷、熊襲、隼人諸族。俱皆勇悍獰猛。……然及神武臨夏東征，此等諸蠻，悉皆歸依，泰階平齊，海內清謐如今日者。熊襲、隼人則不知去於何處，蓋與大和民族居，為之同化而然。蝦夷雖於北海道可見，極其柔順，已非昔日面目矣。

有人說：「異種族，難同化。」但劉克明並不這麼認為，也說明這並不是當局者的本意。因此，首段破題，在大和民族中，列舉異種族同化之例，包括了勇悍兇猛的蝦夷、熊襲、隼人各族。這些「蠻族」在神武天皇東征以後，都已經歸依在日本帝國之下。

接著第二段，引用《日本書紀》記載外國慕風而來者。如後漢靈帝之子孫曰阿智王、秦始皇之子孫曰弓月君，或者自百濟、高麗等處來歸化者。第三段轉入文章重點，即當世之「種族統合」：[88]

> 由是觀之。則今日所謂大和民族之中，有支那、朝鮮之族種在焉明矣。國有美風，則外人仰慕梯山航海而至，終竟欣然歸化。況其領土之人民乎。且又同文同種，而曰難同化者，吾人斷不信也。語云：「凡有血氣者，莫不尊

---

[87] 劉克明，〈島民同化〉，頁2-3。
[88] 劉克明，〈島民同化〉，頁3。

親。」人非禽獸，孰不知恩。上之視下如手足，則下視上
如腹心。

在這一段敘述中，劉克明點出今日的日本帝國，包括支那、朝鮮
等「種族」。他認為，因為吾國有良好的風俗，所以外人遠涉險
阻而來，並欣然的接受歸化。在陳述自己對於「種族」的認識
後，接著指出「本島人」與大和民族「同文同種」，他不相信
「同文同種」難以接受同化。也就是說，相較於蝦夷、熊襲、隼
人等「蠻族」，劉克明認為「本島文化」與「母國文化」可追溯
至同一根源。接著引用《中庸》：「凡有血氣者，莫不尊親。」
何況是人類，如何不知恩圖報呢。而此「恩」，指的是「本島人
民」有機會共沐皇恩，況且「上之視下如手足，則下視上如腹
心」，「本島人」如何不克忠盡孝，以報皇恩？

　　文章接著轉而批評近日「陰謀事件」之「無智之徒」，誤
解政府方針，為一時之虛榮心起而反抗。也批評當時有「淺見
狹量之徒，每以島人難同化，且於堂堂報紙，每載相害感情文
字。」[89]他並不樂見雙方在誤解的情況下互相殘害，導致誤會更
深。因此，藉著時事發表自身對同化的看法，呼籲島人及早學習
「國語」，陶冶「國民精神」，儘早同化。

　　同前所證，劉克明並不認為臺灣人同化於日本帝國是一件困
難的事情。因為「同文同種」，雙方的文化涵養可溯於同一根
源。然臺灣人之不足，在於「國語」能力。因為體認到語言的重
要性，劉克明為臺灣人所闢的「同化之道」從語言出發，再涵養
「國民性」。這樣的說法，會讓人感覺像官方漸進式「同化」的

---

[89] 劉克明，〈島民同化〉，頁3。

說法一般，意即可能讓人以為劉克明與隈本繁吉口徑一致。

　　事實上，即便劉克明的「同化」論述類同官方「漸進式」同化的路徑，我們仍可以區別，身為臺灣人的劉克明，在論述同化的可能性時，其實正在建構「本島族群」在帝國諸種族中存在的正當性。所謂類同官方「漸進式」的說法，如劉克明也曾在〈新年書感〉提到板垣退助來臺催生的「同化會」：「主旨固佳，其手段方法之適否，則尚未明知也。」[90]或許可以視作是一種保護色。同化的標準，是以融合於「日本帝國」為目標，然而我們卻可以從劉克明的論述中，讀出他並不認為「本島」原有的文化必然矮於大和民族文化，因此還是提出了臺灣與日本的文化屬於「同文同種」的根源。「同文同種」的日本在今日成為世界強國，屬於日本帝國一部分的臺灣，如今也有機會和「母國」一樣強盛，因此要以融合於帝國、涵養「國民性」為目標。筆者以為，劉克明企圖在日本帝國建構民族的論述中，以臺灣人的身分論述「文化上『種族』融合的日本」的可能性。並且，只有在面對萬世一系的「皇統」的時候，劉克明才會將自己置於臣屬的地位，因為「天皇」等同於神的存在。這種崇敬，並不意味著在日本帝國諸種族中自我矮化，反而是一種以成為帝國臣民為目標，在這條邁向同化之路上「先來、後到」的兄弟關係。

　　劉克明發表於《臺灣教育》的其他篇章對同化的看法亦如是，並藉此概念，強調身為教師在「同化教育」中扮演的重要角色。如〈時事所感〉：「各學校尤以陶冶國民精神為重，即欲使速與母國人同化也。觀諸外國之對外殖民，多不欲教之，縱教之，亦不欲使之同化，我國則不然也。」[91]以及〈追念六氏先生

---

90　劉克明，〈新年書感〉，頁1。
91　劉克明，〈時事所感〉，頁3。

並亡故諸教育者〉，再一次藉由感念教育者推動教育之辛勞，說明「本島」教育之旨：「在本島人之教育者，對於國民性之涵養，必須之智識技能之授與，更加努力，俾日早一日與母國人同化、新舊互相提攜，以圖國運發展，為急務也。」[92]

本章第一節，筆者曾強調劉克明對於語言教育的用心，正是期待島民盡早同化的具體實踐。雖然教材多為日人學習臺灣語而編寫，事實上，劉克明也不斷的呼籲臺人可以透過適當的語言教材，努力的學習「國語」，而達到同化的目標。透過語言學習以利溝通的概念，即是劉克明對「同化教育」最關鍵的態度，重點在於使雙方消除誤解、破冰融合。

大正8年（1917）劉克明在《臺灣教育》轉錄鄭用錫〈勸和論〉，並有序，可看出劉克明欲使日臺雙方化解誤會的態度：[93]

> 鄭用錫先生咸豐三年作有勸和論，勸閩粵泉漳和睦也。蓋臺人為對岸五方移來雜處，有閩焉、有粵焉，閩又有泉與漳焉。或分閩粵，或分泉漳，聚類械鬥，不一次而已。用錫先生大為心痛，乃作勸和論。言言真摯，誠不愧為一方之長者焉。其所以分類相賊者，固有為言語不同所致，而相悔慢以害感情者。……（中略）……今猶有遺憾者：內地人與本島人未見大親善也。願二者氣息之消，亦如漳之與泉閩之與粵。夫如是，則我臺可謂真南國樂土矣。

劉克明將文章轉錄後，並未多做詮釋，謹以上述序言以表其

[92] 劉克明，〈追念六氏先生並亡故諸教育者〉，《臺灣教育》漢文報第165號，1916年2月1日，頁3。
[93] 寄園主人，〈讀北郭園全集〉（二），《臺灣教育》漢文報第181號，1917年7月1日，頁7。

用意。寥寥數語，卻隱含著無限感慨。轉錄文章之舉，是將日治時期臺、日無法融洽相處的情況，比諸清治時期的族群械鬥，對島上的「族群問題」提出積極的建言。

清治時期，臺灣社會族群械鬥問題相當嚴重。清咸豐三年（1853）鄭用錫撰〈勸和論〉旨在勸「閩、粵、泉、漳」勿因族群之別而相互對立，所謂「分類興而元氣剝削殆盡」正是指分類械鬥對臺灣社會的傷害，鄭用錫基於愛家護國的心態撰寫此文籲各族群消其成見，和睦相處，「數年之後，仍成樂土，豈不休哉」。

就鄭用錫〈勸和論〉的內容來看，「勸和」如何可能？首段從字形產發議論，以「友從兩手，朋從兩肉」二字的象形作解，表示「是朋友如一身左右手，即吾身之肉也。」第二段強調臺灣住民的家國、血緣脈絡。其中「閩、粵以其異省也，漳、泉以其異府也。然自內府播遷而來，則同為臺人而已」這段話，或可表達鄭用錫對族群的思考。鄭用錫認為，無論從異省、異府播遷來臺，到了臺灣都是同一家人，不應該同室操戈。循此概念，〈勸和論〉第三段指出：

> 願今以後，父誡其子，兄告其弟，各革面，各洗心，勿懷夙念，勿蹈前愆，既親其所親，亦親其所疏，一體同仁，思內患不生，外禍不至。

必當各自洗心革面、不要重蹈覆轍，彼此相親相愛、一體同仁，才有可能共造美好的生活環境，不會再有內憂外患。鄭用錫的本意在追求臺灣族群的和諧，出自一位文人的仁心，然而這篇文章刊載在日治時期的臺灣，可謂別具意義。劉克明藉由昔日的警世

文論，比擬日治時期存在的族群問題。重點在於，從強調文化的同化以融合於日本帝國的角度來看，劉克明一方面奉勸日、臺雙方消弭成見，一方面將漢文化涵養與帝國臣民之道結合，這可說是劉克明對「異民族」與「同化」議題的用心良苦。

劉克明序言指出，〈勸和論〉文中有「所以分類相賊者，固有言語不同所致」，這讓劉克明聯想到日治時期「本島人」與「內地人」語言隔閡的情境。溝通困難，使得兩個族群未能相互信賴。這篇轉錄〈勸和論〉的文章，刊載於大正6年（1917），已是日本統治臺灣的第23年。以倡導同化為己任的劉克明，鮮少對於臺日不親善的情形提出批評。前述透過語言學習以利溝通融和的概念，說明劉氏對同化的態度，也表示劉克明認為，同化的理想未來是「國語」與臺灣語並存，臺灣人也能藉著「同文」的立場，保存既有文化。然而，兩個族群未能相互信賴、社會確實仍存有不公的現象，劉克明並非不知，因此希望加強交流、理解，這也是他不斷呼籲臺灣人努力學習「國語」，才能盡早同化的原因。

不用說到當時社會上內臺仇視的情形，單就教育現場，臺灣人就必須面對僅能擔任訓導、待遇較低的不公平現象。類同於轉錄〈勸和論〉的意旨，劉克明在1916年曾發表〈敬告于新畢業生諸君〉一文。文中針對當年於國語學校畢業之甲科、乙科、附屬公學校、女學校諸生徒，各有忠告。特別值得一提的是對甲科生的期勉：[94]

　　彼訓導之學識故遜於諸君，然於學事卻有相當之經驗，於

---

[94] 劉克明，〈敬告于新畢業生諸君〉，《臺灣教育》漢文報第167號，1916年4月1日，頁1。

地方亦有相當之信用者，宜愛之如弟，互相提攜，以圖一
校一鄉之發展。

劉克明在國語學校主要教授日本學生臺語科，身為臺灣籍教員的
他，殷殷期勉畢業後要成為小、公學校教諭的「內地生」對於擔
任訓導的「本島生」應彼此尊重。即使訓導的學識略遜一籌，但
若是身為訓導者在學事經驗、地方信用皆佳，應該和睦相處，共
同為學校、鄉鎮的福祉而努力。

　　至於乙科生，劉克明給予的建議則有二：其一、不應自高自
大、旁若無人，應以先輩為尊、互相切磋；其二、不可因戀慕權
貴，而中途擅變服務公職的義務，此二忠告誠為教育現場之實
況。一心期勉臺人能對天皇盡忠盡孝、並以身作則的劉克明，當
然希望能留住教育界的人才。無奈殖民統治時期，日、臺之間無
論是在薪俸、語言、甚至文化上隔閡，並未能如劉克明所願的消
弭。即便這是殖民史上的事實，仍然不應該忽視臺籍教師劉克明
在「同化論述」上存在著與官方同化論述之出發點的歧異。

## 三、做一個近代文明人

　　臺灣的生活環境在日本統治之下快速的邁向「近代文明」。
對於日治時期近代化的評價，論者各因其立場而有不同觀點。然
而，筆者在此並不擬指出近代化過程對臺灣的利弊，而是要了解
邁向近代化的過程中，身為「本島教師」的劉克明，如何參與、
觀察社會的轉變。

　　明治36年（1903）春天，還是總督府國語學校學生的劉克
明，參與了當年學校舉辦的生徒畢業旅行。返臺後，《臺灣日日

新報》上有這樣一篇報導：[95]

> 〈新竹通信：觀光甚眾〉
>
> 據師範學校卒業生新竹劉克明此回赴大阪博覽會歸家後，
> 諸戚友握手攀談，問博覽會中有何奇珍異玩堪以言語形容
> 者，講述一二以新聞見。劉子曰：「予於斯時，心駭目
> 眩，應接不暇。蓋無品不新，無物不異，欲指摘之而不勝
> 指摘。且於斯時，觀光者甚眾，會場中約有四、五萬人，
> 接簇之次，無容細玩。故今欲言之而有所不能云爾。」

來自臺灣的師範畢業生，第一次見到大阪博覽會場琳瑯滿目的現
代化器物，無品不新，無物不異，當時的衝擊想必是相當劇烈
的。而這個目不暇給的感受，在劉克明結束畢業旅行回到臺灣以
後，仍然持續存在，因為在日本統治的五十年間，無論是官方為
了統治利益也好，地方主動爭取的權益也罷，臺灣也像日本一
樣，快速邁向一個「無品不新，無物不異」的世界。

日治時期官方同化論述的最終目標在「俾使臺人同化於內
地」。不只是「國民性」的涵養，強調近代化、欲脫亞入歐、邁
向西方強國的日本帝國，在殖民統治的五十年間，逐步對臺灣舊
有風俗加以改正。首要任務便是對臺灣人的「外觀」進行改革：
剪去不便於清潔的辮髮、解放扭曲人體發展的纏足，都是近代化
下的臺灣必須改革的舊有風俗。在成為「近代文明人」的路上，
劉克明曾主動參與、提倡「斷髮不改裝會」以及「改曆會」，積
極地推廣臺灣人在「外觀上」邁向文明進步的必要性。不過，風

---

[95] 〈新竹通信：觀光甚眾〉，《臺灣日日新報》漢文報第1509號，「雜報」欄，
1903年5月14日，第4版。

俗改易（如同語言）並非一朝一夕之事。大多數的臺灣人，並不認為有改變的必要性。日人據此指責臺人並未全心邁向同化，雖然這可能是事實，然而，以「勸和」、「使臺人邁向同化」為己任的劉克明則站在臺人的立場為臺灣人進行辯解。此外，劉克明對於斷髮、改曆以外臺灣既有風俗的改革也提出自身的見解，俾使臺人在「保存本島文化的可能性」中同化於日本帝國。以下將說明劉氏對斷髮、改曆以及臺灣風俗改良的態度。

根據《臺灣教育》雜誌記載，明治36年（1903）這批前往日本參觀「大阪第五回勸業博覽會」的學生，回臺以後有十人主動決意斷髮。[96]學生的表現，向來被視為教化的指標，《漢文臺灣日日新報》就曾經有篇報導指出，國語學校生徒斷髮者日漸增多，其他公學校等也隨此風潮。斷髮者逐漸增多，或許可能影響一般臺灣人。以至於有官員表示「移風易俗，非一朝夕之故也。惟本島有學生為其中心，漸移良俗，實可喜之現象。」[97]

隨著社會風氣逐漸改變，明治44年（1911）1月22日，《臺灣日日新報》記者群如謝汝銓、魏清德等人，與曾經倡導天然足的大稻埕區長黃玉階以及大稻埕紳商共同發起「斷髮不改裝會」。會議在大稻埕區長黃玉階住宅舉行，發起人、贊成者除了《臺灣日日新報》記者群、大稻埕紳商以外，還包括臺北其他地區街、庄長、公務員、各地方有力人士，劉克明亦是贊成者之一。因辮髮有礙於同化，且有不衛生、不方便之問題，亟需剪除。不過，斷髮之後需改換洋服，為避免經濟負擔，遂提倡斷髮但暫可不改裝，並將此案稟明大憲，獲得官方同意。1月25日，

---

[96] 〈國語學校生徒ノ內地觀光〉，《臺灣教育會雜誌》第12號，1903年3月25日，頁52。

[97] 〈本島學生之於斷髮〉，《漢文臺灣日日新報》第3805號，臺政要聞，1910年12月23日，第2版。

《漢文臺灣日日新報》刊載會則，說明「斷髮不改裝會」倡設主旨，[98]其後每有響應斷髮剪辮者，將其姓名登見於報以茲鼓勵，不久後，全臺各地皆有「斷髮會」、「斷髮不改裝會」等組織，形成全島響應的一項活動。

斷髮除了使臺灣人從「不潔淨」的陋習中解放，更重要的涵義當然是為使臺人符合「近代國民的外觀」。該會則提到：

> 我臺灣人之遠祖若宗，亦仍為結髮。因明季之亂，滿人入關為主，迫令從清俗之辮髮。……臺灣改隸，嚮之為清國子民，應從清俗者，今則為日本子民，應從日本之俗矣。辮髮者清國之俗，剪髮者日本之俗。徒以日本之寬大，異於清國之嚴屬，不強為移易風俗，我臺人遂習焉不察，仍留辮髮。內容雖為日人，而外形則同清人。[99]

會則將此三千煩惱絲上溯至臺灣人之遠祖，表示髮式之改易是政權轉移後的必然。在「今為日本子民」的前提下，人人理所當然應該剪去辮子。否則即使內在作為日本人，外型卻像清國人一樣。而對於「同化」有強烈使命感的劉克明，不僅參與了該會的成立，甚至為了斷髮會而延誤了與「小謫仙」李碩卿一同遊春之約，[100]劉克明認為在改隸17年的1911年，臺灣事物日漸革新，而鼓吹文明之事，身為教員「袖手旁觀觀豈得，文明鼓吹屬吾

---

[98] 〈斷髮不改裝會序〉，《漢文臺灣日日新報》第3836號，雜報，1911年1月25日，第3版。

[99] 〈斷髮不改裝會序〉，《漢文臺灣日日新報》第3836號，雜報，1911年1月25日，第3版。

[100] 劉克明，〈答小謫仙責遊春遲至即次原韻〉，《漢文臺灣日日新報》第3859號，「藝苑」欄，1911年2月19日，第1版。作者有註：「是日為斷髮會贊成，故遲至。」

人。」[101]是以，國語學校漢文教師鄧旭東斷髮時，劉克明也作詩贈之：[102]

> 粵東人士本文明，今日尤多見俊英。教責千鈞知是重，髮毛萬縷視為輕。好看圓頂生光焰，那管方銅照雪莖。此去前程當遠大，漫云身世等棋枰。

粵東人士是指原籍客家的鄧旭東，詩文一開頭首先誇讚今日客籍人士在各界也多有成就。而後隨即強調身為教員，應該要以身作則成為一位「現代文明人」，因為這是作為教員責任之重，所以應看淡對萬縷毛髮、對此舊慣的依戀。剪辮以後，頭頂上閃著光芒，相當清爽，不用管那不意顯露的白髮，因為斷髮以後，才能於內在、外在都同化於日本，方能如會則中所言「涵養精神，同化母國，庶可獲母國人所得之權利」。這是發起斷髮不改裝會的士紳們共同的期待。

然而，「斷髮、解纏」並非一朝一夕之功夫，執行之初可能面臨諸多不便。劉克明除了極力倡導，也為在服裝上並未同化的臺人，進行辯解。例如，斷髮不改裝會發起後，同年6月，《臺灣教育》刊載劉氏〈始政紀念日所感〉一文。此文中，劉克明首先讚揚始政17年之功，但自第三段始則有言：[103]

> 然有曰：「辮髮未全斷，纏足未齊解，何能謂之同化

[101] 劉克明，〈答小謫仙責遊春遲至即次原韻〉。
[102] 劉克明，〈祝國黌鄧旭東先生斷髮即步原韻〉，《臺灣日日新報》第4351號，「詞林」欄，1912年7月11日，第4版。
[103] 劉克明，〈始政紀念日所感〉，《臺灣教育會雜誌》漢文報第111號，1911年6月30日，頁1。

乎。」非也。不可以未全斷髮、未悉解纏，而視為未同化。心之同化為要，何必區區而責外容乎。

輿論指摘臺人未能全面斷髮、未能全面解足，根本不能說是「同化」。不過，劉克明說道，內心的同化，比起外在的同化更為重要。更重要的是，未能全面斷髮、解足是有正當理由的：[104]

夫髮之未得易斷者，多為經濟之關係。一旦斷髮、則衣服冠履、要重新改換。影響於經濟者不少矣。且數百年之積習，欲以一朝去之者、固非容易之事也。……纏足之未得易解者，雖為習慣之所使然，亦有他之原因在焉。如彼纏至骨曲指彎者，解則一時痛苦難行，反為不便，是以未得易解之也。……

他認為島民未能全面斷髮的主要原因在經濟問題，未能隨即解纏則是行動不便的問題。雖然積極提倡「斷髮」，他也相當體恤未能旋即斷髮、解纏者，甚至為之辯護。除了為臺灣人辯解，該篇文章續而檢討臺灣人在剪辮以後卻興起奢侈歪風：[105]

然余有所遺憾者，曰何？奢侈之漸增也。斷髮者不改裝可、改裝亦可，其所用衣冠，總要稱分量力。以目下觀之，衣服冠履及其他裝飾品，過於奢華者居多。

臺灣人在剪辮以後，竟掀起奢華之歪風。或有曰「無某服不可、

---

104 劉克明，〈始政紀念日所感〉，頁1。
105 劉克明，〈始政紀念日所感〉，頁2。

無某品不可」，甚至婦女解纏之後亦是，「無某皮鞋不可、無錦傘不可」。彼此競華鬥麗，這並非斷髮、解足的本意，也是劉克明不樂見的。他呼籲臺灣人應該克勤克儉，盡力而為，而鼓吹文明、注入「母國」精神，抑制奢侈之風的責任當由教育界諸君擔起。

除了「斷髮不改裝」一事，劉克明也大力提倡改曆。同前所述，「改曆會」是一個呼籲臺人尊奉新曆的組織。由國語學校同窗會幹事、擔任《臺灣日日新報》漢文部記者的魏清德，在大正5年（1916）12月3日藉由同窗會開會之際，陳述改曆會的旨趣以及實行的方法，獲得出席者一致贊成。[106]劉克明對改曆相當贊成，不過在其編寫之語言教材的會話單元，他也表達了保存臺灣新年習俗的必要性。可以想見的是，直至今日仍持續在使用的「舊曆」，在日治時期也絕不可能因統治當局的要求而隨即改換。是以，日本興論或許對此多加撻伐，劉克明遂有辯護文章刊載於《臺灣教育》：[107]

> 本島因多年慣習，加以商務農事攸關，尚有以舊曆越年。故常見設改曆會促奉正朔字面。余謂奉正朔云云，未免矛盾，未免語謬。領臺于茲二十餘年，島民安有未奉正朔之理。

臺人之所以仍使用舊曆年，乃與商務、農事相關。劉克明認為，這並不表示臺人並未遵奉正朔。證據可見於墳墓金石，已不刻光緒、宣統，改以日本紀年。此外，日本內地仍有依舊曆行歲者，難道這些人也是不尊奉正朔嗎？劉克明為臺人辯解的用心良苦，

---

[106] 〈國師同窗會誌盛〉，《臺灣日日新報》漢文報第7728號，1921年12月6日，第6版。
[107] 劉克明，〈正朔小言〉，《臺灣教育》漢文報第188號，1918年2月1日，頁3。

可見一斑。

　　從劉克明對「斷髮、纏足」以及「改曆」的辯駁，我們可以發現劉氏對於新、舊風俗共存的情況，仍然有諸多考量。不過，他也認為臺灣部分風俗必須完全改進，特別是冠婚喪祭的奢侈之風。劉克明曾經在大正3年（1914）〈風俗改良〉一文中提及此事，十年之後應「臺北聯合同風會」邀請之演講，又再一次指出冠婚喪祭的冗費問題。劉克明認為，嫁娶並非人身買賣，在聘金上其實並不需要太多，若說是為了準備氣派的妝奩其實也無需要，因為購買物品應著重在是否實用。然而，當今奢華的風氣，卻使得貧民欲求一妻也相當難為。劉克明建議，應該要兩家商談，男不贈聘金、女不多帶妝奩，只準備需要的物品。如此一來，可以節費，又可免備無用之物，更可以免受人身買賣之誚。至於喪事，則應避免聘無識之道士胡念亂舞，避免請聘管絃鼓樂騷擾非常，否則哀悽之情為之所奪。[108]劉克明引經據典，指出孔子有言：「禮與其奢也寧儉，喪與其易也寧戚。」臺灣冠婚喪祭之冗費、奢侈之風應早日改良才是。積習必除，才能成為一個近代文明人。

　　劉克明參與斷髮會、改曆會，提倡風俗改良，主要的目標正是為了早日和「母國」同化，與「母國人」平起平坐，成為一個近代文明人。「同化」，以成為帝國臣民、涵養「母國」文化為標準；不過在他心裡，臺灣部分固有風習仍有保存價值，並且他也注意到改革並非一朝一夕之事，因此在邁向同化的改革當中，劉克明提出合理的改良空間，並試圖替無法「快速」同化的情況

---

[108] 劉克明，〈風俗改良〉，《臺灣教育》漢文報第144號，1914年4月1日，頁3、劉克明，〈本島生活上要改善諸問題〉，《臺灣教育》漢文報第269號，1924年10月30日，頁1。

辯解。若延續前述討論，以倡導同化為己任的劉克明，因為相信著邁向同化能使臺灣人擁有與「內地人」一樣的生活品質，甚至藉由內在與外在的同化，逐漸與「內地人」獲得同等權力。劉克明抱持著這樣的期待，才會站在教育的位置上，奮力的呼告臺人儘早同化，做一個文明人。

## 第三節　從「新民」到「臣民」

遵奉「教育敕語」、因而認同日本帝國的劉克明，認為臺灣人可以藉由「國民性」的涵養，獲得一個與「內地人」平等的地位以及美好的生活。他持續不斷編寫語言教材，實踐教育理念，希望語言不再是日、臺雙方間的隔閡；也透過在《臺灣教育》擔任編輯的機會，推廣他對同化的想法。與其說他是官方統治下的棋子，不如說他企圖從中謀求臺灣人的福利。因此，劉克明除了在臺灣語言研究上有所成就，他在教育現場的熱忱，也是有目共睹的。除了教材編纂、擔任雜誌編輯以外，劉克明長時間擔任教員檢定、教科書審查等行政委員。以下，筆者將劉克明在擔任教師以外的勤務進行整理。

首先，從擔任「教員檢定委員」來看。明治36（1904）9月30日府令第43號，訂定臺灣小、公學校教員檢定及免許狀（證書）相關規程。其中，檢定委員會組織說明，委員會包括會長、常任委員以及臨時委員。會長由當時的總務局長充任，委員由臺灣總督任命。常任委員受會長指揮承辦「教員檢定」事宜，臨時委員則承辦「試驗檢定」事宜。[109]

---

[109] 〈臺灣小學校、臺灣公學校教員檢定及免許狀相關規程〉，《府報》號外，明治37年4月17日，府令第43號。

劉氏從明治44年（1911）起，幾乎年年擔任教員檢定臨時委員。臺灣人被任命為教員臨時檢定委員的機會並不多，目前可見的資料顯示大正4、6年（1915、1917）鄧旭東與劉克明一同被任命為檢定委員，而在其他年分，除了劉氏之外，檢定委員多為日人。[110]

表3.2　試驗、教員臨時檢定委員任職年份

| 年份 | 勤務 |
|---|---|
| 1911 | 教員檢定臨時委員 |
| 1914 | 臺灣小學校及公學校教員檢定臨時委員 |
| 1915 | 臺灣小學校及公學校教員檢定臨時委員 |
| 1917 | 臺灣小公學校教員及高等女學校教員檢定臨時委員 |
| 1918 | 臺灣小公學校教員檢定臨時委員 |
| 1920 | 臺灣小公學校教員檢定臨時委員 |
| 1923 | 教員檢定委員會臨時委員 |

---

[110] 相關任命資料，見《臺灣總督府公文類纂》：〈國語學校助教授劉克明教員檢定臨時委員ヲ命ス〉，永久保存（進退），第1門秘書，冊號1889，文號41。〈臺灣總督府國語學校助教授劉克明臺灣小學校及臺灣公學校教員檢定試驗委員會臨時委員被命ノ件〉，永久保存（進退），第1門秘書，冊號2302，文號14。〈國語學校助教授劉克明小學校及公學校教員檢定試驗委員會臨時委員ヲ命ス〉，永久保存（進退），第1門秘書，冊號2469，文號31。〈國語學校助教授劉克明臺灣小公學校及高等女學校教員檢定委員會臨時委員ヲ命ス〉，永久保存（進退），第1門秘書，冊號2760，文號36。〈國語學校助教授劉克明臺灣小學校及臺灣公學校教員檢定委員會臨時委員ヲ命ス〉，永久保存（進退），第1門秘書，冊號2893，文號31。〈〔師範學校助教授〕劉克明臺灣小學校及公學教員檢定委員會臨時委員ヲ命ス〉，永久保存（進退），第1門秘書，冊號3111，文號27。〈〔師範學校教諭〕劉克明臺灣教員檢定委員會臨時委員ヲ命ス〉，永久保存（進退），第1門秘書，冊號4004，文號8。〈劉克明普通試驗臨時委員ヲ命ス〉，甲種永久保存，冊號10070，文號5。〈劉克明臺灣教員檢定委員會昭和七年度臨時委員ヲ命ス〉，甲種永久保存，冊號10070，文號113。〈劉克明臺灣教員檢定委員會昭和八年度臨時委員ヲ命ス〉，甲種永久保存，冊號10074，文號104。〈劉克明臺灣教員檢定委員會臨時委員ヲ命ス〉，甲種永久保存，冊號10079，文號18。〈劉克明臺灣教育檢定委員會昭和十年度臨時委員ヲ命ス〉，甲種永久保存，冊號10083，文號31。〈劉克明臺灣教員檢定委員會昭和十年度臨時委員ヲ命ス〉，甲種永久保存，冊號10087，文號85。〈劉克明臺灣教員檢定委員會昭和十三年度臨時委員ヲ命ス〉，甲種永久保存，冊號10093，文號165。

| 年份 | 勤務 |
|---|---|
| 1924 | 大正十三年度教員檢定臨時委員 |
| 1925 | 教員檢定委員會臨時委員 |
| 1926 | 教員檢定臨時委員 |
| 1927 | 教員檢定臨時委員 |
| 1928 | 臺灣教員檢定委員昭和三年度臨時委員 |
| 1929 | 臺灣教員檢定委員會昭和四年度臨時委員 |
| 1931 | 臺灣教員檢定委員會昭和六年度臨時委員 |
| 1932 | 普通試驗臨時委員 |
| | 臺灣教員檢定委員會昭和七年度臨時委員 |
| 1933 | 臺灣教員檢定委員會昭和八年度臨時委員 |
| 1934 | 臺灣教員檢定委員會臨時委員 |
| 1935 | 臺灣教員檢定委員會昭和十年度臨時委員 |
| 1936 | 臺灣教員檢定委員會昭和十[297]年度臨時委員 |

　　除此之外，劉氏還曾數次擔任「教科書調查會臨時委員」。明治37年（1904）5月30日修正公學校圖書審查編修有關於圖書編修審查之規定後，修正要點第三條，特別說明臨時委員之勤務：「係審查須具特別學識之圖書時，由總督任命或聘請具有相當學識經驗者擔任之。」[112]由此推測，劉氏擔任臨時委員的職務，目的應在協助臺灣語的教材編選。除了劉克明以外，臺灣人擔任教科書調查臨時委員的記錄還包括：大正11年（1922），劉得三、謝汝銓、魏清德；昭和6年（1931）、昭和9年（1934），陳廷植和劉得三也曾是教科書調查會臨時委員。[113]

---

[111] 應為十一年度，檔案可能誤植年分。

[112] 臺灣教育會編，許錫慶譯註，《臺灣教育沿革誌》，頁26-27。

[113] 相關任職資料參考《總督府職員錄》以及《臺灣總督府公文類纂》：〈〔師範學校教諭〕劉克明教科書調查會臨時委員ヲ命ス〉，永久保存（進退），第1門秘書，冊號3456，文號26。〈〔教科書調查會臨時委員〕劉克明教科書調查會臨時委員免、一時手當給ス〉，永久保存（進退），第1門秘書，冊號3461，文號4。〈劉克明外二名教科書調查會臨時委員ヲ命ス〉，甲種永久保存，冊號10067，文號29。

表3.3　教科書調查臨時委員任職年份

| 年份 | 勤務 |
| --- | --- |
| 1922 | 教科書調查會臨時委員 |
| 1931 | 教科書調查委員會臨時委員 |
| 1932 | 教科書調查會臨時委員 |
| 1933 | 教科書調查會臨時委員 |
| 1934 | 教科書調查會臨時委員 |

　　而為什麼劉克明所擔任的教員檢定委員、教科書調查會委員都是「臨時」聘任呢？事實上，以上教員檢定委員、教科書調查會委員的常務委員，都是日本人。即便已經屬於奏任高等文官，劉克明還是沒有辦法進入常務行政體系。再者，劉克明主要擔任「臺語科」的檢定委員、教科書審查委員，官方並不認為「臺語科」有長期存在的必要性，因此採取每年設置臨時委員的方式。

　　一直到日本統治末期，劉克明有漢詩記載他在昭和15年（1940）進入總督府文教局編修課一事，見〈入文教局編修課〉：[114]

　　　　老稼硯田且莫悲，流傳文化頗私期。同人又喜無生面，大
　　　　半原來是故知。

昭和15年（1940），已經57歲的劉克明進入到文教局編修課。從首句可以看出，他其實相當希望歸隱山林。當時年過半百，仍必須出任官職，使他頗為煩惱。不過，他還是對這份工作抱持著樂觀的態度，因為能夠進入文教局協助編修教科書、使文化淵遠流傳，是自己長期以來的夢想。況且，文教局的同仁多為故知，這

---

[114] 劉克明，〈入文教局編修課〉，《臺灣教育》第454號，「漢詩」欄，1940年5月1日。

樣的工作環境應該是令人感到欣喜的。

除了出任文教局官員，戰爭期間，他還是持續擔任各地講習會教師。只不過戰爭期間因「大東亞共榮圈」的號召，原本開設給日、臺雙方學習、類似於補習教育的講習會，在戰爭期間則轉型為對「大東亞共榮圈」內、從中國部分區域來臺學習的講習員講授課程。包括由臺灣銀行南洋協會主辦的南方協會講習會、[115]或總督府方舉辦的廈門小學校教員及留學生講習會講師。[116]值得一提的是，劉克明早在大正年間，即中華民國革命成功後、第一次世界大戰發生之際，就確立了自己面對中國的立場：「日本與支那不可不協力提攜，以抵抗西方強權，保東洋和平。」[117]一直到第二次世界大戰時，劉克明對中華民國仍是保持此態度。他在〈與來臺留學廈門教員〉詩寫道：「中華此際待人才，努力及時志莫灰。東亞共榮能記取，自教面目一新來。」[118]

日本治臺26年後，這位為了臺灣教育界無私付出的臺灣籍教師，總算獲得當局肯定。劉克明於大正10年（1921）獲得臺灣教育會表彰；大正15年（1926），獲得總督府頒授勳八等，授瑞寶章。

大正9年（1920），「『教育敕語』煥發三十周年紀念日」（10月30日）。當天舉行第一屆全島教育有功者表揚大會。第一屆受表揚者包括總督府醫學專門學校長堀內次雄、臺北女子高等普通學校教諭大橋捨三郎、廈門旭瀛書院長岡本要八郎、大稻埕

---

[115] 劉克明詩有〈贈南方協會講習會員〉，載於《臺灣教育》第473號，「漢詩」欄，1941年12月1日，頁88。

[116] 劉克明詩有〈與來臺留學廈門教員〉，載於《臺灣教育》第482號，「漢詩」欄，1942年9月1日，頁76。官方資料可見於《府報》，1942年6月16日，頁68。

[117] 劉克明，〈新年書感〉，《臺灣教育》第153號，1915年1月1日，頁1。

[118] 劉克明，〈與來臺留學廈門教員〉，載於《臺灣教育》第482號，「漢詩」欄，1942年9月1日。

第一公學校長加藤元右衛門、枋橋公學校長高橋喜能、宜蘭公學校長中田哲夫、枋橋公學校教諭張鴻機、新竹北埔公學校長安部手作、桃園街長簡朗山、鹿港第一公學校長平田丹藏、臺南第二公學校長坂根十二郎、嘉義第一公學校長小泉、高雄萬丹公學校長六山定英、高雄尋常高等小學校長松倉鐵藏、高雄網安公學校訓導心得吳爾聰、臺東公學校學務委員蔣源水、花蓮港浦浦人公學校長船田定次郎。17位受表揚者中，擔任校長、書院院長之職佔12名，皆為日人；教諭2名；訓導1名；1名公學校學務委員以及1名街庄長官。其中，17人中有4位臺人，3位服務於教育界，1位是地方行政官員。[119]而擔任街長的簡朗山因長期在地方上推廣「國語」，開設「國語練習會」，是地方街庄長的模範，其推動社會教育的用心獲得當局肯定，遂得表彰。[120]

　　大正10年（1921）同樣在「敕語」煥發之日，舉行第二屆的表揚大會。本屆包括十五位對臺灣教育有功的人員，劉克明亦是其中之一，獲頒表彰的原因為：「從事本島師範教育越滿十八年，特別是在臺灣語教授上的貢獻不小。」[121]

　　當天獲得教育會表彰的15人包括：臺灣總督府囑託松山捨吉、臺南師範學校長志保田鈜吉、臺北師範學校助教授劉克明、臺北師範學校教諭兼助教授武山光規、臺北女子高等普通學校教諭久芳トシ（to-shi）、臺北州臺北城北尋常小學校長石川彥太郎、新竹州苗栗公學校長後藤吉人、臺中州臺中公學校長阿部光平、臺南州嘉義女公學校長高岡武明、臺南州西螺公學校長事

---

[119] 〈敕語煥發滿三十年的紀念日：教育功勞者表彰〉，《臺灣日日新報》第7326號，1920年10月30日，第7版。

[120] 〈簡氏榮受表彰〉，《臺灣日日新報》第7327號，1920年10月31日，第6版。

[121] 〈臺灣教育界の功勞者表彰：教育敕語煥發紀念日をとし〉，《臺灣日日新報》第7691號，1921年10月30日，第4版。

務取扱劉煥文、高雄州馬公公學校長秋山芳太郎、臺北州文山郡深坑庄長張德明、臺東廳卑南區長卑南頭目クララウ（ku-ra-ra-u）、臺北大稻埕第一公學校外四校校醫兼私立臺北盲啞學校長木村謹吾、新竹州大溪郡大溪街呂鷹揚。

第二年的表揚會15人中，有7位校長，同樣都是日人、2名助教授、1名教諭、1名臺灣總督府內教育事務囑託、1位校長事務協辦、3位地方街庄長及有力人士。除了臺北州文山郡深坑庄長張德明、臺東廳卑南區長卑南頭目クララウ、新竹州大溪郡大溪街呂鷹揚，每一位獲表揚者，都在臺灣教育界服務10年以上。獲得表揚的街庄長及地方有力人士，則有在地方教育界投入資源長達10年以上者。

從這兩屆獲表彰的名單來看，劉克明是首位以助教授的身分獲得臺灣教育會肯定的臺灣人。臺灣教育會對劉克明的肯定，則是根據劉氏在臺灣語教授上的努力，加上不慕名利的高尚情操：[122]

> 劉君是明治三十六年國語學校乙科卒業後，就在該校奉職。擔任內地人生徒本島語的教學。劉君相當穩厚篤實，樂在教育事業中而淡泊名利的價值觀真讓人讚賞。在經濟好轉的時候，聽聞有人曾好幾次勸劉氏辭去教職，並以厚禮勸誘，劉氏的志願相當堅定，不為所動。

報導指出，劉克明在明治36年（1903）畢業後，就在該校奉職。據吾人所知，劉克明是受到國語學校教諭兼第一附屬學校主事鈴江團吉強力的慰留，在第一附屬學校任職。五年以後，因教學卓

---

[122] 〈臺灣教育界の功勞者表彰：教育敕語煥發紀念日をとし〉，《臺灣日日新報》第7691號，1921年10月30日，第4版。

越，獲昇為國語學校助教授，在當時已是臺灣人升任助教授之職的首例。劉克明不但在教學上有成就，教材研發的成績也令人讚賞，和同校教授宇井英一同撰寫的《國語捷徑》是夜學會、同風會自修「國語」的「福音」，《國語對譯臺語大成》以及《廣東語集成》也是在1921年獲獎以前的重要著作。不只教學成就有目共睹，報導更指出，劉克明的個性值得教育界人士效法學習。同前所述，由於許多臺灣人在公職服務年限一到，就轉戰實業。在經濟好轉的時候，也有人勸誘劉克明辭去教職。但劉克明對教育的理想相當堅定，不為所動。

　　秉持內、臺交流的理想，劉克明在獲得教育會的獎章後，又發表了數種語言教材如《教科摘要——臺灣語速修》、《實業教科——臺灣語及書翰文》等等。五年後，即大正15年（1926），獲得總督府授勳八等，頒授瑞寶章。當年43歲的他，是第一位以臺灣籍教員身分獲得勳章者。根據報載，劉氏之所以獲勳的理由有三，首先是對於臺灣語教育的用心，其次是劉氏獨特的教學法深獲嘉許，最後劉氏並積極參與各種講習會擔任講師，是臺灣教育推行的重要功臣。[123]

　　綜觀上述，劉克明確實如《臺灣日日新報》所說的「樂在教育事業中而淡泊名利」。從少年時期踏進總督府國語學校後，他將青春年華都奉獻給臺灣教育界。雖然劉克明時常在隨筆文章、詩作中表達退隱之意，但他對於自己所抱持的信念——即臺灣人盡速同化，以獲得與「母國人」同等利益——仍然堅信不移。昭和17年（1942）〈偶作（無德無能累後人）〉一詩，頗能代表他積極奉獻於教育事業的人生態度：「無德無能累後人，肯將草草

---

[123] 〈光榮に輝く〉，《臺灣日日新報》，1926年1月14日，第2版。

了斯身。老來加倍勞心力，莫把吾生嘆不辰。」[124]劉克明認為，不要感嘆自己生不逢辰，應當奮力樹德建功，即便是老了也要加倍努力。總的來說，劉克明不但以自身實踐「同化」，並將「同化」之職視為己任；他提供了一條同化之路，也看照著在這條路上努力的臺灣人。因為，劉克明對「同化」的看法是：在同化於帝國臣民的這條路上，「內地人」與「本島人」是先來後到的關係，如同是兄弟手足，同屬天皇臣民，得以共沐皇恩。

筆者認為，身為臺灣人的劉克明，在論述同化的可能性時，正在建構「本島族群」在帝國諸種族中的正當性。他之所以如此用心良苦，無非是因為他從「教育敕語」的儒學精神中，看到「本島新附之民」與「母國文化」同源的根據。劉克明認同的日本帝國，是進步的、近代化的、強盛的，也是能承續儒學傳統、包容臺灣文化的。但是，建立在「統治之便利」而形成的文治策略，與真正的尊重包容實無法相提並論。這一條「同化之道」，劉克明走得「擲地有聲」──《臺灣教育》的議論、劉氏的語言著述，都是他登高疾呼的痕跡；但他也走得辛苦──劉克明對於從未實踐的平等有些微詞，卻是敢怒不敢言。在同僚慶賀劉克明昇勳六等的和詩中，劉克明道：「為人只盡吾心力，胸底無藏郭與城。」[125]盡心盡力提攜臺人，並且延續漢學在新時代的價值是他唯一能做的。於是，筆者在下一章將以劉克明畢生唯一一部書寫臺灣歷史文化的作品《臺灣今古談》為分析對象，持續觀察劉克明在教育之外的關注與同化之間的關聯。

---

[124] 劉克明，〈偶作（無德無能累後人）〉，《臺灣教育》第482號，「漢詩」欄，1942年9月1日，頁76。

[125] 劉克明，〈謝香秋詞兄見祝昇勳〉，《專賣通信》第10卷第5號，「漢詩」欄，1931年5月25日，頁105。

# ▌第四章 《臺灣今古談》中的「臺灣」

　　《臺灣今古談》[1]是劉克明一生中除了語言教材以外，相當重要的一部書寫臺灣歷史文化的作品。全冊186頁，由劉克明獨力完成。創作的主要語言是日文，並錄有漢詩文。該書於昭和5年（1930）由新高堂書店發行。就地域而言，《臺灣今古談》囊括臺灣本島與澎湖相關記事；就時間跨度而言，包括荷治、鄭氏、清治時期臺灣重要史蹟、人物。所謂「今古談」，指的是將改隸至昭和5年（1895-1930）之間臺灣各方面的發展，與過去的狀況相互對照。成書過程中，劉克明參考今、昔官方及民間資料，於書中陳述自身的見聞與對於古今變革的看法。

　　劉克明撰作此書的原因，可以從兩個方向來思考。其一，完成於昭和5年的《臺灣今古談》，可以視為受到1920年代，官方展開的修史計畫之影響而成書的作品，此為外在因素。若從劉克明自身的經歷並對照此書的內容來看，筆者認為劉克明之所以創作《臺灣今古談》，有其特別的用意。認同日本帝國、希望帶領臺灣人融合於日本民族的劉克明，在《臺灣今古談》中一面說著臺灣過去的故事，突顯臺灣文治之史；一面積極呈現日本帝國統治下臺灣人今日的成就。也就是說，他不希望臺灣人忘記過去，特別是不要忘記過去先賢的美德，並以日本帝國臣民的身分發揚這些美德。除此之外，也舉出當時活躍於各界的臺灣人的成就，作為臺灣人的模範，似乎也昭示臺灣人邁向同化的進度。

---

[1]　劉克明，《臺灣今古談》（原臺北：新高堂書店，1930；臺北：成文出版社復刻，1985年）。

更重要的是，撰作一本關於臺灣今昔對比的雜著，劉克明究竟如何思考臺灣的過去？如何將過去與現在連結？甚至以現在的處境，對未來有什麼期待？以上問題，反映他對「本島族群」的認知。本章第一節介紹《臺灣今古談》書寫主題與特色，第二節分析劉克明面對臺灣今、昔的立場，論述《臺灣今古談》中潛藏的「本島意識」，以及劉克明據以連結臺灣古今的記憶之鑰。

## 第一節　關於《臺灣今古談》

### 一、內文介紹

　　昭和5年（1930）由劉克明一人獨力完成的《臺灣今古談》脫稿，交付新高堂書店出版。劉氏在緒言表示此書編纂目的有三：其一，介紹臺灣過去的史蹟，提供未來調查研究使用；第二，闡揚前賢美德、稱誦仁善的人才，提供勸善獎學參考；第三，描述時事的變遷、社會的進步，以作為今昔對照。[2]在取材方面，劉氏參考今、昔之官方或民間所編纂的史籍，並以親身的見聞提出批評意見。從《臺灣今古談》書寫的內容來看，我們可以推測劉克明之所以在1930年代刊行此書，或許受到總督府於1920年代開啟的修史事業之影響。

　　以下有關於「臺灣總督府修史事業」的敘述，據吳密察〈臺灣總督府修史事業與臺灣分館館藏〉一文整理而成。[3]1920年代初期，首任文官總督田健治郎上任後，臺灣總督府在臺展開一連

---

2　〈緒言〉，《臺灣今古談》，無頁碼。

3　吳密察，〈臺灣總督府修史事業與臺灣分館館藏〉，《館藏與臺灣史研究論文發表研討會彙編》（臺北：國立中央圖書館臺灣分館，1994），頁39-72。

串的「文化政治」。大正11年（1922）4月1日成立「臺灣總督府史料編纂委員會」，成員以日人為主，目的在進行臺灣史料蒐集及撰寫《新臺灣史》。然此次修史計畫因核心人物離職或相繼去世，[4]加上編制縮減而停工。直到昭和4年（1929），才以3年計畫重新啟動修史的組織。復活的修史事業內容大幅縮減，史料編纂委員會放棄編修《新臺灣史》的企圖，僅以編輯《臺灣史料》為事業目標。二度展開的修史計畫，成員仍以日人為主。具體的成果，包括：臺北帝人文政學部教授村上直次郎，抄譯《巴達維亞城日誌》中有關日本、臺灣的部分；史學家久保得二（天隨）及臺北帝大文政學部教授神田喜一郎二人，萃取漢文典籍中有關臺灣的史料；改隸後的部分由尾崎秀真、豬口安喜、鹽見平之助負責，取材史書及公文書，製成明治28年（1895）至大正8年（1919）之間的日誌長編。依井出季和太《臺灣治績志》的說法，上述資料組成的《臺灣史料稿本》共有本編27冊，追加24冊，合計51冊。雖然劉克明並非史料編纂委員會的一員，但筆者從《臺灣今古談》撰寫的內容及刊行時間推測，此書撰寫的動機極有可能與昭和4年（1929）重新啟動之修史事業有關。

　　《臺灣今古談》全書以日文書寫，內容分為「地理門」與「人事門」，地理門共有44篇，人事門85篇，另附2則補充以增補人事門第17篇以及第28篇。增補的部分若不計算，共有129篇與臺灣相關的大小事。129條綱要之下為短文、表格或再分細目介紹，篇長不一。就其綱目看來，劉克明並沒有替此書規劃固定

---

[4]　大正12年（1923），主查田原楨次郎、編纂部長持地六三郎先後死亡，同年9月，總督田健治郎辭去總督職位轉任農商務大臣兼司法大臣；大正13年（1924）9月，委員會委員兼庶務部長的賀來佐賀太郎辭去臺灣總督府總務長官職；大正14年（1925）9月30日，臺灣史研究大家伊能嘉矩也過世。吳密察，〈臺灣總督府修史事業與臺灣分館館藏〉，頁39-72。

格式或書寫原則，因此並不能就其綱目直接進行時間或空間的劃分。以下筆者嘗試將相關主題分類，接著再進行特色分析。

分成44篇的地理門，可以依照書寫的主題分成五大類及其他：

## 1.有關「臺灣」：

包括名稱的由來、臺灣各地的地名及別稱、總人口數，以及方志、歷史文獻中的臺灣等。

如：〈臺灣の名稱の意義〉、〈「タイワン」と云ふ詞は生蕃社の名であったと云ふ〉、〈龍の滄海を渡るが如し〉、〈古く琉球と言って居たのは今の臺灣である〉、〈今の琉球は古の何處か〉、〈明朝がどうして沖繩を琉球と名附けたのか〉、〈大琉球と小琉球〉、〈禹貢に書かれてある島夷は臺灣の生蕃の祖先であるか〉、〈外國人の名附けた地名山名及其の他〉、〈諸地名の由來〉、〈土地開拓の功勞者〉。

## 2.建置沿革、今昔對照

如：〈借一牛皮地〉、〈一府二鹿三艋〉、〈五州三廳及び其の他の建治沿革〉、〈地名の今昔〉、〈地名の別稱〉、〈昔の臺灣八景〉、〈今の臺灣八景〉、〈清朝の皇帝が祠廟に賜はった匾額〉、〈寺廟に於ける總督長官等の筆蹟〉。

## 3.特定地點與特殊人物的連結

如：〈臺灣の最中心地にある能高神社〉、〈二鄭公子之墓とは何人の墓であるか〉、〈明の遺老盧尚書の墓〉、〈真の教育者であった鈴江團吉先生の記念碑〉、〈北白川宮能久親王殿下御泊の爽吟閣〉、〈伏見宮殿下御泊の顏氏邸〉、〈新竹の外

公館〉、〈板橋別墅と林嵩壽氏〉、〈臺北植物園內にある墓〉。

## 4.介紹地方特色、物產或特殊景觀

如：〈竹風蘭雨〉、〈巖疆鎖鑰と云ふ臺北城の樓額の行
方〉、〈所謂大南門の大學校〉、〈臺灣各地の名產〉、〈鄭氏
に關聯のある海產物〉、〈大安溪以南の守宮はよく鳴く〉、
〈螺溪石〉。

## 5.臺灣風俗

如：〈特に尊崇すべき祠廟〉、〈保存すべき石坊〉。

## 6.其他

如：〈甚麼命食到竹斬餅，甚麼腳行到倒吊嶺〉、〈神樣に
祀られて居る隕石〉。

人事門共有85篇，可略從各綱目介紹的核心人物之出生年
代，分為5則關於鄭氏時期前以及鄭氏時期的人物、9則清治時
期、11則日治時期的日本人、11則日治時期與人物有關的風俗轉
變，以及49則與日治時期的臺灣人相關的條目。又，與臺灣人相
關者又可分為45則良民以及4則與「匪徒」有關者。列舉關係篇
目如下：

## 1.鄭氏時期及以前

如：〈鄭延平郡王の母堂の姓は果して何であるか〉、〈鄭
延平郡王の末裔〉、〈本島文學の祖〉、〈本島文教の恩人〉、
〈明の遺老盧尚書の墓〉。

### 2.清治時期

如：〈前清の臺灣名政治家〉、〈瀛壖百詠を作った張御史〉、〈鷲飼の偽皇帝〉、〈較橫逆蔡牽〉。

### 3.日治時期的日本人

如：〈兒玉總督と揚文會〉、〈藤園將軍と南菜園〉、〈棲霞長官と鳥松閣〉、〈內地人が誤解して居る本島の習慣〉。以臺灣總督或民政長官為主。

### 4.日治時期臺灣風俗的轉變

如：〈謝范二將軍は玩具人形ではない〉、〈斷髮不改裝會〉、〈天然足會〉。

### 5.日治時期的臺灣人

「良民」的部分，如：〈最初の文官普通試驗及第者〉、〈最初の文學士で最初の高等官〉、〈高砂族出身の最初の高等官〉、〈最初の判事〉、〈最初の辯護士〉。以職業為別，介紹優秀的「本島人」。

而「匪徒」的部分則有：〈三年小叛五年大叛云々は過去の事實を語るのみ〉、〈唐山出虎臺灣出蕃〉、〈土匪から返された教育者の金齒〉、〈阿部公學校長の夫人が土匪の難を免れた話〉。前二則藉由俗諺，談日治時期的民變與平亂「政績」。

## 二、寫作特色

透過分類約略了解《臺灣今古談》囊括的議題後，筆者認為，本書具有下列四大寫作特色：一、今昔對照；二、廣泛取材、徵引史料或時人的研究調查報告，作為立論或翻案的證據；三、臺灣史地記錄；四、積極突顯臺人的成就，包含各行各業的傑出人物。以上特色，除了反映劉克明關心文化保存與同化議題，亦是臺灣文學史上不容忽視的史料之一。以下，就此四大特色逐一說明。

### 1.今昔對照

《臺灣今古談》既謂之「今古」，顧名思義，旨在呈現臺灣社會環境、政治權力的今昔變遷。有關社會環境的改變，劉克明著墨較多，並以文教事業為主；而政治關係的變革，劉氏則避開「政權轉移」的問題，巧妙的以行政區劃的沿革，陳述臺灣歷史上不同的政治勢力。本論文第三章曾經指出，劉克明期待臺灣能在日本帝國的統治下，保存既有文化傳統、風俗，邁向一個近代化的和諧社會，與「母國人」共沐帝國皇恩，逐漸地擁有相同的權力。因此，劉克明勢必相當關心臺灣在改隸前後各方面的變革。以下，筆者從《臺灣今古談》中特別強調今昔對照的篇章進行分析。

首先，劉克明避開政權轉移而以行政區劃沿革呈現客觀資料，可以地理門第16、17篇為例。第16篇〈五州三廳及び其の他の建治沿革〉條列各地自設立官方機構以來的行政區劃沿革，包括：澎湖、臺南、鳳山、高雄、恆春、嘉義、彰化、雲林、

臺中、鹿港、埔里、新竹、苗栗、臺北、基隆、宜蘭、大溪、臺東、花蓮等地。[5]第17篇〈地名の今昔〉，以表格的方式呈現大正9年（1920）地方官制改正後，五州二廳下轄地名名稱的改變。以上二篇，記錄臺灣各地區特殊地名的由來，也展現臺灣過去曾經歷不同政治權力統轄的事實。[6]

而將今昔政府對臺灣傳統文化的態度相互對照，可以第23篇〈清朝の皇帝が祠廟に賜はつた匾額〉[7]及第24篇〈寺廟に於ける總督長官等の筆蹟〉[8]為例。二篇文章分別介紹了臺灣寺廟中存有之清朝皇帝賜予的匾額，及日治時期總督或行政長官賜予的匾額。筆者試著推測，劉克明特別將此對比，或許為了呈現日本官僚尊重臺灣既有風俗的一面。似乎尊重臺灣人信仰的神，也是一種仁德的表現。然而，隱藏在牌匾之內的，其實更是政治權力的彰顯，也就是統治權力正當性的展現。寺廟，除了是信仰中心，也是臺灣人生活中重要的公共空間，鄰里間的要事、瑣事都可能透過廟宇宣傳或被宣傳。在人來人往的公共空間，懸掛長官署名的匾額，就是在向眾人們昭示政治權力改易的事實。無論是清代或是日治，統治者在寺廟中懸掛匾額的用心皆是如此。

除了匾額之外，第19、20篇今昔八景的比較，也有此雙重意含。意即，劉克明或許只是單純的對照了今昔八景地點的不同，但無論是藝文性質較高的「前清」八景，或是強調實業進步的今日八景，事實上，都是統治者對統治空間建構論述的表現，是充滿政治企圖的。即便書中所描述的今日八景，是當時報紙舉辦活動的票選結果，不過，無論票選公正與否，日本執政者取得新的

5　〈五州三廳及び其の他の建治沿革〉，《臺灣今古談》，頁14-16。
6　〈地名の今昔〉，《臺灣今古談》，頁39-44。
7　〈清朝の皇帝が祠廟に賜はつた匾額〉，《臺灣今古談》，頁53-56。
8　〈寺廟に於ける總督長官等の筆蹟〉，《臺灣今古談》，頁57-59。

空間敘事權力之目的，與昔日選題八景的出發點是相同的。

　　我們可以從劉克明的描述，看到他個人對今、昔八景的看法。地理門第19篇〈昔の臺灣八景〉，介紹臺灣昔日的八景，即「安平晚渡、沙鯤漁火、鹿耳春潮、雞籠積雪、東溟曉日、西嶼落霞、澄臺觀海、斐亭聽濤」。他逐條說明昔日八景的地點，簡述該景點歷史背景，並曾於「雞籠積雪」之條目下，徵引《臺灣府志》的紀錄。[9]緊接著在第20篇〈今の臺灣八景〉[10]介紹「新」臺灣八景。「新」臺灣八景，是昭和2年（1927）《臺灣日日新報》舉辦投票的結果，以讀者所投多數選定前八名，作為臺灣風景名勝的新指標。包括：八仙山（豐原）、鵝鑾鼻（本島最南端）、太魯閣峽（花蓮港廳）、淡水（昔滬尾）、高雄壽山、阿里山、基隆港、日月潭。八仙山種植大片的檜木林，是日治時期臺灣林業重要的經濟來源；鵝鑾鼻雖是清代的建築，明治30年（1897）亦曾重新修築；阿里山的小火車以及檜木伐墾、日月潭的水力發電工程等等，皆為日本統治臺灣的重要政績。如前所述，劉克明曾鼓勵臺人尊奉新曆、斷髮，肯定便利的近代化設施。然而，介紹新八景時，劉克明強調的仍然是大自然的鬼斧神工。如：茂密的松林、檜木林、壯觀的黑潮、險峻的峭壁、奇岩怪石等等。並且，他在日月潭的描述中表示：「將来此の湖水を利用した電力工事が完成した際にはこの風景が多少壞されるかも知れない。（筆者自譯：將來電力工事完成，利用此湖水發電的時候，美景也許會受到影響。）」[11]就此，似乎可以看出一些矛盾，或許是出自個人的情緒，為風光明媚的景致感到惋惜。不

---

[9]　〈昔の臺灣八景〉，《臺灣今古談》，頁44-46。
[10]　〈今の臺灣八景〉，《臺灣今古談》，頁46-49。
[11]　〈今の臺灣八景〉，《臺灣今古談》，頁49。

過，劉克明並未因此而否定日方的政績。在人事門第17篇〈第五代の文官總督〉介紹川村竹治時，同樣提到川村總督支持日月潭電力工事，以及在《臺灣今古談》補充的第一則，描述第六任文官總督石塚英藏向內閣重新提請日月潭電力工事的預算時，仍然對於兩位總督的努力表示贊同。

除了記錄行政區劃沿革、總督府方對臺灣文化的態度，以及透露滄海桑田的感慨以外，《臺灣今古談》也呈現近代化之下臺灣生活條件轉變的情況。例如，地理門第14則〈甚麼命食到竹塹餅，甚麼腳行到倒吊嶺〉。篇名是一則臺灣諺語，內文則在點出近代交通設備的便利性。竹塹餅，號稱全臺灣最好吃的餅，倒吊嶺（三貂嶺）則在偏僻險峻的地方。此諺原指人的命運大不相同，卻也顯示人們在交通不便的年代之生活實況。劉克明認為，昔日人們為前往遙遠偏僻的地方，除了必須跋山涉水，還必須擔心「強盜」、「惡蕃」。以今日便捷發達的交通系統、交通工具比之，搭乘縱貫鐵路方便許多，火車運行只需要一天，又不需擔心自身安危。[12]可見劉克明對於近代化設施的肯定。這可以印證劉克明在明治36年（1903）參加國語學校畢業旅行，參觀大阪博覽會返臺後，《臺灣日日新報》所刊載的見習心得（見第三章第二節之三）。除了讚賞日治時期近代化設施所帶來的便利，劉克明在人事門第三篇〈前清の臺灣名政治家〉一文中，也提及前清政治家劉銘傳近代化政績：行政區劃的改正、軍備的擴張、鐵道的敷設、郵便電信的施設、新航路的開設、樟腦及硫黃的官營、稅率的改正、通貨的改善、保甲制度的施行、西學堂及蕃學堂的設立等等。[13]劉克明在敘述日治時期的總督、民政長官的政績

---

12　〈甚麼命食到竹塹餅，甚麼腳行到倒吊嶺〉，《臺灣今古談》，頁20-21。
13　〈前清の臺灣名政治家〉，《臺灣今古談》，頁98-100。

時，鮮少強調日本引以為傲的近代化設施，前述八景介紹中提及日月潭電力工事算是少數的例子；反而從文教的層次強調總督府的文教措施。而在「前清政治家」的介紹中，卻列舉了劉銘傳的每項近代化政績。這是一個值得注意的對比，筆者將在本章第二節詳加說明。

### 2.廣泛參閱史料或時人的研究調查報告

　　徵引文獻作為立論或翻案的證據，是傳統漢文的書寫慣例，也同樣是近代研究方法重要的一環。筆者何以特別突顯「徵引文獻」是劉克明撰著《臺灣今古談》的特色？原因是，劉克明獨力完成的《臺灣今古談》所徵引的文獻，包括清治時期臺灣方志、昔人詩文作品，亦參考時人的研究，取材範圍相當廣泛。特別是，不論是「內地人」、「本島人」或是「外國人」的研究，劉氏皆參考之。此特色除了反映日治時期臺灣人對知識的渴望，同前所述，也呼應了1920年代總督府對修纂臺灣史的關注所帶動的「本島研究」。

　　首先，徵引文獻的情況在地理門較為普遍，特別是在介紹古、今地名時。於敘述地理沿革時徵引古今文獻，容易使人聯想到清治時期臺灣地方志書也多有抄錄前志的情況。不同於清代方志時原封不動抄錄前志所言，劉克明在本書中以引用、轉述的方式，呈現舊志、文獻中的相關資料。舉例而言，地理門第10篇〈外國人の名附けた地名山名及其の他〉之中，提到「三貂角」。該地名是西班牙人占領臺灣時，將臺灣東北角以西班牙一都府之名而命之。今日用擬音字「三貂角」稱呼。而在文獻中「三貂角」則有著不盡相同的名稱：[14]

---

14　〈外國人の名附けた地名山名及其の他〉，《臺灣今古談》，頁11。

また明末の流寓沈光文の平臺灣序には三朝と書き、黃叔
璥の臺灣（案：應為「海」）使槎錄び臺灣府志には山朝と
書いてある。此等は皆同一なサン・チアゴの近音譯字で
ある。

　　該段文字提到的文獻有沈光文〈平臺灣序〉、黃叔璥《臺海
使槎錄》、高拱乾《臺灣府志》，都是了解臺灣鄭氏、清治時期
的重要文獻，這些文獻同時也記錄著臺灣各地古地名。日治時期
稱之為「三貂角」的地方，〈平臺灣序〉稱為「三朝」；《臺海
使槎錄》、《臺灣府志》稱為「山朝」。這都是「サン・チア
ゴ」（San-Tiago）的音譯。

　　除了上述〈外國人の名附けた地名山名及其の他〉一文，在
第11篇〈諸地名の由來〉介紹赤嵌、嘉義、彰化、竹塹、艋舺、
宜蘭，提及王禮《臺灣縣志》、范咸〈赤瓦歌〉、郁永河《裨
海紀遊》、陳培桂《淡水廳志》、高拱乾《臺灣府志》；第16篇
〈五州三廳及び其の他の建治沿革〉更是將明、清以來臺灣各地
方行政區劃到日治時期的沿革逐條記錄，澎湖更上溯至元代設巡
檢司一事。[15]可見《臺灣今古談》之「古」皆有憑有據，乃透過
史料閱讀、考證而得。

　　接著，在時人研究方面，分別就「本島人」、「內地人」及
「外國人」各舉其例。劉克明在《臺灣今古談》引用臺人研究
的狀況並不多，不過，在人事門曾兩度提及連橫（1878～1936，

[15] 包括澎湖、臺南、臺灣（安平）、鳳山、高雄（打狗）、恆春、諸羅（嘉義）、
　　彰化、雲林（斗六）、臺灣（臺中）、鹿港、埔里社、新竹（淡水）、苗栗、臺
　　北、基隆、宜蘭（噶瑪蘭）、南雅（大溪）、臺東、花蓮港等。〈五州三廳及び
　　其の他の建治沿革〉，《臺灣今古談》，頁14-16。

字雅堂）。一次是介紹連橫與《臺灣通史》；一次則是在第85篇〈犬と豚の呼び聲〉，[16]參考連雅堂《臺灣詩薈》對狗稱為「覺羅」和豬稱為「胡亞」的解釋。有關於〈犬と豚の呼び聲〉的故事是：鄭氏時代想跟隨鄭氏家族反清復明的人，將對清帝愛新覺羅氏的憤恨轉嫁到狗與豬的身上，對狗以「覺羅」稱之，對豬則以愛新覺羅東胡族的血統稱之。[17]至於引用「內地人」研究的部分較多，如地理門第2篇〈「タイワン」と云ふ詞は生蕃社の名であったと云ふ〉提到「大歷史家臺北帝國大學總長幣原博士的研究」指出「臺灣」一詞是荷蘭人在三百餘年前從安平登陸時，將所聽聞的蕃社名稱命之為整個島的名字。[18]除了引用幣原坦的研究，地理門第8篇〈禹貢に書かれてある島夷は臺灣の生蕃の祖先であるか〉也提到「目前從事臺灣史料編纂的尾崎古村翁」，即前述臺灣史料編輯委員會會員之一的尾崎秀真。既往研究指出《禹貢》提及「島夷」所指涉的「島」，應該是日本。但尾崎秀真認為「島」指的是「臺灣」，因此認為所謂「島夷」是指臺灣「生蕃的祖先」。劉克明則認為兩種說法各自有其道理，遂並列之。[19]在「外國人」的部分，劉克明曾引述在東京帝國大學任教的史學及教育學專家ルードウヰヒ・リース（Ludwig

---

16　〈犬と豚の呼び聲〉，《臺灣今古談》，頁185。

17　連橫在《雅言》中亦提到這段故事：「臺灣有特別之語而與諸夏不同者，臺人謂畜生曰『清生』、犬曰『覺羅』、豕曰『胡亞』。覺羅氏以東胡之族，入主中國，建號曰清；我延平郡王起而逐之，視如犬豕。而我先民之奔走疏附者，漸忠屬義，共麾天戈，以挽落日；事雖未成，而民族精神永留天壤，亦可為子孫之策勵也。」參見氏著《雅言》（《臺灣文獻叢刊》第166種；臺北：臺灣銀行經濟研究室，1963），頁11-12。

18　〈「タイワン」と云ふ詞は生蕃社の名であったと云ふ〉，《臺灣今古談》，頁1-2。

19　〈禹貢に書かれてある島夷は臺灣の生蕃の祖先であるか〉，《臺灣今古談》，頁8。

Riess，1861～1928）的研究，來印證昔稱大琉球指沖繩、小琉球指臺灣的可能性。[20]

因此《臺灣今古談》的「今古」，除了可以解釋為今昔對照，或許亦可以解釋為容納了古人與今人的說法。兼容古今的敘述手法，除了展現作者豐富的學養，也顯示劉克明對臺灣歷史考證謹慎的態度。

### 3.臺灣史地紀錄

《臺灣今古談》緒言指出，本書編輯的首要目的在介紹過去的史蹟，提供未來調查研究。所謂提供調查研究，很明顯是受到1920年代以來臺灣總督府史料編纂委員會成立以來，帶動臺灣研究的風氣之影響。《臺灣今古談》中廣泛記錄各式各樣的在地特色，包括：地理門中有臺灣風俗及特產，並介紹臺灣本島應該被妥善保存的歷史遺跡；人事門則有數篇臺灣改隸前文教施設的篇章，呈現臺灣既有的文化傳統。筆者認為，劉克明之所以記錄臺灣史蹟、彰顯臺灣風俗，可能與日治時期不甚重視「本島史地教育」有關。試述如下：

首先，列舉《臺灣今古談》中對地方特色的紀錄。地理門第36篇，劉克明介紹了臺灣各地的名產。[21]包括：宜蘭鴨賞、膽肝；文山郡大坪林李；淡水（臺北）石角芋；三角湧米粉；三角湧染；檜溪（桃園郡）蕃薯；竹塹餅；竹塹粉；新竹蓪草（案：造紙材料，日治時期重要產業）；新埔柑；中港枇杷；鹿港香；麻豆文旦；府瓜（漬瓜）；府檨、新店鮎、基隆赤鯛、新竹土托、新竹本鯛、白沙墩西瓜、苗栗柿、大甲筵、大甲帽、葫蘆墩

---

20 〈大琉球と小琉球〉，《臺灣今古談》，頁7-8。
21 〈臺灣各地の名產〉，《臺灣今古談》，頁79-83。

（豐原）米、竹山干筍、南投芭蕉、臺南近港土托、嘉義及斗六的龍眼肉、東港カラスミ（案：烏魚子）、鳳山鳳梨、屏東木瓜等等。在本篇，劉克明也記錄一首臺灣民間歌謠，名曰〈妊婦之歌〉：[22]

> 七月算來人普度，娘仔病子愛要吐。君今問娘要食麼，要食淡水石角芋。

　　歌謠描述一位懷孕婦女，在悶熱的七月天害喜。她的夫君問她想吃些什麼，她回答只想吃淡水的石角芋。石角芋是昔日士林名產，因生於石頭堆積之地而得名；而石角芋之所以有名，得自山泉種植的自然甘甜。除了記錄歌謠展現石角芋的特殊，劉克明更逐字註上臺灣語讀音以便讀者朗誦。

　　除了介紹各地的物產，在第37篇，劉克明也介紹從外國傳來的臺灣的食物。[23]包括吾人熟悉的和蘭豆（或稱荷蘭豆，即豌豆）、高麗菜、蒝荽、迦藍（隔藍菜）、山東白菜、菜頭、盤菜（蕪青）、茄、莿瓜（胡瓜）、西瓜、蕃薯、椪柑、蓮霧、釋迦果、波羅蜜、相思樹、雞、鴨、鵝、水牛、豚等等。此外，第38篇，記錄與鄭成功有關之海產的名稱：國姓魚（臺南麻虱目）、國姓魚（鮎）、皇帝魚（麻虱目）、都督魚（土托）、國姓蟯（蛤）等等。[24]豐富的物產，是臺灣一大特色。重要的是，這些物產皆是地方上重要的經濟來源。劉克明相當重視這樣的臺灣特色，遂記於《臺灣今古談》中。

---

[22]　〈妊婦之歌〉，《臺灣今古談》，頁80。
[23]　〈他所から傳來の蔬菜、果樹及其他〉，《臺灣今古談》，頁83-89。
[24]　〈鄭氏に關聯のある海產物〉，《臺灣今古談》，頁90-91。

物產之外，地理門第25篇〈保存すべき石坊〉[25]記錄臺灣應該保存的歷史遺跡。劉克明認為石坊顯揚著臺灣自從有文教以來的善良風俗，因此，應當妥善維護、修整，使其留芳百世，裨益世道人心。在〈保存すべき石坊〉記錄的石坊包括：洪騰雲氏坊（臺北新公園）、黃氏節孝坊（臺北新公園）、鄭徐二氏節烈坊（臺北大龍峒）、節婦周氏坊（臺北北投庄）、林維源氏母鍾氏頌德坊（新莊郡）、孝子李錫金氏坊（新竹市北門外湳雅庄）、鄭用錦氏妻張氏節孝坊（新竹市北門外湳雅庄）、林熾氏妻楊氏節孝坊（新竹市西門）、鄭琳氏妻江氏節烈坊（新竹市水田庄）、余榮長氏未婚妻林氏春娘節婦坊（大甲郡大甲街）、林朝英氏坊（臺南市幸町）、沈耀汶氏妻蕭氏節孝坊（臺南市西門町）、侯氏節孝坊（臺南市）等等，文中錄出石坊的題聯用以說明受表彰人士的善行義舉。比較可惜的是，劉克明並沒有表達對這些義行的看法，僅只於史料的呈現。

再說到改隸前的歷史紀錄，包括鄭、清時期的奇聞軼事及文教發展等。有關於鄭氏家族的記錄有地理門第26篇〈二鄭公子之墓とは何人の墓であるか〉、[26]第29篇〈小劍潭井は何處へ行ったか〉，[27]前者考究當時臺南州存有的「皇明聖之省之二鄭公子之墓」，劉氏推測省之是鄭成功第十子「鄭發」的字，文後附鄭成功以下的鄭氏家族家譜；後者介紹鄭成功與小劍潭的軼事：過去，在大稻埕舊媽祖宮後有一井，是鄭成功駐軍在此時為了取得良好的泉水，斫地拔劍而得。此井在當時已不存，但圍井的石垣存放在當時太平町的發記茶行庭院中，上有藍鼎元、施世驃以及

---

25　〈保存すべき石坊〉，《臺灣今古談》，頁59-64。
26　〈二鄭公子之墓とは何人の墓であるか〉，《臺灣今古談》，頁64-66。
27　〈小劍潭井は何處へ行ったか〉，《臺灣今古談》，頁69-71。

署名銕林的題字。除了鄭氏家族的紀錄，做為一位教師、文人，劉克明也如實呈現「本島文學初祖」、「本島文教的恩人」對臺灣的貢獻。人事門第6篇〈本島文學の祖〉記「海東文獻初祖」沈光文，[28]第7篇〈本島文教の恩人〉記鄭氏時期「諮議參軍」陳永華。[29]此外，地理門第27篇〈明の遺老盧尚書の墓〉記「有明自許先生」盧若騰。[30]在沈光文和盧若騰的介紹中，劉克明都錄有兩人的詩文作品。有關清治時期，劉克明在人事門書有〈前清の臺灣名政治家〉記前清時期近代化推手劉銘傳；[31]〈本島から出た前清の武將〉記協助平定林爽文事件、擊潰蔡牽、朱濆等海賊的浙江提督工得祿，以及協助平定戴潮春之亂、太平天國的福建陸路提督林文察；[32]〈瀛壖百詠を作った張御史〉記乾隆年間巡臺的張湄及其《瀛壖百詠》。[33]

　　若從日治時期「本島史地教育」的角度來看，身為教師的劉克明或許希望藉由此書，使臺灣學生有機會認識臺灣的過去。因為，日治時期接受日本帝國近代教育的臺灣學童，並沒有太多接觸臺灣歷史、地理的課程。在大正8年（1919）臺灣教育令頒布以前，總督府公布的各級學校規則中，僅有短暫存在的舊制師範學校規則（1899-1902）提到「本島地理」、「本島歷史」的授課需求，其他各級學校學習史地的狀況不一。國語學校語學部國語科（1896-1902）沒有史地課程，改稱為國語部（1902-1919）

---

[28]　〈本島文學の祖〉，《臺灣今古談》，頁103-104。

[29]　〈本島文教の恩人〉，《臺灣今古談》，頁104-105。

[30]　〈明の遺老盧尚書の墓〉，《臺灣今古談》，頁67-68。

[31]　〈前清の臺灣名政治家〉，《臺灣今古談》，頁98-100。

[32]　〈本島から出た前清の武將〉，《臺灣今古談》，頁100-101。

[33]　〈瀛壖百詠を作った張御史〉，《臺灣今古談》，頁105-106。有件趣聞值得在此一提，劉克明手上的《瀛壖百詠》，原是當時上海中國銀行副總裁張公權（家璈）之弟張嘉樺珍藏，張氏割愛贈之，足見劉氏對史料蒐羅的熱心。

之後史地課程學習內容為本國地誌、本國歷史。實業部及當時的公學校都沒有史地課程。[34]整體而言，臺灣教育令公布前歷史、地理的教授要旨內容多以「我國」或「帝國」史地稱之，內容更與臺灣史地毫無關聯。大正8年（1919）臺灣教育令頒布後，初等教育才先後增設史地課程，此亦為文官總督上任後的文治政策之一：大正10年（1921）據教育令修正的公學校規則（府令第75號）才有地理科目。[35]大正11年（1922）第二次臺灣教育令公布，翌年3月31日公布臺灣公立學校官制（敕令158號）才加入歷史科，也修正地理科的授課要旨，強調透過史地課程涵養「國民精神」的重要性。根據蔡蕙光針對歷史科教學的研究指出，臺灣公學校歷史教科書有兩項特點，第一、公學校的歷史教育是「國體」原則下的產物，歷史教科書以日本歷史上之人物與事蹟來說明「國體」的意涵；第二、公學校歷史教科書中相當少量的臺灣史是公學校歷史教科書不同於日本本土歷史教科書的最大特色。意即在日本史的框架下，臺灣史若要在公學校歷史教科書中佔得一席之地，唯一的可能性是「合理化」日本統治臺灣的歷史，此時的臺灣歷史是臺灣成為日本殖民地的「合理發展史」。[36]由此推知，以涵養「國民精神」為目的的臺灣歷史、地理課程，恐怕很難忠實呈現臺灣昔日的故事。

　　曾經委託「新高堂書店」出版數種語言教材的劉克明，此書亦是委託日治時期教材出版大宗新高堂書店出書。劉克明雖未強調本書的教育目的，但以他教師的身分及費心載錄臺灣史蹟、文

---

[34] 臺灣教育會編，許錫慶譯註，《臺灣教育沿革誌》（中譯本），（南投：臺灣文獻館，2010），頁98-106、249-254、266-283。

[35] 臺灣教育會編，許錫慶譯註，《臺灣教育沿革誌》，頁153。

[36] 蔡蕙光，〈日治時期臺灣公學校的歷史教育——歷史教科書之分析〉（臺北：國立臺灣大學歷史學研究所碩士論文，2000年）。

化，想必亦期待將此書推而廣之，使臺灣人也有接觸臺灣歷史、
地理的機會。

### 4.突顯臺人的成就

　　除了比較今、昔文治策略、記錄保存臺灣文史，身為殖民地
「本島籍」高等文官的劉克明，更在《臺灣今古談》中積極突顯
臺灣人在日本統治35年後的轉變。特別是臺灣人能力上的轉變。

　　為什麼要突顯臺灣人能力上的轉變？在臺灣人的同化之路
上，官方不斷強調「本島人」必須涵養「國民性」，才可以被看
作是真正的帝國臣民；而官方的同化論述對於臺灣人而言可謂漫
漫長路：無論是大正8年（1919）首次公布的臺灣教育令，或是
大正11年（1922）以內臺共學為旨所發布的臺灣教育令，官方總
是以臺人在語言修習能力上的問題作為理由，區別內臺學生學習
的資格。根據《臺灣教育沿革誌》記載：第一次教育令公布時採
取與日本內地不同的系統，理由是：「本島新附之民沐浴皇化之
時日尚淺，故而在國語修習上存在著一大難關。」[37]因此該次教
育令總則第三條特別指出「教育應期適合時勢及教化程度」。[38]
劉克明曾在〈祝臺灣教育令公布〉發表他對這份教育令的看法：
「將來時勢更加進步、民度更加發達、高等學校或大學之設。拭
目可待無疑矣。」[39]也就是說，在大正8年（1919）劉克明對於
臺灣教育未來的發展，還是抱持著樂觀的看法。然而，第二次公
布的臺灣教育令，還是因語言及素質因素而區別了內臺人在初等
教育上學習資格的差異。《臺灣教育沿革誌》記載初等教育未能

---

[37] 臺灣教育會編，許錫慶譯註，《臺灣教育沿革誌》，頁148。
[38] 臺灣教育會編，許錫慶譯註，《臺灣教育沿革誌》，頁40。
[39] 〈祝臺灣教育令公布〉，《臺灣教育》漢文報第201號，1919年2月1日，頁1。

採用共學主義的原由有四：其一，因家庭及生活風俗互異，為性格陶冶教育上的需求必須區別；其二，因「國語」能力的差異；其三，公學校教師「國語」能力不足，無法執行內地人兒童教育；其四，因素質有異，小學校與公學校不令其統一名稱。[40]

　　身為臺灣籍教師的劉克明，鮮少批評總督府方各階段的教育政策。但本論文曾分析，劉克明自有一套「本島人」的同化之道。他強調臺人透過語言學習與「國民性」的涵養，可以逐漸同化於日本帝國中。這套看似與官方同化論述口徑一致的同化之道，實際上卻有著「不純粹」的同化概念。受過傳統漢學教育的他，將漢文經典、臺灣俚言與修身科教授內容結合，藉此說明「本島」與「內地」的文化涵養可溯至同一源頭。也因此，「本島人」涵養「國民性」的能力，並不比「母國人」差。臺灣人在同化之路上最為不足的，就是「國語」能力。因此劉克明撰作語言教材，希望臺灣人能跨越語言隔閡，與日人並駕齊驅。用是，《臺灣今古談》中一面呼告臺灣人盡早同化，一面向呈現臺灣人「成為日本人」的進度。也就是說，他積極突顯臺人成就，除了作為臺灣人學習的模範，另一方面也向日本人宣告臺灣原有優秀的人民，在日本統治後，努力學習「國語」，相當快速地有了優良的表現，成為臺灣社會中堅、帝國中的人才，亦是天皇優秀的臣民。以下，筆者將《臺灣今古談》中有關日治時期傑出臺灣人的篇章整理於「表4.1」：

---

[40] 臺灣教育會編，許錫慶譯註，《臺灣教育沿革誌》，頁47。

表4.1 《臺灣今古談》中有關日治時期傑出臺灣人的篇章

| 綱目 | 篇名 | 傑出臺灣人 |
|---|---|---|
| | 人事門 | |
| 22 | 南洋での成功者 | 郭春秧 |
| 27 | 最初の文官普通試驗及第者 | 賴雨若 |
| 28 | 最初の高文及第者で最初の州勸業課長 | 嘉義郡下柳營名望家劉神嶽之子劉明朝 |
| 29 | 文官高等試驗合格の諸氏 | 除了劉明朝以外通過文官高等試驗者：劉茂雲、呂阿墉、朱昭陽、周耀星、王清佐、陳茂源、蔡先於、林德欽、杜春新、黃炎生、施炳訓、白福順、饒維岳、黃演渥、張風謨、吳文中 |
| 30 | 最初の文學士で最初の高等官 | 林茂生 |
| 31 | 高砂族出身の最初の高等官 | 卑南社出身的醫生「南志信」原名シシン（shi-shi-n）。 |
| 32 | 最初の郡守 | 李讚生 |
| 33 | 最初の判事 | 蔡伯汾 |
| 34 | 最初の辯護士 | 葉清耀 |
| 35 | 八辯護士 | 賴雨若、蔡式穀、蔡伯汾、穎川增幅（原姓陳）、鄭松筠、周淵源、蔡先於、施炳訓 |
| 36 | 最初の辯理士 | 李瑞漢 |
| 37 | 最初の警部で最初の翻譯官 | 蔡伯毅 |
| 38 | 最初の奏任待遇の街長 | 楊吉臣 |
| 39 | 最初の公學校教諭の蔡氏穀君 | 蔡式穀 |
| 40 | 最初の公學校長 | 陳蔡喜 |
| 41 | 最初の中等教員檢定の及第者 | 臺灣中等教員檢定合格者：王金帶、劉增銓、劉羅漢、溫吉、曾榮壂、許奇芳、林景元。 |
| 42 | 最初の女學校の女教諭 | 顏氏梅（顏國年女兒）、張洪呷 |
| 43 | 最初の中等學校長の周再賜君 | 周再賜 |
| 44 | 最初の高等學校教員及第者 | 李永清 |
| 45 | 最初の博士 | 杜聰明 |
| 46 | 九醫學博士 | 吳場、廖溫仁、洪長庚、王祖檀、廖煥章、陳新彬、劉清井、郭周東、施江南 |
| 47 | 最初の女醫蔡阿信女士 | 蔡阿信 |
| 48 | 最初の音樂家 | 張福興 |

| 綱目 | 篇名 | 傑出臺灣人 |
|---|---|---|
| 人事門 | | |
| 49 | 最初の飛行家 | 謝文達 |
| 51 | 臺灣唯一の彫刻家 | 黃土水 |
| 52 | 臺灣洋畫家の魁 | 主要介紹陳澄波。其他名畫家還有張秋海、楊佐三郎、陳植棋、廖繼春、藍蔭鼎等。 |
| 53 | 外國の畫會へ入選した最初の美術家 | 陳清汾 |
| 54 | 最初の閨秀畫家陳進女士 | 陳進 |
| 56 | 前清の秀才で國語學校の卒業者 | 謝汝銓 |
| 57 | 內地の詩壇迄も擔當して居る魏潤庵君 | 魏清德 |
| 58 | 臺灣通史及臺灣通誌略 | 連雅堂《臺灣通史》以及周維金《臺灣通誌略》。 |
| 59 | 新進の書家 | 洪以南、杜逢時、鄭鴻猷、林知義、曹秋圃 |
| 60 | 造林の成功者 | 賴雲祥 |
| 61 | 珍らしい馬上の女傑 | 陳莊氏阿隨 |
| 62 | 醫者の本職を忘れられた蔣渭水氏 | 蔣渭水 |
| 66 | 內地で新聞記者をして居る本島人 | 吳三連 |
| 67 | 內地の學校や實業界に就職して居る本島人 | 岩手縣女子師範教諭王白淵、廣島縣府中學教諭李澤洤、沖繩縣立第三中學校陳承潘、東京三菱黃及時、安田銀行王金海、大阪商船廖能。 |
| | 補充 | 之二人事門高文及第者又添一人，第十九人為歐清石，總督府國語學校師範部畢業、內地留學。 |

　　若欲了解日本治臺之際臺灣各界有力人士，今有數本人物評傳可參考。包括鷹取田一郎《臺灣列紳傳》（1916）、橋本白水《評論臺灣之官民》（1924）、橋本白水《臺灣の事業界と人物》（1928）、田中一二《臺灣の新人舊人》（1928）、橋本白水《臺灣統治と其功勞者》（1930）、林進發《臺灣經濟界の動きと人物》（1933）、林進發《臺灣官紳年鑑》（1932、1933、

1934）、住屋圖南《臺灣人士之評判記》（1934）、林進發《臺灣人物評》（1929）、大園市藏《臺灣人事態勢と事業界》（1942）、大園市藏《臺灣人事異動輯覽》（1943），以及臺灣新民報社出版的《臺灣人士鑑》（1934、1937、1943）。[41]上述書籍中，多介紹政界或實業界有力人士為主，只有少數站在臺灣文教、文化、社會運動的觀點介紹對臺有功者。

而在《臺灣今古談》中有關臺灣傑出人士的介紹則不以實業家為主。對於日治時期實業家的成就，劉克明當然有提到，特別是倘若實業家在文教上有具體貢獻，劉克明定會記載。然而，劉克明更關注的焦點主要是經過寒窗苦讀，通過各種考試，在公家機關擔任要職者，或是藝文成就足與日本藝文界匹敵的人物。就此特點，筆者以《臺灣今古談》與日前臺灣學界較普遍使用的人物評傳進行比較，即臺灣新民報社發行的《臺灣人士鑑》以及林進發《臺灣人物評》、《臺灣官紳年鑑》等。

《臺灣人士鑑》有三種版本，分別是昭和9年（1934，臺灣新民報社出版）、昭和12年（1937，臺灣新民報社出版）以及昭和18年（1943，興南新聞出版）的三種版本。各為「一週年」、「五週年」以及「十週年」紀念版本。根據一週年紀念版本之發刊詞所言，有鑑於從來臺灣的紳士錄，刊行內容多數是以營利為目的之個人事業方面，收錄的範圍有所偏頗、缺乏公正性，「臺灣新民報社」遂以該社的力量探查實情，以全島散佈週密的通信網完成調查。[42]大多數日人撰寫的人物評傳，多強調營利為目地

---

[41] 鷹取田一郎《臺灣列紳傳》（桃園：華夏書坊復刻，2009年6月）、橋本白水《評論臺灣之官民》以下至大園市藏《臺灣人事異動輯覽》等書，見成文出版社1996年「日治時期臺灣文獻史料輯編」第一輯之復刻本（臺北：成文出版社，1996）、臺灣新民報社調查部《臺灣人士鑑》（東京：湘南堂書店，1986）。

[42] 〈發刊之辭〉，臺灣新民報社，《臺灣人士鑑》，無頁碼。

之個人成就，而《臺灣人士鑑》收錄範圍包括地方有威信的紳
士、社會運動家、藝術家、善行義舉等等。其後五週年、十週年
的版本，則依照這樣的收錄方式持續調查，人物的列舉各冊則不
重複。就收錄的範圍而言，《臺灣今古談》中記錄人物的標準，
在「不僅僅記錄商工名人」這個原則上與《臺灣人士鑑》是相
同的。

　　除了《臺灣人士鑑》，欲了解日治時期臺灣聞人，林進發的
《臺灣人物評》[43]以及《臺灣官紳年鑑》[44]亦是當今研究者頻繁
使用的材料。《臺灣人物評》昭和4年（1929）由臺北赤陽社發
行，《臺灣官紳年鑑》由臺北民眾公論社於昭和7年（1932）發
行，由於昭和7年甫出版時博得相當好評，同年再版一次，其後
昭和8、9年（1933、1934）各再版一次，共改版四次。目前普遍
流通昭和9年的版本，是成文出版社於1999年的景印版。與《臺
灣人士鑑》相同，《臺灣人物評》、《臺灣官紳年鑑》都是專為
人物立傳，為稱揚改隸以來臺灣各界傑出人士而作，不僅介紹實
業家、總督府官員或街庄官吏，也包括藝術家、社會事業家、
社會運動家等等。成書較晚、並經過四次改版的《臺灣官紳年
鑑》，對人物的介紹較《臺灣人物評》詳細，除了記錄職銜、姓
名、地址以及傑出事蹟之外，另附上小照。《臺灣人物評》則較
為簡略。

　　同樣憑一己之力蒐羅的資料，劉克明介紹人物時，明顯特別
強調此人的學經歷。介紹的形式大多為從該人物出生地、學經
歷、就職經驗以及現職娓娓道來。而《臺灣人物評》、《臺灣官

---

[43] 林進發，《臺灣人物評》（臺北：赤陽社，1929年；臺北：成文出版社景印，
1999年）。

[44] 林進發，《臺灣官紳年鑑》（臺北：民眾公論社，1934；臺北：成文出版社景
印，1999年）。

紳年鑑》偶有記錄人物學經歷的情況，不過介紹的形式大多從人物當時的成就說起，進一步回溯此人的事蹟及學歷。劉克明在《臺灣今古談》特別強調人物的學經歷，想必與其教師的身分以及他對臺灣人同化議題的重視有必然的關係。

綜觀劉克明所列舉的人物，文中網羅的人才囊括各行各業，包括法官、律師、文學博士、翻譯官、公學校長、女教諭、女醫師、音樂家、雕刻家、洋畫家、閨秀畫家、詩人、史學家、書家、醫生、慈善家……。臺灣人能有這樣的成就，對於同化議題相當關注的劉克明，也感到與有榮焉。劉氏在〈內地の學校や實業界に就職して居る本島人〉一文中寫道：「斯の如く本島人の有為の士が漸次內地の重要な所々に使はれて居ることは誠に喜ばしいことである。（筆者白譯：對於本島有為人士漸次在內地重要單位任職這件事，我感到相當開心。）」[45]劉克明從為師的角度，樂見有為的臺灣人在日本內地各重要機關任職，這代表臺灣人的能力逐漸獲得肯定。從「積極突顯臺人成就」的特色來看，劉氏期許臺灣人持續精進，俾能成為優秀日本帝國臣民的心願可見一斑。


## 第二節　談臺灣古今‧話本島故事

根據本章第一節分析，《臺灣今古談》具有四個書寫特色：今昔對照、徵引史料或時人的研究調查報告、臺灣史地紀錄、積極突顯臺人成就。上述特色，反映劉克明相當重視臺灣固有文化的保存與同化的議題。本論文第三章曾論述劉克明對國家、民族

---

[45] 〈內地の學校や實業界に就職して居る本島人〉，《臺灣今古談》，頁164。

以及同化政策的態度：他認同日本帝國，認為臺灣人是日本帝國諸「種族」中後到的一族；「同文」成為「本島」與「母國」親近的橋樑，而臺灣人亦可透過「國語」的學習、「國民性」的涵養，成為日本帝國臣民。而在本章，筆者思考的是，認同日本帝國的劉克明，撰作《臺灣今古談》這樣一本臺灣史地雜著過程中，究竟站在什麼立場看待臺灣的過去、現在與未來？可以確信的是，劉克明不可能跟日本人一樣，用異國情調的視角看待臺灣固有的歷史、文化。這個島對他而言並不是一個陌生的新領地，而是具體存在的原鄉。就算他的論述再怎麼接近日本人的看法，也不可能翻轉自身的位置，完全站在日本人的立場看臺灣。有趣的地方在於，這位認同日本又具有漢學背景的臺灣籍教師，於自己撰寫的書中並未將臺灣的過去，牽強附會於日本歷史；卻也不在歷史敘述中談到「支那」的元素。那麼，他據以聯繫臺灣過去、現在與未來的記憶之鑰，究竟是什麼？面對過去，即使劉克明認為臺灣與日本有著「同文」的傳統，但兩地歷史發展並不相同，《臺灣今古談》以什麼立場書寫「本島」與「母國」不同的歷史記憶？面對現在，劉克明在《臺灣教育》曾發表文章，利用「同文」傳統，將修身科與漢文經典連結；那麼，《臺灣今古談》中又如何呈現「同文」傳統於現在的延續？除了「同文」傳統的延續，改隸之後需要學習「國語」、涵養「母國」文化的「本島人」，在改隸35年後（1930）有了什麼樣的成就？臺灣人是否有一個值得期待的未來？

## 一、過去：有別於母國的歷史記憶

有關於1895年以前的故事，《臺灣今古談》中論及臺灣名稱

的由來、臺灣島上原住民的祖先、臺灣歷經不同政治權力統轄以及臺灣文教、文學之祖等等議題。以下試述劉克明如何記錄臺灣有別於日本的歷史發展。

　　首先，劉克明記述「本島」被稱為「臺灣」的理由。在地理門第1到7篇，劉氏從文獻及時人研究，考究「臺灣」名稱的由來，並思考臺灣與琉球、大琉球、小琉球等等稱號之間的關聯。方志有謂：「荷蘭設市於此，築磚城，制若崇臺；海濱沙環水曲曰灣，又泊舟處概謂之灣：此臺灣所由名也。」[46]指荷蘭在此築磚城、制若崇「臺」，海濱沙環水曲稱為「灣」，又泊舟處也稱之為「灣」，所以叫臺灣。劉克明指出，這段文字是望文生義，並認為臺北帝國大學總長幣原坦的說法才是有說服力的。幣原坦的看法是三百年前荷蘭人在今天的安平登陸時，登陸地點的番社名稱為「タイウオアン」（Ta-i-u-o-a-n），後來臺灣才被作為全島的名稱。那麼，在稱之為「臺灣」以前，「本島」叫做什麼呢？於是有了「琉球」之稱與「本島」關係之辨。劉克明用了四章的篇幅說明文獻中哪些「琉球」指的是臺灣，並指出今天稱之為琉球的沖繩地區，古時候稱之為「阿兒奈波」。除此之外，劉克明亦徵引文獻，指出既然臺灣曾經被稱作「琉球」，但明朝以後稱沖繩為大琉球，臺灣因此又有小琉球的稱號。

　　西方大航海時代來到「遠東」的西洋人，除了使「本島」有了「臺灣」的稱號，他們還做了什麼？劉克明提到外國人對於某些特殊地點的命名，例如，英國人稱新高山（玉山）為モリソン

---

46　本段文字可見於〔清〕王必昌，《重修臺灣縣志》（《臺灣文獻叢刊》第113種，臺北：臺灣銀行經濟研究室，1961年），頁531、〔清〕謝金鑾、鄭兼才，《續修臺灣縣志》（《臺灣文獻叢刊》第140種，臺北：臺灣銀行經濟研究室，1962年），頁332。不過，〔清〕王禮主修、陳文達編纂的《臺灣縣志》（《臺灣文獻叢刊》第103種，臺北：臺灣銀行經濟研究室，1961年）則無此段描述。

山（Morison）、歐美人稱龜山島為ステープ（Steep）又稱日月潭為ドラゴン（Dragon）等，而三貂角（San-Tiago）則是西班牙人命名後，今日仍沿用此稱呼的地名。此外，臺灣目前有些物產，也是外國人帶進來的，比方說豌豆又叫做「和蘭豆」，茄子、胡瓜是從印度來的等等，前面已提及，在此不贅述。

由於不是編年式的敘述歷史，他巧妙地避開了臺灣島上存在著數次不同統治政權的問題。劉克明並未強調鄭成功驅逐荷蘭人一事，或是清朝領有臺灣、日本統治臺灣等關鍵時刻。改隸以前的歷史，重要的不是政治勢力的改易，而是島民開始拓墾的時間，以及前人開拓的辛勞。[47]昔日「我等先民」除了要面對蠻荒、瘴癘的自然環境，還必須時時提防兇猛的「生蕃」，遂有許多先民因而犧牲。先民們篳路藍縷，開拓出一條生路，造就一府二鹿三艋舺的榮景。劉克明是以介紹這個家園的姿態，細細數來艋舺、鹿港的興衰史。開疆拓土的歷史，也是臺灣人在這裡構築家園的記憶。

既然不從政權轉移的角度探討，他如何敘述「鄭成功」這位被日本人塑造為「充滿大和精神」的符碼呢？事實上，劉克明不談鄭成功血統的問題，反而針對鄭成功母親姓氏稱呼上的歧異進行考證。在人事門第1篇，劉克明追究為什麼日人稱鄭母為田川氏，而臺人稱鄭母為翁氏？他引用蔡國琳的說法，指出在飛鸞臺（在今日本九州平戶市）有一戶從支那泉州來的移民，主人打鐵為生，姓翁。一位姓田川的日本女人，帶著女兒嫁給翁氏。而鄭芝龍後來娶田川之女，女子生下鄭成功。劉克明認為，鄭母之所

---

[47] 所謂「開拓」、「開墾」的說法，都是以漢人的角度看待「蠻荒」、「非文明」的原始社會。這種不尊重原住民族文化及土地利用智慧的說法，是來臺拓殖的漢人共同的弊病。筆者以為，以「拓殖」或「拓墾」稱之較為適切，但若在引述昔人說法的情況下，將暫時沿用前人語彙。

以稱為翁氏，是因為漢人會用當前的戶籍關係，給該戶人家每一位成員命名，遂以父親的姓氏，也就是田川氏母親嫁入的翁姓稱之。劉克明陳述的是歷史事實，他並未在該文中強調血統的問題。除此之外，《臺灣今古談》中的鄭成功更沒有民間故事流傳的英雄事蹟，只有與鄭成功有關的軼事、史蹟。

對於劉克明而言，鄭氏治臺時期或許還有比鄭成功更值得崇敬的人物，就是在臺設立文教組織的陳永華。劉克明說：「領臺後本島の文教を始めた恩人は云ふ迄もなく伊澤修二先生と遭難六氏先生とであるが、その以前に於いては何といつても陳永華氏を推さねばならない。（筆者自譯：領臺後開始在本島施行文教的恩人當屬伊澤修二與六氏先生，而在此之前，則當推陳永華不可。）」[48]陳永華曾向鄭成功提出治臺政策與復明戰略，得到鄭成功的賞識，稱陳永華為「今日之臥龍」。此後鄭成功授與陳永華諮議參軍的職位，協助鄭成功攻克臺灣。在鄭成功逝世後，陳永華輔佐鄭經，臺灣文教就此奠基。陳永華在臺灣建了第一座孔廟，也就是被稱為全臺首學的臺南孔廟。此外更在各地設學堂，並建立科舉制度。從這裡可以看出，劉克明對於陳永華的崇敬，奠基於陳永華在臺灣文教上的功勞。這正是劉克明丈量臺灣歷史價值的標尺：文教傳統。自古以來，漢人雖陸陸續續在臺拓墾，但若非陳永華，臺灣文明開化之日不知要等到何時。因此，人事門第7篇稱陳永華為「本島文教的恩人」。

「本島文教恩人」當推陳永華，那麼，是誰在臺灣播下文學的種子？《臺灣今古談》中的「本島文學初祖」不是別人，正是「海東文獻初祖」沈光文。劉克明在〈本島文學の祖〉[49]一文

---

中，開宗明義指出諸羅縣令季麒光在〈題沈光文雜記詩〉中稱「從來臺灣無人也，斯庵來而始有人矣。臺灣無文也，斯庵來而始有文焉。」季麒光所謂有「人」、有「文」是站在文明開化的立場，也就是說，像沈光文這樣有學識的人來臺灣之後，臺灣才算是開始有「人」；而沈光文豐富的文學涵養，也在臺灣種下了文學的種子。劉克明在「本島文學之祖」一文中，除了贊同季麒光的說法，更強調沈光文與流寓（域）諸賢共同集結組成東吟詩社，編成《福臺新詠》一事。文後並錄有沈光文作品數篇：〈番婦詩〉、〈感懷〉三首等。劉克明的重點，仍然關注著臺灣文化的脈動。

過了鄭氏時代，他又如何看清國統治下的臺灣？除了技巧性的避開政權轉移的問題，轉而陳述行政區劃的改變、追念開拓者的功勞，劉克明的重點還是在「文教」。除了要府方重視清代用來表彰氣節的石坊之維護，[50]劉克明曾在人事門第25篇〈本島最初の進士及び舉人〉中列舉往昔臺灣的進士以及舉人，該文被放在第23篇〈褒章を賜はつた國家の功勞者〉及24篇〈天杯を賜はつた國家の功勞者〉之後，以及26篇〈向學心の今昔〉之前。前兩篇介紹的是日本人對國家有功者的褒獎方式，後一篇則是日治時期臺灣初等教育推廣時的今昔對比。也就是說，對比於23、24篇，進士、舉人是清治時期國家選用人才的方式；對比於26篇，劉克明呈現的是過去臺灣人求學的歷程與今日的不同。劉克明雖然批評科舉取士制度進行考生「身家清白」調查時，有所謂職業貴賤的區別，[51]甚至在人事門第82篇〈人才を縮めた八股文〉，稱只重形式的八股文所造成的思想束縛，是「支那」之所以積弱

---

[50] 〈保存すべき石坊〉，《臺灣今古談》，頁59。

[51] 〈前清の階級制度の打破〉，《臺灣今古談》，頁180-181。

不振的最大弊端。但這些經過科舉洗鍊的文士，也是臺灣經歷文治的重要指標。

　　昭和5年《臺灣今古談》出版後，劉克明一直有續編的打算，卻因外務繁忙未果。不過，他曾於昭和10年（1935）在《臺灣時報》上發表三篇以「臺灣今古談」為名的文章。其中，昭和10年（1935）1月號發表的〈領臺前臺灣人の日本國に對する知識〉[52]就相當值得吾人注意。該文分為三個部分，第一、他先說明1895以前臺灣人對於日本的認識。領臺前臺灣人對日本國的相關知識非常少，大概只有讀書人在《臺灣府誌》、《臺灣外記》中讀到日本國的訊息。牡丹社事件後，漸漸有人知道日本國的存在，但大多數鄉下人或者小孩，對日本多不知曉。而日本領有臺灣之後，臺灣人對於日本也還有不少誤解。例如，認為日本是海賊之國、好戰之國或者曾隸屬於支那等等，甚至也有「當今日本人是徐福的子孫」這樣的說法。也就是秦始皇時代為求仙藥，請徐福帶著童男童女各五百名四處探求，後來千名男女在日本落地生根的故事。接著，該文第二部分，轉錄《臺灣府誌》[53]介紹日本的文章，《臺灣府誌》中稱日本為「倭奴國」；第三部分則是從其他方志條列有關日本的敘述。從這裡可以看出，劉克明並未企圖改寫或詮釋過去臺灣人或臺灣方志中對日本的稱呼，將方志中的「倭奴國」與「倭」相關的記錄謄錄之，甚至包括「倭」

[52] 篁村生，〈臺灣今古談：領臺前臺灣人の日本國に對する知識〉，《臺灣時報》，1935年1月號，頁130-134。
[53] 劉克明轉載的「倭奴國」記錄，可能轉引自以下諸本〔清〕劉良璧，《重修福建臺灣府志》（《臺灣文獻叢刊》第74種，臺北：臺灣銀行經濟研究室，1961年），頁500-501、〔清〕范咸《重修臺灣府志》（《臺灣文獻叢刊》第105種，臺北：臺灣銀行經濟研究室，1961年），頁580-581、〔清〕余文儀，《續修臺灣府志》（《臺灣文獻叢刊》第121種，臺北：臺灣銀行經濟研究室，1962年），頁683-684。

「進犯」臺灣的記錄；但他也不將這段敘述牽強連結臺灣與日本的關聯，僅只將資料呈現在《臺灣時報》的讀者眼前。

從上述事例看到的是，在《臺灣今古談》中，臺灣的過去並不是繫於「支那」的文學、文教史，也不繫於日本帝國歷史敘述。身為「本島人」的劉克明，雖然沒有清楚的界定他所談論的「臺灣」、「本島人」的具體定義，卻可以從他訴說臺灣「過去」的角度，發現這些論述中存在著「本島意識」：以島民的開拓史、「本島文教史」為主軸，不去談與「支那史」的關聯，也不與「大和民族」區別而突顯「漢民族」的論述──劉克明從「本島人」，甚至可說是「本島民族」的視角看臺灣的今昔。

再者，雖然《臺灣今古談》是為了提供日本帝國未來的研究者參考，看似要將臺灣歷史、文化整編至日本帝國文學、文化史的一環，但身為「本島人」，若要站在「內地人」的觀點陳述臺灣，勢必需要一個身分上的、觀點上的翻轉，可是我們從文章的內容探尋蛛絲馬跡，顯然無法從劉克明敘述的「過去」看出臺灣與日本帝國直接的關聯性。他所強調「臺灣」的古今，透顯認同的矛盾，卻也隱隱地浮現出「本島」意識。也就是說，劉克明述說的過去，這一段「內地人」只能視為研究對象的、努力整編到帝國文化史的一部分的，卻是一個「本島人」明確存在的歷史記憶。

## 二、現在：維繫臺灣文治的脈絡

那麼這個「本島」意識，和邁向同化、成為帝國臣民的理念沒有衝突嗎？或許了解《臺灣今古談》如何看待「現在」，就會更明白劉克明如何使「本島」意識「安全」地融合於同化之道中。

《臺灣今古談》人事門，第6篇介紹「本島文學初祖」、第7篇「本島文教恩人」，第8篇介紹作有臺灣時節風景、題詩百首的張湄。其後，自第9篇到18篇，一共十篇，介紹了8位日治時期的總督與民政長官。有趣的是，劉克明強調的都是長官在推行文教上的貢獻，以下試述之。

　　第9、10篇，介紹兒玉源太郎（1852～1906）。第9篇重點在彰顯兒玉源太郎舉辦揚文會、禮遇文士的德政。明治33（1900）3月15日，在臺北淡水館舉行的揚文會，廣邀臺灣進士、舉人、貢生以及廩生等有「支那」學位人士共72名參加。盛宴中，兒玉源太郎向文士諮詢廟宇的表存方法、旌表節孝的具體措施、救濟賑恤之議。劉克明在本段文末特別表示：「本島に於ける文學を發揚し民風を敦厚ならしめる效力は確かにあった。（筆者自譯：於本島文學發揚、民風之敦厚確實大有效益。）」[54]可以看出劉克明對揚文會的肯定。第10篇，則追憶號「藤園將軍」的兒玉源太郎與內臺文士在南菜園唱和一事。南菜園是兒玉源太郎於明治32年（1899）6月在古亭庄建造的一座別墅，雖然說是別墅，實際上卻是相當簡樸的茅屋。宅院落成當時，兒玉總督邀集內臺文士在此唱和。該文後錄有〈己亥六月結廬於南城古亭莊名曰南菜園偶作一絕〉。[55]

　　第11篇寫的是民政長官後藤新平（1857～1929）。[56]面對這位臺灣近代化的推手，劉克明對他的政績不多琢磨，反倒將重點放在他的文學涵養。後藤新平擔任民政長官，入住長官官邸時，官邸正好有兩株鬱鬱蒼蒼的烏松。後藤新平遂將書室命名為烏松

54　〈兒玉總督と揚文會〉，《臺灣今古談》，頁107。
55　〈藤園將軍と南菜園〉，《臺灣今古談》，頁107-108。己亥年，即為1899年。
56　〈棲霞長官と烏松閣〉，《臺灣今古談》，頁108。

閣。劉克明稱後藤新平「英雄胸中閑日月」，讚賞他的雅趣。而後，內臺人士根據後藤新平於鳥松閣所做七絕之韻和以詩作，刊載於報端，後由館森鴻集為《鳥松閣唱和集》。

第12、15篇記內田嘉吉（1866～1933）。[57]12篇提到內田嘉吉擔任民政長官進行全島巡視時，劉克明擔任通譯一事。期間，長官除了招待各地有力人士，也為有力者們說明治臺方針。當時，各地人士就內田嘉吉之作賦詩和之，詩作輯為《南薰集》。第15篇則是記錄內田嘉吉於大正13年（1924）擔任總督時，有新春敕題〈新年言志〉，島內漢詩人亦多唱和之，後編為《新年言志》詩集。除此之外，該年4月25日，在臺北江山樓開設全島詩社聯吟大會，隔日，內田嘉吉招集眾詩人們於東門官邸開茶會。對於劉克明而言，這都是官方尊重臺灣文士的表現。文後錄有內田嘉吉〈鳥松閣小集賦示諸賢〉、〈新年言志〉、〈茶話會席上賦示諸賢〉等詩。

第13篇記臺北縣知事村上義雄（？～？）與他的別墅江瀨軒，[58]當時村上義雄曾選淡北八景：清江明月、屯山晴雪、佛山驟雨、平頂彩霞、稻市疏燈、關渡遠帆、蘆渚浮鴨、竹林啼鶯。各就一題和一首詩，並與日本人一同唱和。除此之外村上知事曾作〈江瀨軒即事〉，內臺人士也就此題此韻唱和，編有《江瀨軒唱和集》。文後有村上義雄〈江瀨軒即事〉二首。

第14篇記首位文官總督田健治郎（1855～1930）。[59]關於田健治郎，劉克明則點到了他任內的政績。當時臺灣施行了民商法與內臺共學制。不過劉克明對於政績還是提得很少，第14篇主

---

57　〈竹窗長官と南薰集〉、〈竹窗總督と新年言志〉，《臺灣今古談》，頁108-109、111。

58　〈淡堂太守と江瀨軒〉，《臺灣今古談》，頁109-110。

59　〈讓山總督と大雅唱和集〉，《臺灣今古談》，頁110-111。

要重點仍在大正10年（1921）10月24日首開全島詩人大會一事。96名詩人於東門官邸受到招待，此次官紳唱和輯為《大雅唱和集》。[60]文後錄有田健治郎〈大正十年秋日開茶話會於官邸招待全臺詩社諸友席上賦示〉一詩。

第16篇，描寫被稱之為「詩總督」的上山滿之進（1869～1938）。[61]該文重點在上山上任5個月後，就邀請了詩匠國分青厓與其詩友仙坡勝島，是臺灣詩社聯吟的一大盛會。文後錄有上山滿之進〈青厓先生來遊乃擇十一月念八邀三臺名流設筵於東門官邸有作棨正〉。第17篇寫第五代文官總督川村竹治，[62]雖然提到了對日月潭電力工事復興一事的喜悅，不過重點還是放在收錄總督的詩作，錄有川村竹治〈歸航〉三首。第18篇則是記錄《臺灣今古談》創作當時的第六代文官總督石塚英藏，劉克明指出，石塚英藏曾是兒玉源太郎手下愛將，與後藤新平並稱為兒玉源太郎麾下的雙璧。雖然在撰書的當時石塚總督還未如其他總督，開設詩會或以詩見示，但官邸常有讀書會的舉行，鑽研各種學問，對臺灣人也大有期勉的效果。

面對日本統治的「現在」，劉克明曾經透過修身科與漢文經典結合的方式，讓臺灣固有的文教傳統與涵養「國民性」的道德教育結合；除此之外，我們發現《臺灣今古談》中呈現「現在」同文傳統延續的敘事角度，是將重點放在總督及長官們禮遇文士、重視文教的態度，使臺灣文學活動興盛、民風敦厚，彰顯官方的德政。如果劉克明強調的「現在」，重點都在文教；如果劉克明相信臺灣人既然共沐皇恩，一同接受「教育敕語」，在妥善

---

[60] 鷹取田一郎，《大雅唱和集》（臺北：臺灣日日新報社，1921年11月），頁28-29。
[61] 〈蔗菴總督と東閣唱和集〉，《臺灣今古談》，頁112。
[62] 〈第五代の文官總督〉，《臺灣今古談》，頁113。

的文教措施下，臺灣有機會與「母國人」具有同樣的權力，過著近代化的文明生活——總歸一句，如果他追溯的過去與現在，重點都在讓臺灣邁向一個文治的社會，那麼，下面這首「點名」詩作，或許就能在「恭維」之外，找到另一條解詩之路；並且，我們能夠對所謂「縫住斯文一線存」，有更精確的解釋。〈烏松閣小集賦呈內田方伯〉一詩，作於大正4年（1915）。詩題中的「烏松閣」即前述後藤新平命名的官邸書室，而內田方伯則是指當時擔任民政長官的內田嘉吉。茲錄詩文如下：[63]

> 南菜園荒古亭村，水流花謝江瀕軒。棲霞山人又歸去，風騷之道久不言。竹窗長官賢繼起，縫住斯文一線存。去年問風資治政，一部南薰集可翻。今茲始政記念後三日，大會群仙揮毫又傾樽。青鞋布襪笑吾輩，敢隨大眾謁龍門。宴罷烏松高千尺，高懸明月照乾坤。

前四句追憶已經離臺的臺灣總督兒玉源太郎、臺北縣知事村上義雄以及民政長官後藤新平。用的都是他們的號，或是宅第、書室名稱，展現的是這些長官較為風雅的一面，與官場強人的印象不同。這些人都曾經禮遇臺灣文士，但現在已經離開臺灣。而今天，「竹窗長官賢繼起，縫住斯文一線存。」竹窗是內田嘉吉的號，而這個一線斯文，我們可以做兩種解釋。其一，順著文意讀來，「一線斯文」可以單純指長官與臺灣文士的詩友交誼。就像劉克明曾在介紹第六代文官總督石塚英藏的篇章中，指出石塚英藏「尚未」與臺灣詩人交流，表示他期待著每一代的長官都有

63 劉克明，〈烏松閣小集賦呈內田方伯〉，《臺灣日日新報》第5392號，「南瀛詞壇」欄，1915年6月25日，第3版。

此雅趣。對他而言，這是長官親民的作風，也是對臺灣既有文化風俗的尊重，而所謂「既有風俗」就是筆者接下來要討論的第二層涵義。廣泛被日治時期漢詩界使用的辭彙「一線斯文」，被當今的研究者賦予承載「漢民族文化」脈絡的意義。論者或謂一線斯文指的是維繫漢民族文化的命脈。作為一位「瀛社」要員、熱衷於寫詩、並主編雜誌漢詩欄的劉克明，我們不能說他對漢文傳統沒有任何一點堅持。但是我們必須思考兩個問題，首先，維繫漢文命脈，到底和他積極邁向同化的思考，有沒有衝突？第二，維繫漢文命脈，是否就等同於具有強烈的漢民族意識？

從《臺灣今古談》透露的蛛絲馬跡來看，維繫漢文命脈與同化於日本帝國在劉克明看來絕非衝突對立。他知道「本島人」與「內地人」屬於不同的種族，然而，他未曾否認「本島漢族」的血統，也沒有講明「本島種族」是哪一種族。因為認同日本，在敘述臺灣歷史的過程中，他企圖避免「漢民族」、「漢民族文化」稱呼的包袱，不斷以「本島人」稱呼在臺灣生活的我們這群人。因為迴避敏感的「漢民族」稱號，「本島」之稱、「本島人共同記憶」意外成為他建構臺灣文教今、昔的關鍵。所以陳永華是「本島」文教的恩人、沈光文是「本島」文學初祖……這些「本島人」共同擁有的過去，是有別於日本內地的；而改隸之後，日本官方透過禮遇文士、推廣文教、與臺灣士紳詩文交流等舉動，使「本島」的文教與文學活動得以延續。劉克明認為，只要「本島」的文化能在日本帝國的統治下延續，維繫漢文命脈與邁向同化當然是不衝突的。

日本帝國的文教措施，讓臺灣漢文有持續生存的空間。而在論證第一個問題的過程中，我們已經發現，從字面上看來，劉克明的「漢民族意識」並不似古典漢詩人連雅堂、洪棄生等人如此

強烈，劉克明創作的「漢」詩文，簡單的來說，是一種藉以總括臺灣傳統文學的稱呼。既然劉克明認為在邁向同化的同時能保有漢文命脈，「漢」，也就成為學問的稱呼，而非民族的標記。也就是說，論者或謂以漢詩文作為反抗日本的工具；以漢民族自居抵抗日本的同化，在劉克明身上是看不見的。追溯「漢民族」血統，並不是劉克明認識自己的方式。他認識自己的途徑是透過有別於日本的臺灣記憶，所形成的「本島人意識」，而此「本島人意識」，則是在相對於日本帝國諸種族所形成的對於我族的認知。

除此之外，本章第一節曾經提到，劉克明在述及日治時期的總督、民政長官的政績時，皆相當強調當局對文教的推廣。而在「前清政治家」的介紹中，卻列舉了劉銘傳每項近代化的政績。欲理解劉克明推崇前後政權之政績的關鍵同樣是「本島意識」。即便劉銘傳在臺灣開辦的諸項近代化設施，多半被日本視為毫無實際功用；但對於劉克明而言，這是「本島」邁向近代化的過去，「本島」也曾經有過一位提倡近代化的官吏，「本島」的過去並非一無是處。此外〈前清の臺灣名政治家〉一文中，更提到在1895年割臺之際，李鴻章致信慰問劉銘傳近況，曾言：「割臺實乃時勢所趨，但足下銳意經營的臺島文明的施設，日人相當讚賞，必繼承而不廢；足下多年淬礪的治績，將長保不滅，幸安心勿慮！」劉克明在文後為這段話下了評論：清廷不重視臺灣，反倒是曾任臺灣父母官的劉銘傳掛心著臺灣的事情。[64]劉克明慶幸「本島」近代化的建設在日本統治下得以延續，除此之外，也看得出劉克明對清廷忽視臺灣的近代化是有些怨言的。

---

[64] 〈前清の臺灣名政治家〉，《臺灣今古談》，頁98-100。

既然提到清國，劉克明如何看待「改隸」之事？其實，劉克明在教育議論、《臺灣今古談》乃至於詩作，都未曾針對此事高談闊論。僅只在大正3年（1914）率學生至日本旅行時，曾作〈赤間關偶作〉：「循環天道幾時休，消長原來自有由。酒好高斟詩好作，春帆樓上一登樓。」[65] 在劉看來，日本領臺是「天道循環」，春帆樓一登，臺島新民便能「共沐皇恩」。如果吾人對劉克明有了這樣一層理解，或許可以明白劉克明將鄰邦「支那」視作「盟友」的立場為何。以臺灣古今為敘述主體的《臺灣今古談》，未提到鄰邦「支那」的發展情況。不過，中華民國革命後不久，劉克明曾在《臺灣教育》發表的〈新年書感〉，提到「內地」、「本島」以及「支那」三者間的關係。文章發表於大正4年（1915）1月1日，前一年9月日本向當時佔有中國青島的德國宣戰，加入第一次世界大戰戰局，並於11月攻占中國青島。〈新年書感〉這樣說到：[66]

　　　陷落膠州，擊退強獨，以保東洋平和是也。夫支那與我同文同種，為我唇齒之邦。唇亡齒寒，勢所難勉。今茲掃去強獨一根據之地，我與支那不可不浮一大白而慶賀也。然今歐州雖同胞相戕，自家相賊，將來恐難免白人結合，提戈以向黃種。於是我日本與支那自此不可不協力提攜，以防其未然矣。茲既欲與日支親善提攜，不可不藉本島之人而為導火之線。況本島亦為我國對南洋發展之階梯。是以本島人全部，速與母國人同化，共為帝國忠良臣民。

---

所謂「陷落膠州，擊退強獨」即指日本對德宣戰，加入第一次世界大戰一事。這段文字中的「我」是「我日本帝國」之意。所以「支那」與「我」同文同種，為「我」脣齒之邦，都在說明「日本帝國」與「支那」的關係。日本帝國加入一戰的理由是為了確保「東洋平和」，所以呼告「我日本」與「支那」應相互提攜，抵禦白人。這段「宣導」文字，是日本加入世界大戰的官方論調，劉克明不僅轉述之，更接著表達自身的立場。他表示「日支親善提攜，不可不藉本島之人而為導火之線」也就是說，臺灣人是日、支交流的橋梁，接著話鋒一轉，表示作為日支交流橋梁的臺灣人民，應該盡速與「母國」同化。

　　其後，大正7年（1916），日本舉辦了宣揚治臺成果的「勸業共進會」，作為領臺20年的慶祝活動之一。劉克明在《臺灣教育》發表〈臺灣勸業共進會所感〉時，除了稱揚勸業共進會的盛況以及臺灣本島的治績，他也提到當時「支那」帝制取消後，國內紛擾的狀況：「觀乎鄰邦支那，今也帝制取消，革命優勢，昨日某處獨立，今日某處作亂，人民塗炭、朝夕不安，焉有餘暇可及於共進會之開設乎。」[67]因為奉守改隸以來臺灣教育體制中廣為宣傳的「教育敕語」，劉克明相信，唯有在天皇的帶領下，臣民們各守本分，恪忠盡孝，國家才能與世界各國並駕齊驅。本論文第三章曾經提及，秉持此信念的劉克明，相信臺灣人在精熟的語言學習後，能與「母國人」同步。也因此，對於民主過程不甚理解的劉克明，自然站在批評的角度看待革命初期中國紛亂的情況。從上面引述的兩段文字，我們可以看到在日治時期，臺灣人劉克明如何面對與臺灣曾有過「共同記憶」的「支那」。他的立

---

67　劉克明，〈臺灣勸業共進會所感〉，《臺灣教育》漢文報第168號，「論說」欄，1916年6月1日，頁3。

場很明顯：在日本帝國的統治下，有賢明的天皇帶領著為國盡忠的臣民，臺灣邁向一個文治的社會；將來臺灣人將與「母國人」同化，即可逐漸與「母國人」獲得相同權力。改隸以後，臺灣的經歷與「支那」的遭遇已經不同，甚至在邁向世界文明的路上，屬於日本帝國一部分的臺灣，還比「支那」來得優秀。

作為日治時期高等文官的劉克明，必須面對「母國人」毋須面對的文化困境。當劉克明在書寫臺灣的今昔時，他必須面對臺灣人的過去，也必須解決在日本統治下各種歷史事件對他臺灣籍身分所帶來的考驗。於是「文治」成了一條維繫的線索。站在臺灣人的立場，臺灣人什麼時候開始在臺拓墾、臺灣什麼時候開始實施文教、臺灣文學的鼻祖為誰，成為他上溯歷史的準則。循著文治的脈絡，改隸之後，「教育敕語」在臺灣廣為宣傳，天皇乃風教之基準、制度文物之大本的論述，深植於劉克明心中。因此總督府在臺施行的文教措施、尊重臺灣士紳的態度，也成為劉克明認為可以寄託一線文脈的方式。《臺灣教育》〈始政第二十年記念日書感〉提到「島民幸列帝國幟幪之下，遭逢昭代盛世，當思有以答報國恩之萬一也。」[68]對於劉克明而言，帝國統治下的臺灣是幸運的；但是，他所相信的與「母國人」平起平坐的一天，是否真能到來呢？如何一報國恩呢？

## 三、值得期待的未來？

談過了劉克明如何看臺灣的過去與現在，接著要來看他如何看臺灣的未來。第一節已經指出，劉克明在《臺灣今古談》人

---

[68] 劉克明，〈始政第二十年記念日書感〉，《臺灣教育》漢文報第158號，「論說」欄，1915年6月1日，頁2。

事門當中，列舉了臺灣目前各行各業的人才。這是臺灣的「現在」。這些傑出的臺灣人，不但是日本施行文教得宜的成果，劉克明之所以要在《臺灣今古談》中敘述這些人，還有更深一層的用意，他希望能透過這些人，看到臺灣的未來。

作為一個日本帝國的臣民，有三件義務：受教育、納稅以及服兵役。而日治時期的臺灣人接受殖民地教育、也納稅給殖民政府，但臺灣人並「不被允許」有服兵役的義務。也就表示，臺灣人與真正的「臣民」，「明顯」有權力上的不均等。鮮少對殖民政策有任何異義的劉克明，在《臺灣今古談》人事門第4篇〈本島から出た前清の武將〉最末，突然說出了這樣一句話：[69]

> とはいへ本島人が真に国民としての一大義務の徵兵に應じ
> 馬上の功名を建て得る時期が何時到來するであらうか。

什麼時候，臺灣人才能被視為真正的「國民」，也享有在馬上建功名的可能呢？劉克明期待的未來，是「本島人」能與「內地人」擁有相同義務、與「內地人」平起平坐的未來。因此，他向日本人報告，目前臺灣人在文教良好的發展下，具備了各行各業的人才。包括在日本擔任要職者：人事門第67篇舉出的岩手縣女子師範教諭王白淵、廣島縣府中學教諭李澤洈、沖繩縣立第三中學校陳承潘、東京三菱黃及時、安田銀行王金海、大阪商船廖能等人，此外甚至有文學才能與「母國人」平起平坐者，如：人事門第57篇中提到〈內地の詩壇迄も擔當して居る魏潤庵君〉的魏清德，這都顯示了臺灣人漸漸地和日人不相上下。他訴求的是

---

[69] 〈本島から出た前清の武將〉，《臺灣今古談》，頁101。

臺灣的未來，是臺灣人光明前途的未來。雖然他的願望並沒有實現，但在撰作《臺灣今古談》，乃至於日本戰敗以前，這位臺灣籍高等文官，一直都是這麼想的。

從這段文字可以看出在劉克明認為符合受教育、納稅以及服兵役三項條件，臺灣人就夠資格稱為真正的帝國臣民。然而，臺灣教育體系存在著內部差異，無論教育令公布前後，臺灣籍學生、教師的學習狀況以及實際能力都是被質疑的；除了內部差異，無法與「母國」課程銜接是「本島」教育與「內地」教育的鴻溝。然而在這裡我們似乎看到劉克明將問題單純化，認為只要符合三項條件，臺灣人就可以算是帝國臣民了。至於，這是否因其身分敏感而不宜有著太多與官方相異的立場；又或許真的是他個人的看法呢？或許能從以下事例來推敲。

根據《臺灣人ノ臺灣議會設置運動卜其思想》中〈最近臺灣雜誌、文化協會ノ權威〉記載，[70]以及《臺灣日日新報》的報導，大正11年（1922）2月22日，劉克明、魏清德、彭永海、劉振傳等四人，脫離臺灣文化協會。然而，有關於劉克明加入「臺灣文化協會」的消息，並沒有進一步的資料可考證。但劉克明入會又脫會一事，值得進一步了解始末。

首先，劉克明曾經在《臺灣教育》中發表他對板垣退助（1837〜1919）來臺灣成立「臺灣同化會」的看法：[71]

> 板垣伯以近八十之老軀，不辭跋涉，而來創設同化會，亦
> 不過為是之故。然同化會之主旨固佳，其手段方法之適

---

[70] 〈最近臺灣雜誌、文化協會ノ權威〉，收於《臺灣人ノ臺灣議會設置運動卜其思想》（臺北：臺灣分館藏，出版項不詳）。

[71] 劉克明，〈新年書感〉，1915年1月1日，頁1。

否，則尚未明知也。總而言之，願母國人愛本島人如子如弟，本島人敬母國人如父如兄。甲不懷淺量，乙不抱疑心。共為邦家盡力。雍雍穆穆，如今日之共坐於春風中，是所切望而不已也。

大正3年（1914）日本明治維新元老及自由民權運動的領導者板垣退助來臺灣籌組「同化會」。板垣主張臺灣的統治應採同化主義，「同化」意即將異民族同化為同種民族，認為以平等無差別的對待臺灣人，才能使島民自認為是日本臣民，進而達到臺灣永屬於日本的目的。劉克明認為板垣退助的理想立意良善，使島民自認為是日本臣民，一直是劉克明的目標。但方法是否適切呢？劉克明則不以為然。他仍然認為，如果臺日雙方相互尊重，共同為國家努力，才是當時重要的目標。

劉克明對「臺灣同化會」的看法，使我們明白他對於這樣的文化團體仍存有疑慮。但我們不知道，是身分上的顧慮，還是真的對同化會的內容有疑。可以確定的是，該文發表後，不過多久，1月26日同化會遭總督府強制解散，還在觀察「同化會」發展的劉克明應該來不及成為組織成員。

而後，大正10年（1921）10月17日由蔣渭水與林獻堂領銜成立的「臺灣文化協會」，是個結合臺灣青年學子成立的文化啟蒙團體。由於強調文化啟蒙，吾人可以推測，期待藉由文化交流達到同化目標的劉克明，有機會加入這樣的團體。而當時臺北師範學校的臺灣學生也有多人加入，劉克明或許以為他可以從臺灣文化協會的活動，看到臺灣人文化躍進的未來。

然而，大正11年（1922）2月發生的「北師事件」，卻讓他必須退出臺灣文化協會。所謂的「北師事件」始末，簡述如

下：[72]

　　大正11年（1922）2月3日，臺北師範學校有兩名學生在大稻埕稻新派出所，為當時的左側通行規範，與巡查發生爭執。隔日（4日），學生糾眾前往派出所與巡查理論，巡查正值休假不在該所，學生遂返。然派出所將此事通告師範學校後，學生於隔日（5日）朝會受師長訓話。大正11年（1922）2月5日下午，臺北師範學校學生杜榮輝等數十人在臺北東門街派出所前，以右側通行，該所巡查上前勸導，又引發衝突。傍晚該巡查到師範學校通告校方時，要求校方應與以勸戒。臺籍學生見狀，率學寮（宿舍）內數百多名臺籍生將該巡查團團圍住，憤怒地指罵、投石。南警察署聞報後增派警察隊到校鎮壓，當天有學生45人被捕。由於45名被捕學生中，大部分是文協會員，引起多方關注。文化協會方面的領袖林獻堂、蔣渭水、楊肇嘉等人多方設法、奔走營救。臺北師範學校教員知道學生被捕，也焦急萬分，乃由學生們的漢文老師劉克明走訪當時臺灣的社會名流辜顯榮、許丙、林熊徵等人，請其出面與臺北州知事及其他當局交涉、陳情。[73]被捕學生之家長，也於18日召開父兄大會，向總督及檢察官長提出「嘆願書」（請願書），請求寬大處裡。22日午後，45名被捕學生，終於在松井檢察官長的一席「嚴重戒告」後，被宣佈不起訴處分。

---

72　整理自〈咄台灣教育界之不詳之事〉，《臺南新報》，「雜報」欄，1922年2月24日，第6版及李筱峰，《臺灣革命僧——林秋梧》（臺北：望春風文化，2004年），頁44-53。

73　有關劉克明設法協助學生一事，《臺南新報》作：「而其父兄一邊，及同校出身者，現以大稻埕臺人，為其中堅。擁立有志林熊徵、辜顯榮二氏，向臺北州知事，並其他當局，各方面之首腦者陳情。」劉克明的名字並未見於報端。而李筱峰進行事件之田野調查時，據者老黃瀛溶、林顯宗、黃龍飛（以上皆臺北師範學校畢業校友）等人所言，證實走訪當地名流為學生請願的人是臺灣學生的漢文科教師劉克明。李筱峰，《臺灣革命僧——林秋梧》，頁48。

由於「北師事件」發生，無論是加入臺灣文化協會的教員或者學生，都承受了莫大壓力。劉克明因此退出了文化協會，「以正視聽」。[74]根據《臺灣日日新報》報導，當時脫會者還包括彭永海、[75]劉振傳以及魏清德。意即，劉克明的摯友劉振傳、魏清德，都因此事受到牽連。不過從報章雜誌上，並未能看出劉克明對「臺灣文化協會」的態度為何。

但我們仍可以從《臺灣今古談》中談到蔣渭水的篇章，看到劉克明對文化協會的態度並不是否定的。《臺灣今古談》人事門第62篇〈醫者の本職を忘れられた蔣渭水氏〉，[76]指出宜蘭出生的蔣渭水，由於熱衷於社會運動，世人遂忘了它的本職是醫生。劉克明支持蔣渭水對於文化改革的努力，包括：風俗改良、衛生思想的鼓吹、文化促進等等。後來，文化協會改變方向，蔣渭水等人另組臺灣民眾黨。劉克明肯定臺灣民眾黨人不屈不撓的精神，並稱林呈祿、謝春木、蔡培火等人都是組織中的秀異之才，蔣渭水則是率領部隊的優秀將領。

劉克明加入臺灣文化協會又脫會，又在《臺灣今古談》中稱讚蔣渭水等社會運動人士。昭和7年（1932）4月，《臺灣新民報》由週刊改為日刊，劉氏曾有詩道：「臺民輿論早傳聲，又喜聽來日日鳴。木鐸敲音喧正氣，金人開口出真情。發華結實雖些緩，錯節盤根卻大成。我信從茲還自重，春秋筆永重南瀛。」[77]

---

74 〈最近臺灣雜誌、文化協會ノ權威〉，收於《臺灣人ノ臺灣議會設置運動卜其思想》；〈文化協會脫會既に四名〉，《臺灣日日新報》第7808號，1922年2月24日，第7版。

75 彭永海為明治39年（1906）國語學校師範部乙科畢業生，與魏清德同屬畢業。其餘資料不詳。

76 〈醫者の本職を忘れられた蔣渭水氏〉，《臺灣今古談》，頁160。

77 劉克明，〈恭祝貴社日刊發行〉，《臺灣新民報》，「漢詩」欄，1932年4月18日，第7版。

可見劉克明肯定臺灣人爭取言論自由的舉措。雖然「大器晚成」，但劉克明也期勉該報編輯取法《春秋》，孜孜矻矻，微言大義。由上述事例可見劉克明支持右派臺灣文化改革的立場相當明顯，卻因為身分敏感而未能親身參與。然而，我們卻可以從劉氏肯定臺灣文化協會於風俗改良、衛生習慣以及文化的進步等方面的努力，印證他期待臺灣邁向近代化的文治社會。不過，根據前述，劉克明所期待的未來，仍然是以成為臣民為目標；因此，他雖然頗具有「本島意識」，將「本島」作為一個族群，這個族群仍然屬於日本帝國諸種族其中之一。在劉克明的說法是，作為日本帝國中的一份子，身為後輩的臺灣島民，當努力學習新知、涵養「國民性」，俾能成為日本帝國臣民，與「母國人」有同等權力。至於劉克明對於臺灣民眾黨強烈主張「民族自決」的態度，我們則無法從《臺灣今古談》敘述中窺見。

倒是在昭和10年（1935）11月22日臺灣舉辦第一次地方議員選舉時，[78]劉克明寫下一篇關於選舉的詩作，可以推見他對「自治」的想法：[79]

〈選舉雜詠〉

　　漫嫌制度作畸形，過渡時期且暫經。恰似嬰孩勤撫

---

[78] 昭和10年（1935）11月22日舉辦的市會議員及街庄協議會員選舉，臺灣島民首次擁有參與政治的機會，是政治近代化之里程碑。根據《臺灣統治概要》：「自大正9年（1920）地方自治制度確立以來，經過十五年。由於制度運作之結果績效良好，足見地方自法制度之修正有利民意之暢達，對臺灣之統治有重大之影響。即將臺灣州制、臺灣市制、臺灣街庄制全部加以修正，於昭和10年（1935）4月1日公布。臺灣市制、臺灣街庄制於同年10月1日施行。……（中略）……州會議員、市會議員及街、庄協議員定為半數由公選產生，半數由官方任命之。」山本壽賀子、曾培堂共譯，《臺灣統治概要》（臺北：臺灣總督府，1945），頁24-27。

[79] 劉篁村，〈選舉雜詠〉，《臺灣日日新報》第12894號，「詩壇」欄，1936年2月20日，第8版。

養，自然他日壯成丁。

自從選舉傳公布，看板街頭立似林。候補大家爭亂立，讓賢太息不關心。

手底思投一票清，難書姓字苦文盲。老翁七十新頭腦，猶向孫曹學假名。

可頒自治制完全，尚早議論覺是偏。教育還須施義務，徵兵令也莫遲延。

　　四首詩分別寫出了1935年初次在臺灣舉辦選舉時的各種狀況，也寄託劉克明對於「自治」以及臺灣未來發展的想法。第一首，劉克明認為目前制度尚未完善，是個過渡時期。制度本身是個嬰孩，持續修正，日久則更臻完美。第二首，寫初次舉辦選舉的亂象。有趣的是，「看板街頭立似林」的現象我們卻不陌生。劉克明寫出了亂象，卻也讓我們得以想像初次選舉的熱鬧。第三首描述選舉時的趣聞：有位老翁年近七十，卻有著新頭腦，即使不識字也要去投票。為了投票，還向孫姪輩學習「國語」。第四首點出劉克明對「完全自治」的看法：他認為，眼下要談「完全自治」都太早了，須施行真正的義務教育以及徵兵，這才算是「自治」。也就是說，不論是《臺灣今古談》撰寫的1930年，還是到1935實施辦第一次地方議員選舉的時刻，劉克明還是認為，要成為真正的「國民」，必須要讓「本島人」與「內地人」有著同樣的權力義務。

　　雖然詩作中對於選舉的施行似乎頗有微詞，然當年的選舉卻有件值得慶祝的喜事。為臺灣社會運動奔走的蔡式穀，最高票當選臺北市會民選議員。僑居臺北的竹塹諸君，為蔡式穀大開祝賀會，劉克明為祝賀會主辦人。席間眾人倡議復興「竹友會」，獲

得滿場贊成。會場上舉洪水源、鄭松溪、陳得貴、黃克成為臨時幹事、招募會員，一年舉行一至二次懇親會。[80]

就此，似乎可見劉克明迂迴的心境。受昭和4年（1929）重新啟動之修史事業而撰作的《臺灣今古談》，編纂的目的是「介紹臺灣過去的史蹟，提供未來調查研究使用」，[81]所謂臺灣的史蹟，是「文教」脈絡的追溯，是劉克明聯繫「本島」過去與現在最關注的重點。此外，「闡揚前賢美德、稱誦仁善人才」，[82]是標舉沈光文為臺灣文學之創始、臺灣文教始於陳永華，又在介紹日治時期臺灣各任總督及長官時，強調官員的文治政績。最後，「描述時事的變遷、社會的進步，作為今昔對照」[83]是在日本不斷強調「本島新附之民」在「國語」修習上存在著一大難關之時，於《臺灣今古談》中突顯臺人在文教方面的成就——在在顯示他對臺灣今昔文教的重視。

受過漢學教育、青年時期在日本近代教育下成長的劉克明，高度認同殖民統治的文教措施。但是在《臺灣今古談》中，不牽拖臺灣文教史與「支那史」的關聯，亦不牽強附會於日本史，正是因為劉氏清楚知道臺灣人有著不同於「母國人」的歷史記憶。這個歷史記憶是不可抹滅的。劉克明認為，臺灣人必須帶著對自身的認識，並延續臺灣過去的文化傳統，成為帝國臣民的一份子。因此，劉克明之所以在日治時期積極編寫語言教材，不外是希望臺日雙方在良好的溝通下彼此尊重，更重要的是，他知道身為帝國臣民，就要努力學習「國語」，可是也不能因此偏廢臺灣

---

[80] 〈蔡氏祝賀會・議竹友會再興〉，《臺灣日日新報》第12818號，1935年12月5日，第8版。

[81] 〈緒言〉，《臺灣今古談》，無頁碼。

[82] 〈緒言〉，《臺灣今古談》，無頁碼。

[83] 〈緒言〉，《臺灣今古談》，無頁碼。

固有的文化傳統。所以，透過漢文經典、臺灣俚言與涵養「國民道德」的修身科結合，臺灣固有文化在邁向同化道路上有了存在的正當性。約在1930年代以前，劉克明於《臺灣教育》上的發言，都抱持著這樣積極正面的態度，也因此在1920年代加入了倡導臺灣文化啟蒙的「臺灣文化協會」，支持右派的文化改革。雖然後來因為發生「北師事件」，不得不退出該會，但是劉克明對於「臺灣文化協會」及後來「臺灣民眾黨」的態度仍是肯定的。

　　我們甚至可以從《臺灣今古談》中特別關注昭和4年（1929）新任的石塚英藏是否與文人交流、開設詩會，看出劉克明對臺灣文化保存的堅持。然而，1930年代始，總督府對「國語」的要求越趨強勢。日本本國對於漢學也漸不重視，後來來臺的長官大多不具有漢學背景。面對這樣的情勢，劉克明卻也無能為力。只能透過國語學校同窗組織、詩社活動聯繫臺灣人的情感，維護「本島」原有的文化，並微弱地發出「本島人」無法與「母國人」共享「國民義務」的感嘆。昭和11年（1936），劉克明有〈始政四十年記念日〉一詩：「高颺旭幟海南天，托蔭荓蠓四十年。更望孜孜同努力，完成民責並民權。」[84]可印證他對臺灣人地位之提升的期盼。劉克明肯定文協及臺灣民眾黨的立場，認為臺灣人須努力爭取民權；另一方面，日本當局也應當讓臺人共同承擔帝國臣民應盡的責任。他所期待的未來——義務教育與徵兵，一直遲至日本統治末期才實施：昭和18年（1943）4月，實施六年義務教育；昭和20年（1945）4月，臺灣全面實施徵兵制度。但是，配合著興亞奉公之政策而得來的權益，與真正的平等如何能相提並論。

---

[84] 內藤菱崖，《臺灣四十年回顧》（臺北：內藤龍平，1936），頁32。

《寄園詩葉》錄有二首〈無題〉詩頗能表達劉克明對於政事的態度：[85]

　　　　酒趣猶存多不堪，滿頭白髮已毿毿。著書稍值人留眼，惟有臺灣今古談。

　　　　側身教界枉聞名，勞力勞心無事成。何幸老天猶諒我，教留隻眼看餘生。

　　曾經意氣風發倡言同化的劉克明，晚年竟然是如此意志消沉。他感嘆，縱使獲得教育界肯定又有何用？勞碌一生卻覺得一事無成。這種一事無成的感慨從何而來？或許正與劉氏對語言、文化的堅持有關。活到白髮蒼蒼的年紀，值得一提的，大概只有《臺灣今古談》這本著作。在第三章，筆者曾經提到劉克明企圖論述「文化上『種族』融合的日本」的可能性，《臺灣今古談》的創作目的也基於此，然而，劉氏卻也漸漸發現「本島新民」仍然被排除在「血統的日本」之外──「本島新民」無論如何努力，永無法獲得與大和民族同樣的權力、義務。晚年患有眼疾的劉克明，感謝老天爺讓他還留有一隻眼的視力。這是否也意味著，他只好睜一隻眼閉一隻眼看著餘生呢？

85　劉克明，《寄園詩葉》，頁30-31。

# 第五章 「同文」的美麗錯誤：
## 從劉克明看「漢學」與「同化」的關聯

　　教師、雜誌編輯的身分之外，劉克明亦活躍於日治時期的文壇。他曾參與「詠霓吟社」、「瀛東小社」的成立，亦為「瀛社」重要成員；也曾獲邀評選其他詩文社團的詩作；除此之外，昭和3年（1928）《臺灣教育》漢文報停刊後，該雜誌文苑欄中的漢詩，主要仍由劉克明評選編輯。

　　本論文第三、四章曾提出劉克明重視「文治」的各種實踐。他以「文治」的角度，連繫臺灣的過去與現在。具有漢學及近代教育學養的劉克明，親見日本統治者禮遇文士、尊重「本島」文化的風度。因此，劉克明在年輕時積極編寫語言教材，持續在教育界努力，期待臺、日有良好的交流；也試圖藉由「本島」固有文化與修身教材結合，使「本島」文化具有存在的價值。除了教育現場的實踐，對臺灣文化的重視與對官方文教措施的關注，亦反映在劉克明獨力完成的《臺灣今古談》中。是以，《臺灣今古談》除了談臺灣古今史地、說「本島人」的故事及成就，該書也突顯了「一線文脈」在劉克明心中的重要性。前章已經敘述，劉克明企圖維繫的「一線文脈」，並非以「漢民族」為前提，而是意識到自己與「母國」不同的歷史記憶，又在與「支那」不連續的歷史中，意識到「本島」我族的存在。「本島」我族，是日本帝國諸種族中的後來者。他希望維持著「本島」固有文化，成為日本帝國臣民。而在本章，筆者將重點放在劉克明對「漢文延續」的態度。究竟劉克明期待能延續的是什麼樣的漢文脈絡？日

治時期臺灣漢學又透過什麼形式被延續？又，當臺灣漢學遇上日本漢學，如何嫁接？產生什麼火花？本章重點即在闡述日治時期臺灣漢學存續的問題。

對日本統治者而言，漢學的嫁接，是統治策略之一，雖然無法使每位臺灣文士都接受，但統治者仍然提供了傳統文學存在的空間。更重要的是，臺灣文士不但看到漢學存續的空間，更看到漢學變革的契機。臺灣人如何把握契機，對漢文變革又有什麼意見與實踐，是本章第一節要討論的重點。

接著，本論文第四章曾指出，劉克明抱持著維繫「本島人共同記憶」的立場，觀察臺灣文教與文學的動態。因此，根據本章第一節分析臺灣人對漢文存續的態度後，第二節將進一步論述劉克明「維繫一線斯文」的責任與失落。說明具有漢學素養、並接受殖民地教育、更在教育單位擔任要職的劉克明，他如何追溯「漢學」的過去，並具體實踐在自己所參與的文學活動中。

## 第一節　帝國統治下的漢學活動

### 一、日本領臺前近代「漢學」的產生與意義的演變

近年來，臺灣古典文學研究相當關注古典文人對於近代文明的思考，乃至於從近代文明的議題，評斷古典文人在文學史的地位以及文人的國族認同。相關討論可見於研究新舊文學論戰，或者有關於現代性、近代性的論文。大多數的討論是從「新」文學的角度理解「舊」文學的新意。意即，基於翻案的企圖，積極地在古典文學作品中尋求以新文學的「新」為標準的文學新意。包

括從題材、內容涉及的「新」思想、「新」知識，探尋「西方文明」展現的蛛絲馬跡，這是看待「舊」文「新」意的角度之一。另一方面，筆者認為，吾人亦可從臺灣漢學變革的脈絡，理解詩人對「舊」文學存在於「新」時代的看法。由是，我們才可以跳脫從新文學理解古典文學存在的價值或立場，也更能明白具有漢學素養者對古典文學的堅持。而這牽涉到日本在幕末時期到明治年間的歷史。這時，日本的「漢學」也因為「國學」與「洋學」的衝擊而產生質變。隨後，也影響了臺灣日治時期的漢學發展。因此，在釐清劉克明對漢學變革的看法之前，我們必須簡單回顧日本領臺前近代漢學的產生與意義的轉變。[1]

日本近代化過程中，追求國家對內的統一與對外的獨立。幕末時期的民族主義運動、明治10年（1877）以前確立中央集權制，以及明治10年（1877）後中央集權天皇制的加強、重編，都是面對西方勢力擴張所產生的危機反應。[2]明治維新意味著日本由封建式的藩國集合體統合為近代民族國家，政府的教育政策也在危機反應下向西方看齊。在中國，「漢學」指漢代為主到魏晉時、以訓詁為中心的學問；而日本在幕府後期出現「漢學」的稱呼，初期指相對於「國學」出現之後以及「蘭學」、「洋學」傳入日本以前，以中國文化為主體的學問。明治維新以後，「漢學」曾是「儒學」的通稱，與「國學」相對而產生「漢學」預設了「儒學並非日本本土學問」的立場，因此漢學學者備受批評，亟需伸張自我的正當性，遂將西洋社會科學與清代考證學一併納

---

1　以下有關日本領有臺灣以前近代「漢學」的產生與其意義的轉變，整理自陳瑋芬《近代日本漢學的「關鍵詞」研究：儒學及相關概念的嬗變》；而在政治背景耙梳的部分，另參考李永熾《日本近代史研究》。相關內容已於本論文第一章詳述，在此僅簡要述之，俾能結合後文論述。

2　李永熾，《日本近代史研究》（臺北：稻禾初版社，1992年），頁9。

入思考，修正「漢學」的內涵。逐漸地，「漢學」的意義比德川時期「儒學」更加廣闊，幾乎容納所有中國學問。[3]為了「收復失土」，日本漢學者組織社團、學會，商量振興漢學的對策，使漢學朝向實效、實證、實利的存在。[4]

再從政策的層面來觀察。1868年，明治天皇登基。此時，54歲的儒學家元田永孚入宮內省擔任16歲明治天皇的侍讀，負責「君德輔導」。[5]十年後（明治11年，1878）天皇到東京大學視察，對日本舉國上下「崇洋媚外」的熱潮表示憂慮。他認為國（日）文、漢文是學校教育中不可或缺的，即使理工、醫學再發達，也無法用以治國。因此，教育方針從主智主義轉向「儒教主義」。翌年，頒布由天皇侍講元田永孚執筆的「教育大旨」，展現明治政府強烈的儒學倫理觀。其中，主張教學的本意在「依祖宗之訓典，專明仁義忠孝」，而「道德之學」以孔子為本。也就是以「仁義忠孝」等同於「君臣父子之大義」為體、「知識才藝」為用。明治15年（1882），同樣是元田執筆的〈幼學綱要〉公布施行，強調「孝行」與「忠節」是「人倫之最大義」，希望貫徹修身教育。而忠、孝之間，又以對國家盡「忠」優於家長制下的「孝」，這樣的「臣民道德」，影響了明治23（1890）頒布的「教育敕語」內文所強調的臣民精神；[6]此精神也深深影響著殖民地臺灣，一直持續到二次世界大戰結束以前。

綜觀上述，與「國學」、「洋學」相應而生的近代日本「漢

---

3　陳瑋芬，《近代日本漢學的「關鍵詞」研究：儒學及相關概念的嬗變》（臺北：臺大出版中心，2005年），頁51-52。

4　陳瑋芬，《近代日本漢學的「關鍵詞」研究：儒學及相關概念的嬗變》，頁57。

5　陳瑋芬，《近代日本漢學的「關鍵詞」研究：儒學及相關概念的嬗變》，頁165-166。

6　陳瑋芬，《近代日本漢學的「關鍵詞」研究：儒學及相關概念的嬗變》，頁60。

學」，涵養了實證性質的清代之學與西學，使得「漢學」的意義被擴張。而「儒學」在日本帝國主義興盛的時期，轉化成為道德標準的同時，「儒教」闡述的空間因而趨向保守。也就是說，在日本近代化的政治過程中，對外的獨立意識，也就是與「國學」以及「洋學」對抗的危機意識，「漢學」得以新的意義延續生存空間；而對內的統一，為了強調天皇制的權威與神聖，「儒教」轉而著重「修身、齊家」，並培養「忠君愛國」的觀念，強調「臣民」的義務、也就是「國民性」的展現，使得「儒學」的意義漸趨保守。而幾乎囊括所有「支那」學問的「漢學」（包括儒學）與「教育敕語」中用以確立國體的「儒學」思想，在日本領有臺灣初期的統治策略發揮了一定的作用。

## 二、「揚文肅造爐」：「文」與「文明」的嫁接

　　了解日本漢學的遞嬗後，再將焦點轉回臺灣。改隸之際，臺灣的文士們面臨學無所用的窘境。統治當局遂透過兩種形式，對臺灣儒生們進行文化籠絡。一是透過「官紳唱和」的形式，拉近彼此的距離，二是提供教育機會。在教育的部分，本論文第二章曾耙梳統治初期教育制度的演變：依據年齡及漢學素養來決定學生的入學資格，這是統合前清地方勢力的手段之一。

　　而所謂「官紳唱和」則是本段的重點。劉克明在《臺灣今古談》相當強調總督及長官們與文士的交流，可以看出他對此交流形式的重視。「官紳唱和」的風氣自《臺灣新報》（1896.6.17）創刊以來即有之。根據楊永彬的研究，臺北日、臺籍官紳原以《臺灣新報》之「文苑欄」作為雅集、設課題或者協同出遊的園地。雙方經過交流，明治29年（1896）12月20日在

「餞年文宴」上進一步發展為「玉山吟社」。[7]「玉山吟社」
是以民政長官水野遵之下的日本官員為中心，但陳洛、黃茂
清、李秉鈞等前清文士都是座上嘉賓。而在臺北之外，約略與
「玉山吟社」同時，臺灣各地縣廳辦務署的日籍官員，也多能
詩善文者，如：臺南知縣磯貝靜藏、苗栗辦務署之橫崛鐵研、
苑里辦務署之淺井元齡與斗六辦務署之山形脩人（後轉臺南
廳）。楊永彬曾指出，在地方官員當中，新竹支廳長櫻井勉可
說是官紳唱和的最佳代表，甫到任即邀新竹名士舉辦吟詠聯誼
會，常以北郭園、潛園做為吟會的場所，更帶動蔡振豐、鄭如
蘭、鄭鵬雲等人，重振「竹梅吟社」與日官紳相互酬唱。[8]吳
密察更指出，原在日本明治維新革命中失利的日本東北人士，
以及原來為德川幕府教學的漢學者，在臺灣改隸日本後，轉移
政治舞臺到臺灣發展。因為這些篤好漢學的日人，臺灣總督府
得以順利的施行「掞文揚風」的政策。[9]官方對報章上官紳唱
和以及實體詩社聚會活動，寄託政治意涵；而臺灣地方士紳、
宿儒在遭逢家國山河變色之後，面對官方的禮遇多半視為「恩
惠」。最具有代表性且造成實質效益的一次交流，莫過於明治
33年（1900）舉辦的揚文會。

　　明治33年（1900）3月15日，臺灣總督兒玉源太郎，邀請前
清時期曾在舊制科舉制度獲得學位的文士，到臺北參加「揚文
會」，會議在淡水館舉行。揚文會的名稱，源自唐玄宗在將軍王

7　楊永彬，〈日本領臺初期日臺官紳詩文唱和〉，《臺灣重層近代化論文集》（臺
　　北：播種者，2000年），頁114。
8　楊永彬，〈臺灣紳商與早期日本殖民政權的關係：1895年～1905年〉（臺北：臺
　　灣大學歷史研究所碩士論文，1996年6月），頁151。
9　吳密察，〈「歷史」的出現──臺灣史學史素描〉，《當代》224期，2006年4月1
　　日，頁41-42。

峻巡邊前所賜的五律送別詩，詩中寫道：「振武威荒服，揚文肅遠壚。」[10]取後句「揚文」二字，頗有自視為文化上國開拓蠻荒的政治意味。總督府的用意想必也是如此。當局發送邀請柬給會員時，同時向宿儒徵詢文教措施執行意見，包括：修保廟宇（文廟、城隍、天后等廟）議、旌表節孝（孝子、節婦、忠婢、義僕）議、救濟賑恤（養濟、育嬰、義塚、義倉、義渡）議。希望徵集文士的意見，請文士依題撰作文章，臨會時投遞。根據當時各縣廳的調查，具有廩生以上科舉資歷者，臺北縣37人、臺中縣42人、臺南縣60人、宜蘭廳12人，共計151人。當日出席者為臺北縣26人、臺中縣15人，臺南縣20人、宜蘭廳11人，共計72人。受邀會員停留臺北期間，除了會場宴饗，亦徵求隨意或命題的詩文，並安排至臺北各官衙及教育機構參觀。[11]當時名冠地方的彰化碩儒吳德功，也是與會文士之一。吳德功將此行撰成《觀光日記》，該書成為觀察這套「文化政治」的重要史料。揚文會舉行當年，部分文士曾建議將此活動改為永久性團體，於臺北設置總會，並在臺中、臺南、宜蘭、澎湖等各縣廳設置分會。[12]不過此決議並未成形，日後也未再有其他相關活動。

　　根據前人的研究，這場揚文會，存在著總督府與臺人士紳之間對「同文」理解的落差。[13]許時嘉更指出，後藤新平在揚文會

10　許時嘉，〈揚文策略下「文」與「文明」的交錯──以1900年揚文會為例〉，收於「第九屆國際青年學者漢學會議──臺灣文學與文化研究」會議論文，臺灣大學臺灣文學研究所、美國哈佛大學東亞系主辦，2010年7月9-10日，頁3。
11　《臺灣揚文會策議》（臺北：臺灣總督府，1901）。
12　吳德功，《觀光日記》（《臺灣文獻叢刊》第89種；臺北：臺灣銀行經濟研究室，1960）。
13　相關討論可參考陳培豐，《同化的同床異夢：日治時期臺灣的語言政策、近代化與認同》（臺北：麥田，2006）、川路祥代，〈殖民地臺灣文化統合與臺灣傳統儒學社會（1895～1919）〉（臺南：成功大學中國文學所碩士論文，2002年）、許時嘉，〈揚文策略下「文」與「文明」的交錯──以1900年揚文會為例〉。

場的演說，是如何讓「漢文」產生新的可能，亦即讓「漢文」與「文明」產生關聯。後藤新平從「格物致知」的觀點，闡述「大學之道」：「大學者，即在明明德，在新民，在止於至善。……所謂揚文者，並非徒事虛文乃發揚俗儒記誦詞章之習也。督憲閣下（案：指兒玉源太郎）之意，在普及日新之學，文明之德，期與其民之福利……」[14]透過「新民說」，低貶書房、私塾教育的「俗儒記誦詞章之習」，強調唯有透析「格物致知」，才能達到維新的新民之境。後藤新平循此脈絡，強調總督府因為反對舊的學習方式而提倡近代教育，並希望揚文會場上的演說以及會後學校機構的參觀活動，能讓傳統士紳明白唯有新式教育才能日新又新，傳統私塾的學習是無法跟上近代化腳步的。然而，這套邏輯在彰化碩儒吳德功心中卻產生了不同的詮釋。許時嘉指出，吳德功誤讀了後藤新平談話中強調近代教育體系的主軸，而將彼此對「舊式」儒學的批評視為溝通的橋梁，也就是說，在晚清時期，吳德功其實早已意識到，儒學教養徒具形式而顯得空泛。一場揚文會，使他發現從後藤新平格物致知的概念中，新式實學或許可以為漢文注入活水。[15]

後藤新平強調的實學，是為了使臺灣趨向「文明化」的策略。即使後藤新平有創作漢詩文的能力，「漢文」如何改革的問題，可能不是這位提倡「生物學統治」的民政長官關注的焦點。但遭逢改隸的臺灣人，特別是像吳德功這樣飽讀詩書卻無法一展長才的前清文士而言，「漢文」能存而不廢可能已經是奇蹟，若還能使「漢文」產生新的生命力，而自己又可能親見漢文的變

---

14 〈後藤民政長官揚文會演說〉，《臺灣揚文會策議》。轉引自許時嘉，〈揚文策略下「文」與「文明」的交錯──以1900年揚文會為例〉，頁4。

15 許時嘉，〈揚文策略下「文」與「文明」的交錯──以1900年揚文會為例〉，頁9。

革，何嘗不是一件令人欣喜的事。

不只是參與揚文會的72人感知執政當局的「恩惠」。揚文會報導一刊出，時為總督府國語學校國語科在學生的前清秀才謝汝銓，也將揚文會視為「惠政」。謝汝銓《奎府樓詩草》自序有言：「……甲午後，版圖易色，為應時急策，力習帝國語言文字，嚮所讀經書，悉束高閣，供飽蠹魚，國釁在學中，閱臺日報章，讀藤園督憲及棲霞藩憲，與內臺官紳，賡唱迭和佳什，見獵心喜，時一為之……」[16]藤園督憲與棲霞藩憲正是揚文會「最高指揮官」總督兒玉源太郎與民政長官後藤新平。字裡行間，明確表達出文士面對改隸的心境，雖然努力學習帝國語言文字，但看到昔日所讀之書只能束之高閣仍是百般無奈。但見當局竟能以文會友，這消息對臺灣文士而言確實振奮。這也是劉克明曾在《臺灣今古談》人事門第9篇提到他對當局舉辦揚文會的肯定之原因。劉氏並誇讚當局的作為可發揚「本島」文學、有助維持民風之敦厚。[17]

執政當局對「官紳唱和」的政治效應抱持著期望，與臺灣士紳對「漢文」保存與改良的心願，成了「文」與「文明」嫁接的主要依據。從這時開始，部分臺灣文士思考漢學的方式可能產生了轉變。向來以漢學正統自居的臺灣儒士，在成為「棄地遺民」的窘境下，接觸到維新後的日本漢學。在他們心中，所謂漢學正統在中國的基準，可能已經開始動搖。他們開始思索，為什麼「同文」的日本如此強盛，而清國卻積弱不振？因此，部分臺灣文士，本對日本作為中國漢學的一支的概念堅信不疑，卻在此刻萌生新的念頭：日本漢學可能才有繼承漢學正統的良好基因。這

---

[16] 參見謝汝銓《奎府樓詩草》自序，1931年。轉引自楊永彬，〈臺灣紳商與早期日本殖民政權的關係1895年～1905年〉，頁153。

[17] 劉克明，〈兒玉總督と揚文會〉，《臺灣今古談》，頁107。

或許是儒士們基於對漢學的堅持，而產生自我療癒的心態。卻也剛好是日本國內漢學為了在西學與國學的夾擊中，透過自視為漢學正統，企圖將東亞文化自古以來的中心從中國轉移到日本的策略。至此，日本「漢學」的脈絡，開始影響著臺灣「漢學」，因為日本近代「漢學」歷經政治改革囊括的革新意義，使得臺灣文士對臺灣「漢學」也產生改革的想像。臺灣效法、研究的對象從中國轉向日本，而「官紳唱和」這種酬唱的風氣，也在這個期待漢學改革的氛圍中被提倡與保存。在此，吾人若真要放大檢視臺灣士紳對於「一線斯文」保存的動機，筆者以為，一定有人抱持著維護文化正統的堅持參加詩會；但更重要的是，當總督府當局企圖透過文治策略籠絡士紳的同時，已使部分臺灣文士產生對「純粹正統」漢學繼承的疑問。除此之外，比探究「純正漢學」更值得注意的是，臺灣原有的漢學傳統，如何取法日本，使「東亞國粹」在臺灣也能獲得實踐？以下筆者接著討論日本統治初期的「嫁接」，如何持續影響著臺灣的漢學命脈。

## 三、從被動到主動：「東亞國粹」在「本島」之實踐

《臺灣日日新報》在統治初期即扮演了漢文命脈嫁接的重要媒介。明治38年（1905）7月1日，該報因擴充漢文版而獨立發行《漢文臺灣日日新報》。我們可以從獨立發行的〈始刊之詞〉，觀察當時擔任記者的文士是如何思考「漢文」的位置。該文開宗明義指出漢文報獨立刊行的原因，是因為原本《臺灣日日新報》中有邦文（日文）、漢文，內容「各異其趣，別擅勝場，不可比而同之」，[18] 所以另闢漢文報紙。而後，文章針對當時漢文使用

---

[18] 〈始刊之詞〉，《漢文臺灣日日新報》第2148號，1905年7月1日，第1版。

狀況，以及存在位置提出意見：[19]

> 本島于漢文，非猶幼稚之時代，而老大之時代也。惟其老大故，而柔脆薄弱。仍不脫幼稚時代之界線。則對此而輔之翼之，如卵而長之。以胚胎焉、模範焉、發達焉、強壯焉、……
>
> 漢文者，<u>同文之命脈，東亞之國粹也</u>。本邦在昔，名儒輩出，著作林裒，芬藻休明，和聲鳴盛。載在歷史，無庸縷贅。今雖歐化東漸，爭相揣摩外國文學。而于此道三折肱者，尚多其選。淒淒表東海雄風，猶足極一時之盛焉。<u>誠以命脈不容已，而國粹尤未可沒也。</u>
>
> 況如本島人上，朝斯夕斯，<u>寢焉饋焉，非漢文乎。念茲在茲，心藏心寫，非漢文乎。百回不厭，一字乙師，非漢文乎。看似無奇，造詣匪易，非漢文乎。印以腦筋，映之眼簾，駕輕就熟，事半功倍。又非漢文乎。芥子須彌，金身莖草，超以象外，得其環中，何莫非漢文乎。</u>解人可索，樂此不疲。此吾黨所由捧滿幅之精神，洒三升之墨汁，與同志相期于不敝也。<u>五色筆猶在君處乎。扶輪大雅，砥柱中流，馳騁文場，獨當一面，相從大海看迴瀾。所願起許我斯人而</u>■[20]<u>謀之，庶幾禱祀為不虛矣。</u>

前段首先說明臺灣漢文使用的狀況。文中指出，臺灣使用的漢文雖是古老的語言，至今卻未能脫離稚氣。應該要想辦法使這個語言強壯發達，使他像長了翅膀一樣、像破卵而出一樣。對於當時

---

[19] 〈始刊之詞〉，第1版。底線為筆者所加，後面引文同。
[20] 引文中若遇報刊字體不清晰，以「■」代替，以下同。

的漢文人而言，漢文是與本邦（日本）同文之命脈，是東亞的國粹。這個「東亞」指的是什麼呢？從後文接續「本邦」之昔來看，此東亞應該是指相對於「西洋」的概念而產生的「東洋」轉化為「東亞」的使用。也就是後來在戰爭期間被論述為「大東亞」的政治地域概念，是日本以本國為中心對西方與亞洲相對定位的語彙。[21]從後文可以看出，因為歐風東漸，西方語言「入侵」威脅到漢文的生存空間，但漢文的命脈不可被埋沒，應該要讓這個古老的語言加入新的生命，才能與西方語言鼎足而立。「本邦」昔日有諸多名儒，今日更重視漢文；何況對於臺灣人而言，所思所言就是漢文，更應該扛起維繫漢文之責，馳騁文場、獨當一面。

　　日本統治臺灣十年之後，臺灣文人試圖取得論述「東亞國粹」、創造漢文變革的主動權。古典漢文也在承載著日本帝國政治地域擴張的論述下持續存在，造就了殖民統治下新型態的文學環境。這個文學環境充滿著政治角力，卻也使得古典漢文產生一股新的生命力。在近代化傳播媒體、通信、交通設施的推波助瀾下，古典漢文的內涵與紀錄的形式開始轉變。

　　首先，在前清秀才、後畢業於國語學校國語部的謝汝銓身上，吾人看到的是他透過漢文在媒體的實踐，使漢文存續的意義受到重視。如何使漢文成為近代實用之學？我們以謝汝銓加入《臺灣日日新報》擔任記者時的發言為例。謝氏於明治38年（1905）進入《臺灣日日新報》擔任漢文記者，此為其展開在近代媒體諸多活動之始。根據蔡佩玲的研究，國語學校畢業後，謝汝銓原任「警察官吏練習所臺語教員」之職，之所以放棄該職務

---

21　陳瑋芬，《近代日本漢學的「關鍵詞」研究：儒學及相關概念的嬗變》，頁135。

至《臺灣日日新報》擔任漢文記者，是因他認為記者之筆如同史官之筆，更能發揮社會影響力，喝破舊習、漸進文明，達「立言」之功。[22]因此，謝汝銓在《漢文臺灣日日新報》獨立發刊時，曾發表祝賀詩如下：[23]

〈祝詞次韻〉

始政甫十年，有開此必光。新民爭鑄腦，分道快揚鞭。立派文成界，懸河口汲泉。鴻溝今日畫，提決慎防川。

　　始政過了十年，官方仍能重視漢文，在臺灣獨立開設漢文報紙，可見漢文的重要。因為「本島新民」都想學習新的知識，如能透過《臺灣日日新報》與《漢文臺灣日日新報》分道進行、雙管齊下，「本島」居民能更快速地接受新知。這是臺灣文人透過媒體使漢文傳播、延續，並擴充漢文內涵的一例。而筆者接著要討論劉克明與魏清德對日治時期臺灣漢文存續的看法。

　　首先，劉克明與魏清德皆曾檢討「本島」傳統漢學形式而有相關發表。劉克明在《臺灣今古談》人事門第82篇〈人才を縮めた八股文〉，指稱過於注重形式的八股文對文人造成思想束縛，是支那積弱不振的最大弊端。所謂八股，指「破題、承題、起講、提比、虛比、中比、後比、大結」，參加考試的人都必須依照此標準撰文。[24]這不僅是八股取士的弊病，也是漢學逐漸失去生命力的原因。曾經參與日本「斯文會」[25]舉辦的國際儒道大會

22 蔡佩玲，〈「同文」的想像與實踐：日治時期臺灣傳統文人謝雪漁的漢文書寫〉（臺北：政治大學中國文學所碩士論文，2008），頁37-38。
23 〈始刊之詞〉，第1版。
24 劉克明，〈人才を縮めた八股文〉，《臺灣今古談》，頁181。
25 「斯文會」是明治13年（1880）6月6日在日本神田學習院成立的漢學團體。創會

的魏清德，檢討漢文的力道則較劉克明來得更為猛烈。魏清德在昭和10年（1935）到東京參與「斯文會」主辦的國際儒道大會，回臺後曾在《臺灣日日新報》漢文報連載〈東遊紀略〉。其中第六篇〈漢學決非迂闊〉頗能代表他對漢學革新的看法。同劉克明之見，魏清德亦將「八比取士」視之為誤用漢學：[26]

> 中國之人，咎在不習漢學，及誤用漢學。舉環而國於地球之國民，其不就學率之多，孰如中國。漢學重在格物。孔子為聖之時，孔子之教明德新民，何嘗教人守舊，何嘗教為政者以八比時文愚民取士。使優於八比，不通世情之士，出為民牧，或立於廟堂之上，尚論治平。於曾文正公所謂實事求是之四字何關？莫怪政治上之永久不上軌道。

文中指出，近代中國的問題在於不能參透漢學的深意而誤用了漢學。漢學的重點在「格物」，也就是透過推究事物的真理不斷創新。漢學從不教人守舊，更不教為政者以「八比」之文作為愚民之策。任用八比文章寫得優異卻不通世事的人，怎麼可能有治理國家的能力呢？無怪乎昔日中國積弱不振、政治永遠不上軌道。

　　這段發表於昭和10年（1935）的文字中有著「格物」、「新民」等字眼，幾乎像是統治初期後藤新平在揚文會演說的重述。不過，就像前文強調的，後藤新平演說的重點並不在「漢學革

---

成員包括岡本監輔（1839～1904）、中村正直（1832～1891）、內藤恥叟（1827～1903）、重野成齋（1827～1910）、川田甕江（1830～1896）、馬場辰豬（1850～1888）、福地源一郎（1841～1906），批評西學、擔憂日本過渡盲目西化，因而提倡復興漢學。該會主要活動分為辦學校、每週講說、著撰漢學雜誌三項。陳瑋芬，〈附錄一：近代日本漢學的庶民性特徵──漢學私塾、漢學社群與民間祭孔活動〉，《近代日本漢學的「關鍵詞」研究：儒學及相關概念的嬗變》，頁306-314。

26　潤（魏清德），〈東遊紀略其六：漢學決非迂闊〉，《臺灣日日新報》第12637號，1935年6月6日，夕刊第4版。

新」，反而是為了突出書房、私塾教育的不合時宜而有此論述；
但在當時卻造成部分臺灣儒士產生漢學改革的想像。後藤新平在
揚文會場上製造了一個美麗的意外，無論後藤新平是否知道日本
近代漢學革新的背景，日本近代漢學強調「格物致知」的實學思
考確實存在。於是臺灣的漢文命脈在官方與文士之間「同文」的
誤會下，以「各取所需」的型態延續。既然臺灣文士對於改革有
期待，日本對漢學的重視與明治維新以來的漢學變革，就成為臺
灣人取法的對象。正如魏清德在〈漢學決非迂闊〉對日本漢學的
推崇：[27]

> 日本國反是，歷代為政者，依儒教之精神，以鼓舞士氣，
> 又無八比取士，所學非所用之弊，明德新民以取採科學長
> 處，所志在於止於至善，治國平天下。

中國誤用漢學，反觀日本，歷代的執政者皆遵循「儒教」的精
神，用以鼓舞士氣。日本又無八比取士之弊。執政者能正確的發
揚漢學傳統精神，使道德可明、亦可使民維新，取用科學的長
處。致力於發揚道德修養的執政者，才能治國平天下。

　　從劉克明的詩文亦可得知他對漢學取法對象的意見。為了祝
賀魏清德受邀前往湯島，劉克明作有〈送魏潤庵君參列湯島釋奠
並赴斯文大會〉一詩，反映了他對「斯文傳缽」的看法：[28]

> 聖道巍巍今古尊，宮牆萬仞仰師恩。斯文到底誰傳缽，至

---

[27] 潤（魏清德），〈東遊紀略其六：漢學決非迂闊〉，《臺灣日日新報》第12637
　　號，1935年6月6日，夕刊第4版。
[28] 劉克明，〈送魏潤庵君參列湯島釋奠並赴斯文大會〉，《臺灣教育》第396號，
　　「漢詩」欄，1935年7月1日，頁89。

第五章　「同文」的美麗錯誤：從劉克明看「漢學」與「同化」的關聯

217

旨窺深得入門。不寂遠行同故老，還欣初面看新孫。帝京三月春方好，柳綠花紅鶯燕喧。（作者註：「魏君故鄉老儒鄭養齋先生同行，其長男火曜君在東京，女子初生，故頸聯云及。」）

聖道，就是孔道，就是「儒教」，就是日本國體的核心價值，也是真正懂得發揮漢學長處的日本帝國尊奉為正道的至善之道。首聯第二句化用論語典故。《論語・子張》：「子貢曰：『夫子之牆數仞，不得其門而入，不見宗廟之美，百官之富。』」不正是在稱許日本能得「儒教」之正道，使宗廟美、百官富？頷聯一問一答，正是直指日本帝國才是真正存續、發揚漢學的國家。

雖然上述有關劉克明與魏清德兩人對漢文改革的說法，見於1930年代。然則取法於日本漢學的風氣，從日治初期「同文」的嫁接以來，就可能影響臺灣文士思考漢學變革的問題。以下試述之。

日治時期透過結社方式切磋文藝的古典文學團體，可依文類分為「文」與「詩」。詩社的部分是筆者後文論述的重點，在此，先略談「文」的變革。1920年前後，臺灣的文社躍上文壇：大正7年（1918）的「崇文社」、大正8年（1919）的「臺灣文社」以及大正11年（1922）的「高山文社」，都可以視為透過漢學變革、維繫漢文命脈的漢文團體。從各文社的徵文題材及獲選文章，吾人即可看出臺灣文人積極的透過漢文，討論臺灣社會風俗、政治環境等等經世濟民的議題，筆者以「崇文社」為例。根據蘇秀鈴的研究，[29]日治時期第一個文社「崇文社」，在大正六

---

[29] 蘇秀鈴，〈日治時期崇文社研究〉（彰化：彰化師範大國文學系碩士論文，2001年）。

年（1917）到昭和十六年（1941）的活動期間，300多期的徵文中相當關心臺灣各方面的議題。包括社會風俗改良、政治經濟與社會議題、漢學維繫以及教育與婦女問題。特別值得注意的是，在「漢學維繫」的議題上，從其獲選文章可看得出來崇文社對漢學的立場：漢學具有導正國家社會、裨益經濟民生、促進日臺調和等價值。

　　回到「詩」的形式來談。以詩為主體作為交流形式的官紳唱和，間接使得日治時期的詩社集結，成為維繫漢文最主要的形式。在古典詩發展的脈絡中，日治時期漢詩的改革曾經歷一場轟轟烈烈的爭辯。明治40年（1907），連雅堂在《臺南新報》發表臺灣詩界革新論，反對日治時期大為興盛的擊鉢吟。連雅堂認為，擊鉢吟是一種遊戲之作，只是朋友聚首時的消遣文字，一遇大題，不能結構。此文一出，臺中《臺灣新聞》記者陳瑚（1875～1922）加以反駁，臺中櫟社同人也復助之。雙方往來之間，筆戰旬日，後由林朝崧（1875～1915）出面調解。[30]

　　臺灣自清代即有詩社集結，但日治時期眾人群起學詩的風潮，使臺灣各地詩社如雨後春筍般出現。因此，即使「詩社」興起使漢文得以延續，但詩人們認為訓練詩藝、切磋詩技的方式卻有檢討的空間。此間，除了明治40年（1907）發生著名的詩界革命論辯，吾人亦可以從魏清德對臺灣詩社發展趨勢的觀察，看出魏氏對詩社林立之現象的看法：[31]


　　　本島人既安於臺灣政治矣，又熟知八比之無用、六經

30 引自鄭喜夫，《連雅堂先生年譜》（臺北：臺灣省文獻委員會，1992年），頁47。
31 雲（魏清德），〈時趨之瑣言〉，《漢文臺灣日日新報》，「叢錄」欄，1910年9月9日，第4版。

深遠，不適於時。乃群起而趨詩學。瀛社起於北，南社起於南，櫟社起於中。前後顧盼，隱然若常山屹之勢。羅山吟社、竹城詩社、瀛東小社，且群起若雨後筍⋯⋯

　　臺灣中年以上文士，既捨八比以從事於詩。而青年輩亦爭起而從之。當夫校中研究之時，則專心從事新學，奚■他顧。泊畢業而後，競爭生活於活社會之間。方知前此之極力排斥者，似未全可，由是而折節讀詩，以與世應酬。漸浸潤向上。成作家者不乏人。商、豪富之徒亦然。⋯⋯

　　或謂文章詩歌，易於麻醉，是誠不然，要得其中庸耳。漢高帝之歌大風，諸葛武侯之吟梁父，魏徵之述懷，左太沖之詠史，塞薩爾那破倫之著書，何嘗為文章詩歌麻醉。故伊藤公兒玉督憲亦嘗吟詠自適，後藤遞相讀古今集恒愛翫其味。可見詩之發達，未可以非，第要求詩人正法門耳。論思想之高尚，今詩不如古詩。詞調之鏗鏘，古詩不若今詩。嗚呼此後詩學之趨潮賈吾不得而知。第論今日之時趨斯已。

魏氏一文從文學的實用性談起。在社會漸趨安靖之後，臺灣人知道八比是無用的學問，六經過於深遠，不適用於當世。所以眾人群起學詩，成為時代之風潮，詩社因而勃興。以三大詩社領航，分別是臺北「瀛社」、臺中「櫟社」、臺南「南社」。在三大詩社之外，各地又有衛星詩社集結，以北臺灣為例，有「羅山吟社」、「竹城詩社」、「瀛東小社」等等。因為學詩沒有年齡與職業的限制，所以人人都可以勉強學詩，與世應酬。逐漸薰陶或可增益詩技，因而成為作家者不乏其人，即使商賈、富豪這一類

的人也能以作家自稱。言下之意，魏清德頗能認同眾人「捨八比以學詩」的舉措，就實用而論，學詩的價值較高。

然而本文之末，魏清德也對此現況提出批評。他認為，既要學詩，就要有適當取法的對象。魏氏以四位「支那」文學史上的大家及其經典、二位西洋作家，以及伊藤博文、兒玉源太郎與後藤新平為例，表示這些人學詩能得正道而自成一家。因此，魏清德雖鼓勵學詩，卻認為詩社林立的現象，不等於漢文的興盛。人們雖然懂得了作詩的技巧，但詩文之思想內涵卻不如古詩。文末他表示，關於此後詩學的風氣會如何改變，吾人不得而知，他只是提出當世詩潮必須要注意的現象。

可以見得，詩社的集結使漢學之脈得以流傳，但學詩的形式及內涵改革的方向則仍有許多討論空間。內涵改革的方式有很多種，可能包含典故新用、近代化內容入詩或者題材的擴充。走筆至此，不難想見文人對漢學改革的期待。於是，在題材擴充的部分，筆者將試著討論向來為研究者「詬病」、看來「思想純正」的「歌頌帝國」之作。部分臺灣文人在向日本漢學取法後，將宗教般的國體思想融入詩作中的意義。這不只是詩的內涵之變異，筆者認為，這也是這些創作者企圖昭示「本島臣民」與「內地臣民」齊心齊力為國盡孝的自我詮釋。他們化被動而主動，要讓「東亞國粹」合情合理的在「本島」實踐，俾使漢文持續傳播。

本論文第三章曾由劉克明對天皇聖藻的詮釋，論證「天皇乃風教基準，文物制度之本」這種思想，對深受殖民近代教育影響的劉克明而言是相當有說服力的。劉克明更認為「島民幸列帝國幬幪下，遭逢昭代盛世，當思有以答報國恩之萬一也。」[32]島民

---

32 劉克明，〈始政第二十年記念日書感〉，《臺灣教育》漢文報第158號，1915年6月1日，第1版。

有機會成為帝國臣民，為國盡忠盡孝，即是「教育敕語」中同文的「儒教」思想為島民開啟的同化之路。此外，最能彰顯國體之優，展示「國民道德」至善之道的「教育敕語」，更無時無刻在對帝國臣民呼告道德實踐的責任。而道德實踐的最高指標，就是忠君愛國。因此，盛讚皇統一系，除了是對「忠君愛國」思想的認同，也是一種詩作內涵、思想上「擴充」，甚至可稱之為「質變」。這種「質變」是部分文人取法日本漢學後，實踐於變革中的臺灣漢學之顯例。在日治時期眾多歌頌天皇、帝國的詩作中，筆者以本論文研究對象劉克明以及劉氏摯交魏清德的詩作各一作品為例。

> ### 魏清德〈恭賦紀元節〉[33]
> 有豐葦原瑞穗國，聖子神孫帝不極。維皇神武興東征，
> 奄有內外群醜平。橿原垂拱仁易暴，舍孕光熙慶洗兵。
> 爾復相傳二千五百年七十載，隆隆朝旭仰神京。富士之嶽
> 高且秀，新高之山出其右。六合一家盡同仁，遙遙嵩呼
> 祝萬壽。版圖此日益恢大，南至臺灣北樺太。執盟牛耳主
> 東亞，玉帛衣裳萬國會。歅旁山上卿雲章，歅傍山下國威
> 揚。只今明治昭昭代，正見皇祖列宗樹值之深長。

紀元節是為了紀念日本第一代神武天皇即位的紀念日，因此自「有豐葦原瑞穗國」到「舍孕光熙慶洗兵」，講的是日本書紀中神武天皇率旅東征、一統群雄的典故。首句「葦原瑞穗國」，指的就是日本。葦原是指昔日環海多生葦草，瑞穗則是指物產豐碩

---

33　魏清德，〈恭賦紀元節〉，《臺灣日日新報》第3536號，「詞苑」欄，1910年2月11日，第1版。

之地，故有此名。神武天皇營造宮室即帝位的辛酉正月庚辰朔（西元前660年一月一日），即為日本開國紀元。萬世一系的天皇制，傳到魏清德撰詩的明治43年（1910），已經2570年。「橿原」是神武天皇平定諸族後建築宮殿的地方。位在今日本奈良的橿原神宮，於日治時期時，是臺北師範學校臺灣學生畢業旅行時必定會去參拜的地方。接著，從「富士之嶽高且秀」到最末句，皆指出臺灣隸屬於日本，共沐皇恩、共慶紀元的榮耀時刻。日本有富士山，臺灣有新高山，巍巍聳立。所謂「六合一家」就是劉克明在《國語對譯臺語大成》中〈咱的國〉說的：「咱日本國講是六個大島來合的」[34]，即「本州、四國、九州、北海道本島、臺灣、樺太」六個大島。六大島上居民，都是天皇的臣民。在政治清明的當世，同見日本帝國萬世之強盛。

### 劉克明〈恭祝聖上即位大典〉其一[35]

九五高登極，兆民嵩祝虔。金甌真鞏固，玉牒永延綿。虎拜輝煌殿，龍飛燦爛天。清晨東叩首，初日正鮮妍。

昭和2年（1928）11月10日，昭和天皇在東京即位。帝王即位，六合一家的臣民皆歡喜同慶。劉克明這首「恭祝即位」的組詩中，第一首用詞華麗，寫得金碧煥發，似是為了強調日本強盛的

---

[34] 劉克明，《國語對譯臺語大成》（臺北：新高堂書店，1916年11月30日），頁347。

[35] 本詩有序，錄於下：「聖子神孫，乃文乃武。鳳遊西歐，名稱寰宇。元首交歡，得度規矩。攝政有資，親外有補。一視同仁，念新領土。鶴駕南巡，德澤普敷。先帝賓取，追遠慎終。天命維新，寶祚無窮。追琢其章，金玉其相。百姓昭明，協和萬邦。踐祚三年，即位舉式。旭日倍光，瑞雲五色。燕賀嘉賓，來自萬國。自西自東，自南自北。嘉樂君子，顯顯令德。自天右之，受祿無息。」劉克明，〈恭祝聖上即位大典〉，《臺灣教育》第315號，「漢詩」欄，1928年11月1日，頁153。

國勢。他從國安的鞏固，談到史籍的綿延，即是為了讚頌萬世一系的天皇制度使日本如此強盛。此五律之尾聯再把強盛的日本比擬為東方初升起的太陽，充滿著生命力，欣欣向榮。

　　如果將這兩首詩放在漢民族主義、漢民族認同的脈絡來分析，大概只會讓兩人留下千古罵名。然而，若能回到詩人的生命經歷、回到文學發展的角度來看，也許能有另一個層次的解讀。1895年臺灣人被清國「遺棄」，面對被殖民的歷史現實，文人們思考的是，如何讓趨於流弊的漢文得以改革、延續？應該以誰作為取法的對象？同前所述，當「正統」產生動搖，臺灣的漢學開始與日本漢學產生無可迴避的關聯。而這種讚頌國體的詩作，站在文學史發展的角度，我們除了迴避與指責，或許更應該嘗試從取法日本以及「國民性」的涵養，對臺灣漢詩內涵所帶來的變革進行分析。事實上，目前如陳培豐、黃美娥等人都提出了精闢的見解。陳培豐認為日本漢詩與臺灣漢詩「同文不同調」：「相對於『國語』以及和歌俳句被認為是涵養日本國民性的唯一管道；漢字、漢詩文則增強了『他者性』的色彩，而變成一種足以讓統治者利用的工具。」[36]因為臺灣漢詩與日本漢詩的本質差異，陳培豐並不同意漢詩有承載「國民性」的能力，它只是一種工具。黃美娥延續陳培豐的說法，[37]認為：「臺灣漢詩之欲承載日本國民性，無疑會混淆日、臺文化位階與界線的問題。」然黃文中亦

---

[36] 陳培豐，〈日治時期的漢詩文、國民性與皇民文學——在流通與切斷過程中走向純正歸一〉，《跨領域的臺灣文學研究學術研討會論文集》（臺南：國立臺灣文學館，2006），頁475-483。

[37] 該文提出日、臺漢文在跨域接觸的同時為彼此帶來的轉變。包括日本漢詩的引介使臺灣的漢文邊界擴大與位移、近代媒體的興起對「文類」的啟發、臺灣古典文學知識論等等，而「國民性的涵養」，是其中一例。黃美娥，〈日、臺間的漢文關係：殖民地時期臺灣古典詩歌知識論的重構與衍異〉，《東亞現代中文文學國際學報：臺灣文學與跨文化流動》第3期，2007年4月，頁111-133。

引了魏清德在《臺灣日日新報》發表的「詩及國民性」一文，並指出魏清德對臺灣漢詩涵養「國民性」確實是抱持肯定且期待的。因此，筆者以為，所謂「足以讓統治者利用」的被動性，以及「文化位階」的自我矮化問題，並未考量臺灣人在「同文」的架構中，企圖取得「同調」的「國民性」論述，其實是臺灣人在漢文脈擴張的實驗中，試圖取得國體詮釋權、昭示「本島人」身為帝國臣民之正當性。如同筆者第三章曾經指出，與其說劉克明是被官方利用來詮釋天皇〈聖藻〉的棋子，不如站在他對漢文脈延續的期待來看問題。劉氏主動透過臺灣固有文化概念詮釋〈聖藻〉，在「同文嫁接」的策略中採取主動位置，實踐「教育敕語」中忠君愛國的思想。換句話說，劉克明，有著漢學學養、認同日本，且並不認為「本島文化」劣於「內地文化」；在他看來「本島人」只是帝國諸族中的後來者，欠缺的只是對「國體」的認識與「國民性」的涵養；是以，在「同文」的傳統下，臺灣人當取法日本漢學的改革，可以透過詩歌、文章歌頌「國體」、涵養「國民性」，或者透過漢文經典詮釋〈聖藻〉，使臺灣的漢文脈也能像日本漢學成為實用之學、富國強兵之道，並得以延續。

綜上所述，「涵養國民性」的概念在詩作上的實踐，是一個值得深化的問題。必須再次強調的是，這是漢學內涵變革的實踐之一，不是實踐的全部。在本節，筆者只是想指出，臺灣人在思考原有的漢文傳統如何取法日本，使「東亞國粹」在臺灣也能獲得實踐的同時，可能存在著從被動到主動的意圖。然而，本文以劉克明為研究中心，只能提供「從被動到主動」之立場轉換的證據，此議題的討論上仍有侷限。如何全面性的觀察取法日本漢學思想改革、對臺灣漢文脈所造成的影響，以及臺灣人在此脈絡中的立場等等問題，則有待未來更進一步的分析。

## 第二節　維繫一線斯文的責任與失落

　　第一節簡要論述臺灣部分文士在「同文」嫁接後對漢學的態度，以及取法的對象。經由前面分析，筆者認為，臺灣各地詩社的成立，可視為部分文人對漢學抱持變革的期望，因而藉以維繫漢文存在的一種型式，文人們也透過詩社活動切磋詩藝，因此詩社集結確實有其存在的意義。據此，吾人不能說「維繫漢文」的企圖，沒有「漢民族意識」的影響，但也並非人人皆為「保存漢民族文化」而為之。端看不同人物的論述及其思想脈絡才能斷定。也因此，本節透過劉克明參與創設的「詠霓吟社」及「瀛東小社」之活動分析，以及他對「竹梅吟社」的追念，分析劉氏在「維繫一線斯文」的動機與責任。

### 一、不可遺棄的傳統：竹梅吟社、詠霓吟社與瀛東小社

#### 1.竹梅吟社

　　詩社，這個被日本統治當局允許存在的漢文交流的形式，臺灣文士們並不陌生。最早可溯至前清時期沈光文與諸羅縣令季麒光等人籌組的「東吟社」。比起八股取士，這一段值得臺灣人追溯的漢學傳統，不僅成為《臺灣今古談》中連繫古今漢文命脈的主要依據，也是劉克明堅持漢學的主要動機。

　　對於劉克明而言，讀詩、寫詩這件事情，除了實踐漢學變革的可能性之外，還有一個重要動機，就在於對鄉賢的追懷。生於竹塹的劉克明，進入國語學校就讀以前，都在竹塹地區生活。對於這個被譽為「北臺文學之冠」的故鄉，他有著深厚的情感。他以「竹

外」、「竹外生」為號，意指在竹塹之外的自己；並時常在詩文中回憶故鄉點滴。然而，劉氏晚年回憶故鄉的詩文中，卻常有老大無成、無顏見江東父老的感慨。根據筆者第四章的分析，這種素志未酬的感慨，可能與日治末期漢學衰微有關。是以，劉氏對漢學的堅持，實與他對鄉賢文學成就的敬重有一定程度的連結。前清時期，竹塹地區曾有「竹城吟社」、「潛園吟社」、「斯盛社」、「竹社」、「梅社」、「北郭園吟社」以及「竹梅吟社」。劉克明的父親劉廷璧曾經是「竹梅吟社」的一員，因此，這是我們討論劉克明對漢學的堅持時，不可忽略的文學脈絡。

有關於「竹梅吟社」的成立與發展，詹雅能《竹梅吟社與《竹梅吟社詩抄》》一文詳細考證了「竹梅吟社」的活動時間及其成員。以下參考該文簡述之。成立於光緒12年（1886）的「竹梅吟社」，是清代竹塹地區七個詩社中最末的一個，吟社也循事繼「竹社」與「梅社」而來，事實上具有承先啟後的意味。該社經歷過幾個重要變化階段：起初社友寥寥數人，劉廷璧是創社社員之一；後來與會者漸多，詩社活動逐漸熱絡；至光緒15年（1889）由於社員任官、作客遠去，且部分社友相繼過世，詩社由早期盛況走向衰退。甲午（1894）年間，因社員陳濬芝取中貢士，原有復興詩社之意，卻因甲午事變而停擺。直到日治時期，因新竹支廳長櫻井勉對詩社的推崇，竹塹地區文風再起。明治43年（1910）本地詩人蔡啟運邀集文人創立竹社，並標舉「竹梅吟社」的精神，彷彿「竹梅吟社」的重生、延續。從作品數量來看，「竹梅吟社」中本土文人創作量之前五位為蔡啟運、陳朝龍、鄭兆璜、陳濬芝以及劉廷璧。[38]其中，劉廷璧又與蔡啟運、

---

[38] 詹雅能，《竹梅吟社與《竹梅吟社詩抄》》（新竹：竹市文化局，2011年12月），頁84-88。

陳朝龍交誼頗深。[39]

　　「竹梅吟社」的歷史，對於劉克明的人生經歷而言，有兩個重大的影響：其一、原本已經中斷的漢詩文交流活動，在日籍長官的帶領下重啟文風；其二、便是劉克明對鄉賢、父親的追懷。前文曾提及「官紳唱和」對日治初期臺島之安靖發揮了一定的效果，籠絡臺籍仕紳，使其產生「同文」的想像。因此，在同文的想像中，如劉克明這樣受過漢學教育又進入日治時期新式教育系統的文人，編織了一條振興漢文的路徑。從被動到主動，在漢詩文中承載「忠君愛國」的道德實踐。詩社，是被官方「認可」的漢學活動，也因此，劉克明認同日本；詩社，也是劉克明連繫古今漢學延續的脈絡，曾經文風鼎盛的竹塹，在日治時期仍有後人繼起，重開詩會。而有關「竹梅吟社」的歷史更不可忘。記載「竹梅吟社」活動較為完備的史料是大正3年（1914）蔡啟運之子蔡汝修所編的《臺海擊缽吟集》。[40]也就表示大正3年，「竹梅吟社」曾經活躍於清代的事蹟已見世。然「無悔道人」劉克明於日治末期仍不忘在《臺灣今古談》中提及劉廷璧的事蹟、使用父親的字號，並在戰後《詩文之友》再次刊載「竹梅吟社」的作品，[41]一方面期待發揚先賢既有的優良漢學傳統，一方面也是為了紀念自己的父親。

## 2.詠霓吟社與瀛東小社的活動紀錄

　　劉克明不只借用父親的雅號「無悔道人」，更自稱「竹外人」。既然「竹外人」寄居臺北，歸返竹塹遙遙無期，如何在

---

[39] 黃美娥，〈北臺文學之冠——清代竹塹地區的文人及其文學活動〉，頁111。

[40] 蔡汝修，《臺海擊缽吟集》（臺北：龍文，2006年）。

[41] 見《詩文之友》4卷3期、4卷5期、5卷1期、5卷5期、6卷4期、6卷6期、7卷1期、8卷4期、9卷3期。

臺北延續先賢的優良傳統呢？詠霓吟社與瀛東小社的成立，可視為劉克明為延續漢學傳統的實踐。根據劉克明在《臺北文物》第4卷第4期「臺北市詩社專號」的記述，「詠霓吟社」成立於明治38年（1905）。由樹林黃純青、王百祿以及土城王少濤等北臺詩人組成。「詠霓」吟社的社名為板橋趙一山所號，取李商隱〈留贈畏之〉「空寄大羅天上事，眾仙同日詠霓裳」之句。霓裳原指神仙的衣裳，而相傳神仙以雲為衣裳，乃取其意象，指吟詠風月。因此，透過詩文交際往來，精進詩藝，是「詠霓吟社」成立的主要目的。

劉克明在〈倡設詠霓吟社序〉說明創社緣由如下：[42]

> 夫詩者，心之聲也，非心之字也，志之所之也，非技非藝，可誇長誚短，專攻刻苦，勉強而鋪陳者也。然則，豈無學而能乎？……天下豈有無理之文章哉？豈有無學之詩人哉？……似樂天專攻又不可，如僕卿放任則不能。適得月樓純青、亦輞齋雲滄、竹隣齋百祿三子亦有此意，爰取眾仙同日詠霓裳之義，目曰詠霓吟社。庶幾閒日月時，可與會友揮毫言志，赤筆伸懷，一篇數字，即可與四海兄弟，交際往來，淡而清，風而雅，所謂眾仙同日詠霓裳者，即如此也。

詩，是表情言志的管道；作詩，是門學問，不是倚仗幾個雕蟲小技就可以勉強成詩。這是具有漢學背景的文人對漢學延續的堅持。天下沒有不學道理就可以寫成的文章，也沒有不參透詩的精義就可以寫詩的人。因此，劉克明有意邀集友人共同切磋，適逢

---

42 劉克明〈詠霓詩社〉，《臺北文物》4卷4期，1956年2月1日，頁31。

黃純青、王少濤、王百祿志同道合，因而集結詩社，名為詠霓。

「詠霓吟社」活動方式與其他日治時期的吟社不同，主要透過日治時期便利的郵政，以寄稿形式聯絡社員。詩社成立之後，未設置社長，亦未聚會擊缽；而是由值東者出課題通知會員，會員完成詩稿後寄回，待值東騰錄成冊後，再由詞宗評選，後分送作者。[43]曾擔任「詠霓吟社」值東者包括板橋趙一山、大溪邱倬雲、桃園鄭聯璣、承輝，以及新竹王松。

目前有關「詠霓吟社」的參考資料，以劉克明在《臺北文物》刊行的回憶文字為主。此外，臺灣文學館藏有一本線裝的《詠霓吟社詩抄》[44]，封面書有「篁村藏」。據此可以修正有關「詠霓吟社」的成立時間，以及增補「詠霓吟社」的活動資料。因此，以下筆者就目前可見的資料勾勒「詠霓吟社」集會概況。

首先，是有關詩社成立時間的討論。許惠玟在《瀛社會志》中曾經提到「詠霓吟社」成立時間的問題，她指出張國裕、賴子清皆作明治38年（1905）成立，然而黃純青在〈臺北詩社座談會紀錄〉中的回憶，卻作明治36年（1903），王國璠在〈淡北詩論〉及《臺北市志稿》的說法承此說而來。[45]而根據臺灣文學館所藏《詠霓吟社詩抄》，後有劉克明回憶文字：[46]

---

[43] 劉克明〈詠霓詩社〉，頁31。

[44] 《詠霓吟社詩抄》（臺南：臺灣文學館藏），1葉。筆者自「全臺詩研究室」取得自臺灣文學館翻拍後的電子檔，特此致謝。

[45] 張國裕，〈臺北詩社座談會紀錄〉，《臺北文獻》直字122期，1997年12月，頁3。賴子清，〈古今北臺詩社〉，《臺北文獻》74期，1985年12月25日，頁174-175、賴子清，〈古今臺灣詩文社〉，《臺灣文獻》10卷3期，1959年9月，頁92-93。王國璠〈淡北詩論〉，《臺灣文獻》直字13-14期，1970年12月，頁132、王國璠，《臺北市志稿》卷八〈文化志‧文化事業篇〉。參見林正三、許惠玟，《瀛社會志》（臺北：文史哲，2008年10月），頁160。

[46] 《詠霓吟社詩抄》，1葉。

明治36年（民國前9年）余畢業國醫後，與臺北蔡信其、
板橋王雲滄、鍾上林，樹林黃純青、王希達、王伯（案：
應作百）祿、李碩卿、桃園葉連三、呂郁文、羅舜卿、羅
守寬、林麗卿、新竹魏潤菴、苑里鄭聰楫、大甲莊雲從諸
君，結吟社曰詠霓。是為北部最初之吟社也。今翻閱此
卷，當時吟友以大半作古，不禁悵然久久。

民國三十七年十月七日　篁村

　　該文指出「詠霓吟社」創設時間是在劉克明自國語學校畢業
之後，而在《臺灣今古談》人事門第83篇〈詩社の林立〉也說創
設於明治36年（1903）。[47]因此，筆者認為，「詠霓吟社」成立
的時間點當以明治36年（1903）較為可能。不過，無論是明治36
年（1903）或是明治38年（1905），「詠霓吟社」確實是日治時
期北臺灣最初之吟社。

　　接著，據《詠霓吟社詩抄》所載的課題，可知該社交流的實
況：《詠霓吟社詩抄》抄錄該詩社課題8回，每回2到3題不等。
若根據《臺北文物》一文的記載，「詠霓吟社」課題計出10題，
該抄本恐怕還有遺漏。在其目錄頁，亦有劉克明筆跡寫著：「似
有遺漏數期。」各期內文筆跡不同，大約是由值東抄錄該期詩
作，後交付劉克明庋藏之本。茲將八次課題及參與人員表列如
下：[48]

---

[47] 劉克明，〈詩社の林立〉，《臺灣今古談》，頁184。
[48] 《詠霓吟社詩抄》，無頁碼。

表5.1 《詠霓吟社詩抄》各期詩題與作者載錄

| 期號 | 詩題 | 作者 | 值東 | 評點 |
|---|---|---|---|---|
| 1 | 賦得眾仙同日詠霓裳 | 魏清德、葉連三、鄭濟若、莊雲從、李碩卿、黃純青、王希達、王百祿、劉克明 | 未錄 | 趙一山 |
| | 中秋夜遊劍潭寺 | 魏清德、葉連三、鄭濟若、莊雲從、李碩卿、黃純青、王希達、王百祿、劉克明 | | |
| | 月中丹桂 | 魏清德、葉連三、鄭濟若、莊雲從、李碩卿、黃純青、王希達、王百祿、劉克明 | | |
| 2 | 袁安臥雪 | 錄1-20號詩作，未錄作者 | 未錄 | 未錄 |
| | 諸葛借風 | 同上 | | |
| | 東坡生日 | 1-18 | | |
| | 天河洗甲 | 1-15 | | |
| 3 | 雜感 | 葉連三、莊雲從（詩題作：感懷雜詠）、劉克明、鄭濟若、王少濤（小陶）、羅舜卿、鍾上林、李碩卿（詩題作：春日雜詠）、拙拙生、魏清德 | 未錄 | 未錄 |
| | 初夏 | 葉連三、莊雲從、劉克明、鄭濟若、王少濤（小陶）、羅舜卿、鍾上林、李碩卿、魏清德 | | |
| 4 | 小樓聽雨 | 林麗卿、劉克明、黃純青、李碩卿、耐愚子、蔡信其、魏清德、羅守寬、王少濤、鄭濟若、莊雲從、羅舜卿、黃國棟、王百祿、呂郁文、葉連三 | 未錄 | 鄭聯璣評語；王松加圈及取點。 |
| | 賣花聲 | 林麗卿、劉克明、黃純青、李碩卿、耐愚子、蔡信其、魏清德、羅守寬、王少濤、鄭濟若、莊雲從、羅舜卿、黃國棟、王百祿、呂郁文、葉連三 | | |
| | 春晴 | 林麗卿、劉克明、黃純青、李碩卿、耐愚子、蔡信其、魏清德、羅守寬、王少濤、鄭濟若、莊雲從、羅舜卿、黃國棟、王百祿、呂郁文、葉連三 | | |
| 5 | 九日登高 | 魏清德、黃純青、李碩卿、葉連三、呂郁文、王少濤、蔡信其、王希達、王百祿、羅守寬、羅舜卿、劉克明、鄭濟若、莊雲從 | 未錄 | 枕山 |
| | 秋菊 | 魏清德、黃純青、李碩卿、葉連三、呂郁文、王少濤、蔡信其、王希達、王百祿、羅守寬、羅舜卿、劉克明、鄭濟若、莊雲從 | | |

| 期號 | 詩題 | 作者 | 值東 | 評點 |
|---|---|---|---|---|
| 6 第五期 會本 | 踏雪尋梅 | 黃純青、劉克明、羅舜卿、羅守寬、葉連三、魏清德、蔡信其、王希達、王百祿、李碩卿 | 李碩卿（時乙巳仲冬月） | 承輝 |
| | 天寒有鶴守梅花 | 黃純青、劉克明、羅舜卿、羅守寬、葉連三、魏清德、蔡信其、王希達、王百祿、李碩卿 | | |
| | 詔書五道出將軍 | 黃純青、劉克明、羅舜卿、羅守寬、葉連三、魏清德、蔡信其、王希達、王百祿、李碩卿 | | |
| 7 第九期 | 火車 | 呂郁文、葉連三、王少濤、劉克明、林麗卿、魏清德、李碩卿 | 呂郁文 | 邱倬雲 |
| | 電燈 | 呂郁文、葉連三、王少濤、劉克明、林麗卿、魏清德、李碩卿 | | |
| | 水雷 | 呂郁文、葉連三、王少濤、劉克明、林麗卿、魏清德、李碩卿 | | |
| 8 第十回 | 漁村水作田 | 魏清德、劉克明、鄭聰楫、葉連三、李碩卿、王少濤、鍾上林、羅舜卿 | 鍾上林 | 趙一山 |
| | 送春 | 魏清德、劉克明、鄭聰楫、葉連三、李碩卿、王少濤、鍾上林、羅舜卿 | | |
| | 背面美人 | 魏清德、劉克明、鄭聰楫、葉連三、李碩卿、王少濤、鍾上林、羅舜卿 | | |

　　就《詠霓吟社詩抄》中詩作發表數量統計，魏清德、葉連三、李碩卿、劉克明等人是該社固定班底；黃純青、王百祿、鄭濟若、王少濤、羅舜卿亦相當活躍。就年齡層來看，其中長一輩的黃純青（1875～1956）是北臺文壇大老、葉連三（1875～？）有擔任公學校教師的資歷；李碩卿（1882～1944）是《臺灣日日新報》記者；而年輕一輩的有王少濤、呂郁文、鄭聰楫、魏清德、劉克明等人，皆是國語學校師範部畢業生，莊龍（雲從）則是國語部畢業生。從《詠霓吟社詩抄》來觀察，該社所徵課題包羅萬象，有詠史、詠物、亦有近代化器物的題詠詩作。此外，每回課題皆由詞宗詳細評選。例如：第十回紀錄中，詞宗趙一山除了針對每首詩作給予建議，又分別針對〈漁村水作田〉、〈送

春〉、〈背面美人〉三題進行總評：

〈漁村水作田〉[49]

詩文之道，第一以題為要。既有題目，迺由題目，生出詞
章。認題不真，按題不切，雖有佳句，將焉用之。此題，
難在漁村兩字，甲選獨於題目五字，煞有刻劃，精確老
當。迴出尋常，斯為盡善。諸君亦各抒妙議，時見一斑。
拜嘉之心，喜出望外，不揣疏愚，謬加評閱，希為鑒諒，
臨款區區。

愚弟趙一山拜讀

〈送春〉[50]

克詩題，有迎春、送春、留春、餞春、尋春、傷春、殘
春、暮春，各樣題目儘多，名色不同，種種互異。作者務
宜留心體認。語不離宗，方為妙手。如此題送春，有送字
神理議論。情景意味必須認定抒寫確切肖題。方稱合作。
茲承賜教，略有推敲，不揣固陋，上獻芻蕘，請與質之。
諸君宥其僭越，幸甚。

愚弟趙一山再拜閱

〈背面美人〉[51]

有好題目，纔有好詩。統觀此作篇篇者佳，美不勝收，令
人欽把。較前兩題，大相懸絕。群季俊秀，皆為惠連。於

---

[49] 《詠霓吟社詩抄》，3葉。
[50] 《詠霓吟社詩抄》，1葉。
[51] 《詠霓吟社詩抄》，1葉。

斯盡信，臨風嘆賞，神與俱馳。

愚弟趙一山拜讀

　　從上引批評意見可看出，擔任「詠霓吟社」臺柱的詞宗趙一山，相當重視詩題。想要創作好的詩文，首先要有好的題目。有好題目才有好詩。但若誤解題目的意思，就算有好的題目，好的詩文，也不能成佳構。因此，「認題」的功夫也很重要。接著，詩文的內涵要與題目貼和，情、景之意味要協調，才能算是上選之作。

　　雖然日治時期郵政便利，但會員四散各地，難免困於集結聲氣。因此，這樣一個切磋詩藝的社團，活動只維持到明治39年（1906）即告終止。

　　一直到「瀛社」於明治42年（1909）成立以後，「詠霓吟社」黃純青、王少濤等人，有意復興「詠霓吟社」的活動。為了避免前次因聯絡問題而終止的狀況再次發生，改縮小成員所在範圍以臺北為主，名之為「瀛東小社」。[52]雖言如此，社員仍包括在新竹、桃園的文友。由於該社未有文稿留存，今僅可從《臺灣日日新報》、《漢文臺灣日日新報》窺見活動訊息。根據報刊記載，社員總計有：鄭十洲、陳心南、黃守謙、王少濤、劉克明、李碩卿、鄭邦吉、林維龍、葉連三、王名受、王毓卿、王水源、朱永清、黃純青、朱四海、李逸樵、簡楫、鄭永南、呂郁文、簡朗山等人。課題徵詩則包括：〈採茶詞〉、〈涼夜〉、〈中夜〉、〈桃花扇傳奇書後〉、〈明妃村〉、〈折梅〉、〈老

---

[52] 〈詩社復興〉，《漢文臺灣日日新報》第3571號，「雜報」欄，1910年3月26日，第5版。

來嬌〉、〈門松爆竹〉、〈新鶯春柳〉等。[53]「瀛東小社」成立後，可以看得出來會員與「詠霓吟社」高度相關。此外，由於地緣關係與「瀛社」關係緊密，因而有社員重疊的情況，如王少濤、王毓卿都是「瀛社」創始社員。「瀛東小社」諸同仁經常獲邀參加「瀛社」詩會，如明治43年（1910）9月18日，劉克明為「瀛社」例會座上賓、明治43年（1910）10月16日，「瀛社」開觀菊大會，「瀛東小社」派李碩卿等人參與；相反地，「瀛東小社」也曾邀請「瀛社」，例如：明治44年（1911）1月1日，「瀛東小社」在龍山寺開臨時例會，特地柬邀「瀛社」參與。待至明治44年（1911）5月，「瀛東小社」桃園社員另張旗鼓，在桃園開設「桃園吟社」，「瀛東小社」活動至此停擺。[54]報紙刊載「瀛東小社」最後的活動訊息，見於明治44年（1911）5月21日《漢文臺灣日日新報》編輯日錄欄：[55]

> 潤（案：魏清德）歷日前赴臺中，本日已歸社。聞道出桃園時，瀛東小社諸同人，乃開擊缽吟於呂梅山之家以迎之。首題為〈武侯觀魚〉，次題為〈銅雀臺〉，交卷後惟互相傳觀，不為評定甲乙。該社近來殊奮發，於此足見一斑。

雖然編輯日錄仍指稱該社近來仍有詩文活動，特別奮發，實則此次聚會後，社員分道揚鑣，「瀛東小社」的活動至此告一段

---

53 見《臺灣日日新報》3582、3605、3621、3622、3623、3624、3639、3649、3652、3653、3654、3660、3661、3666、3667、3672、3691、3692、3701、3702、3708、3759、3760、3767、3769、3770、3792、3810、3811、3830、3831等號。

54 許惠玟、林正三，《瀛社會志》，頁161-163。

55 《漢文臺灣日日新報》第3948號，「編輯日錄」欄，1911年5月21日，第3版。

落。根據劉克明的回憶，此後該社社員一部分另組「桃園吟社」，一部分併入「瀛社」。而黃純青、魏清德、劉克明後來都成為「瀛社」中堅。

「詠霓吟社」以及「瀛東小社」雖是兩個短暫存在的小型詩社，卻是劉克明生命中重要的經歷。在「瀛東小社」的活動逐漸停止後，劉克明加入了北臺第一大詩社，並在大正9年（1918）7月13日到大正15（1926）年5月13日間，與魏清德同任總幹事。當時「瀛社」社長為洪以南（1871～1927），副社長為謝汝銓。昭和2年（1927）洪以南病逝以後，由謝汝銓出任社長，魏清德出任副社長。[56]而劉克明退下總幹事之職，仍持續參與詩會。並在總督府醞釀1930年代推行之「國語政策」的氛圍中，耕耘《臺灣教育》的漢詩欄，並撰著《臺灣今古談》。從詩社的參與、為數可觀的漢詩作品以及對漢詩編輯工作的堅持不懈，我們可以看出劉克明對漢學的堅持。若從同化的觀點來看，劉克明對漢學的堅持與其同化之道究竟有沒有衝突？誠如前一節所述，在日治初期，執政當局對「官紳唱和」的效應抱持著期待，而臺灣傳統士紳則期望在日本統治之下保存及改革漢文，形成了「文」與「文明」的嫁接。也因此，作為「詠霓吟社」、「瀛東小社」以及「瀛社」的創始社員，劉克明亦是看見了「同文」的契機，試圖延續漢學在臺灣文壇的地位。但這條「漢」學的脈絡，並不是沿著「漢民族」的血統，而是扣連著日本漢學，形成一條「在日本帝國的統治下延續漢學」的同化之道。對劉克明而言，臺灣過去的漢學活動，便是整併到日本漢學之路上不可遺棄的優良傳統，或重刊之，或延續之，無論如何，劉克明並不希望臺灣過去的漢

學活動在日本統治下被抹去。

## 二、從劉克明觀察「維繫一線斯文」之民族意義

經由對劉克明生命歷程的整理分析，筆者以為，這條「同化之道」，建立在劉克明對漢學維繫的期待之上，而此「漢學維繫」，又以日本漢學為脈。是以，「同化」和「漢學」之間，究竟有什麼關聯？筆者得出的結論，和過去針對日治時期的臺灣「漢學」以及「同化」相關研究的成果上有什麼不同？以下，筆者將以「維繫一線斯文」為軸，探究漢學與同化研究中的「民族問題」，並以劉克明的詩作為例，討論「維繫一線斯文」的複雜意涵。

先從漢學的角度來討論。早期有關日治時期漢詩文社的研究中，往往指出各詩文社在日治時期都懷有「維繫漢文」的使命。這樣的使命，與「漢民族意識」成正相關。以下舉日治時期三大詩社的研究為例。日治時期三大詩社，以時間成立的先後順序而言，分別為臺中的「櫟社」（1902）、臺南的「南社」（1906）以及臺北的「瀛社」（1909）。有關三大詩社的專論，有廖振富《櫟社三家詩研究——林癡仙、林幼春、林獻堂》、[57]《櫟社研究新論》、[58] 吳毓琪《南社研究》[59] 以及張端然《日治時期瀛社之研究》。[60] 廖振富曾指出：「日據中晚期詩社大盛，眾多詩社的成立動機，則是有鑑於日本政府禁絕傳統的書房教育，乃藉詩社作為

---

[57] 廖振富，《櫟社三家詩研究——林癡仙、林幼春、林獻堂》（臺北：臺師大國研所博論，1996）。

[58] 廖振富，《櫟社研究新論》（臺北：國立編譯館，2006年）。

[59] 吳毓琪，《臺灣南社研究》（臺南：台南市政府，1999年）。

[60] 張端然，《日治時期台灣瀛社之研究》（臺北：文化大學中國文學所碩士論文，2003年）。

傳習漢文的場所。」[61]吳毓琪延續廖振富的說法，更引用許俊雅《臺灣寫實詩作之抗日精神研究》一文中日治時期書房及詩社增減概況，繪製成「詩社與書房興衰比較圖」。[62]上述針對日治時期詩社與書房消長的說法，可說是早期漢詩文社研究的代表。

然而，根據陳培豐針對「同化教育」的研究，「書房」不是被「打壓」，而是被整編進入日治時期近代化教育的系統中。明治31年（1898）11月，統治當局頒布書房改良之規定，規定書房、義塾授課科目加設「國語」，並對成績優良的書房實施給付補助金。陳培豐明確指出，書房改良規定就是為了將書房轉化為另一種公學校，使書房的師資也成為教化國民的場所。[63]張端然便在《日治時期瀛社之研究》研究中指出：「原來的書房，在殖民地政府的監督下逐漸轉型，成為『代用公學校』。」但是張文也接著說：「因為公學校不重視漢文教育……再加上殖民政府對書房與漢詩社截然不同的對待，因此不少塾師將其書房改為詩社。」並得出「書房被政策性的廢除，詩社取而代之」的結論。[64]就「整編入近代化教育」的邏輯而言，研究者若以「漢民族意識」為前提，得出詩社是為了「保存書房中逐漸消失的漢民族文化」的說法也算是合理的論述。

但是，此類以漢民族主義為前提的研究，始終有著極大的破綻：如果漢詩文社繼承了書房中逐漸消失的漢民族文化，在日本持續「為消除漢民族意識乃逐步進行同化教育」[65]的同時，有可

---

61　廖振富，《櫟社三家詩研究——林癡仙、林幼春、林獻堂》，頁25。
62　吳毓琪，《臺灣南社研究》，頁35。
63　陳培豐《「同化」的同床異夢：日治時期臺灣的語言政策、近代化與認同》（臺北：麥田出版，2006年11月），頁93。
64　張端然，《日治時期台灣瀛社之研究》，頁24。
65　吳毓琪，《臺灣南社研究》，頁42。

能不「識破」漢詩文社存在的真正意涵嗎？也因此，所謂藉漢詩文社「維繫一線斯文」的說法，其實是放大了漢民族主義作為詩社成立的動機；換句話說，書房、義塾等成為傳授漢文化的場所，這樣的說法是沒有問題的，有問題的是，傳授漢文化不應該直接與漢民族意識化上等號。

　　一個組織的形成，必定有其內部的推動和外在環境的配合。是以，我們看到無論是早期或是近十年針對詩社的研究，皆整理了詩社成立的「外因」及「內緣」。內容基本上大同小異。[66]但是，臺灣古典詩文社的研究仍不約而同的提到「維繫漢文於一線」所具有的「漢民族意識」進而擴大為「抗日」意識。但是，我們或許應該注意在「維繫漢文於一線」的說法上，不可僅只參考耆老在戰後的言論。戰後，日治時期漢詩文的活動在耆老們的口中皆為「保存國粹、發揚詩教」，或者「保持固有文化，藉以文會友的機會，宣傳灌注抗日思想」等等理由而存在。[67]在國民黨的統治壓力下，耆老有可能必須呼應國民黨的「中國認同」，進而將詩社存在的性質單一化。因此，除了必須辨析研究資料存在的時空之政治意涵，我們更可以看到：戰後耆老口中的「維繫漢文於一線」與筆者針對劉克明生命歷程而得出的「維繫漢文於

---

[66] 舉例而言：吳毓琪《臺灣南社研究》指出南社成立的背景分為「外因」及「內緣」。「外因」包括：籠絡上層士紳、施行同化教育；「內緣」則有：總督府對書房的打壓、日本人對漢詩的崇慕、文士宿儒以詩自晦、組織詩社欲延一線斯文、為附和臺灣總督府、漢詩具有隱喻性質。黃美娥，〈日治時代臺灣詩社林立的社會考察〉則指出詩社林立的原因可分為「外在因素」和「內在因素」。「外在因素」有三：日人的推波助瀾、社會環境的安定以及報紙雜誌的傳播；「內在因素」有六：沉溺詩歌以自遣、維繫漢文於一線、風雅唱和切磋詩文、抬高身份博取美名、溝通聲息敦睦情誼以及應父親要求等等其他因素。詳見吳毓琪，《臺灣南社研究》，頁21-49、黃美娥，〈日治時代臺灣詩社林立的社會考察〉，《古典臺灣：文學史‧詩社‧作家論》（臺北：國立編譯館，2007），頁204-223。

[67] 黃美娥，〈日治時代臺灣詩社林立的社會考察〉，《古典臺灣：文學史‧詩社‧作家論》，頁216-217。

一線」之詮釋有相當程度的落差。筆者從劉克明身上得到的結論，不是「維繫『漢民族』一線斯文」，而是「維繫『漢民族』與『大和民族』共同的漢學命脈」。

在臺灣古典文學研究的討論中，早有人大聲疾呼，呼籲研究者重視「漢民族意識」對臺灣古典文學研究的牽制。游勝冠在〈同文關係中的臺灣漢學及其文化政治意涵——論日治時期漢文人對其文化資本「漢學」的挪用與嫁接〉業已提及「漢詩文、漢學、儒教」的相關研究中有著「不證自明」的推論邏輯病兆。游勝冠引用黃美娥在〈北臺第一大詩社——日治時代的瀛社及其活動〉一文為例，批評黃美娥將漢學本質化為漢民族主義。游勝冠說：「該文既已指出瀛社在這個階段有主張用國音讀漢字與創作『皇民化文學』等兩種認同傾斜的歷史現象，瀛社在這個歷史階段的活動，根本就不具有保存漢學的意義，所謂的『矛盾現象』，是黃美娥心中將漢學本質化為漢民族主義的想法，與當時的歷史事實不相符合所產生的。」[68]游文亦引證陳瑋芬在《近代日本漢學的「關鍵詞」研究：儒學及相關概念的嬗變》的概念，呈現日本漢學在尊洋貶儒的風潮下有著強烈的危機感，並在一連串趨於保守的文化政治中，以及天皇的羽翼下受到保障。日本領有臺灣以後，更有日本漢學收編臺灣漢學之態。游文並以李逸濤、魏清德等人的漢學論、國民性書寫，證實日治時期的臺灣漢學有被同化、被收編在日本漢學脈絡的事實。

確實，根據筆者針對劉克明的分析，像劉克明這樣曾接受漢

---

68　游勝冠，〈同文關係中的臺灣漢學及其文化政治意涵——論日治時期漢文人對其文化資本「漢學」的挪用與嫁接〉，《臺灣文學研究學報》第8期，2009年4月，頁280。

第五章　「同文」的美麗錯誤：從劉克明看「漢學」與「同化」的關聯

2
4
1

學教養、在日治初期具有近代教育學習經驗的文人，他們所論述的「道」，是以成為日本帝國臣民為目標。我們稱這樣的人物為「協力者」。每當研究者企圖詮釋「協力者」隱微的心志時，「漢文」所乘載的文化意義，又與協力者皇化、奉公的實踐產生「明顯的衝突」。然而，所謂「衝突」，其實是因為研究者假設了「漢文」的意義有著先驗的「民族性」。而研究者假設的民族性——無論是傾向「中華」或者「臺灣」的意識——又存在著「本質性」的「反抗意識」，正因為無法卸下包袱，「矛盾」與「衝突」才會成為「漢學」與「同化」之間的注解。筆者以為，研究者除了必須跳脫「漢文」具有本質性的「漢民族意識」之框架，也必須為「協力者」這個稱號卸下懦弱的、趨炎附勢的負面形象，否則，我們仍舊假設了每一個人都具有本質性的「反抗意識」。換句話說，探究「民族」的問題，不應該是本質性的強調某「民族」具有什麼樣先驗性的特質；而是經過不同生命歷程的解讀，解構「民族」問題背後的文化意涵。

　　誠如第三章所述，在日本統治台灣以前，隸屬清國的臺灣人，並不了解什麼叫做「民族」。就是中國本土，也到晚清時期才逐漸形塑出「民族」（people）乃至於「國族」（nation）。根據沈松僑〈我以我血薦軒轅——黃帝神話與晚清的國族建構〉一文，19世紀以前，「黃帝」是政治權威的象徵，進入20世紀後，晚清知識分子才在優勢的異質文化下「發現」自身文化，「黃帝」因而脫離「皇室血統」成為「國族血統」。在論辯「國族」的過程中，究竟應該建立「血統上的中國」還是「文化上的中國」，也就是以漢民族為主的還是民族融合的，在晚清知識分子的論辯中也莫衷一是。[69]論辯無關對錯，卻讓我們見到建構國族

---

[69] 沈松僑，〈我以我血薦軒轅——黃帝神話與晚清的國族建構〉，《臺灣社會研

的一段活生生的歷史。然而，經由第三、四章的討論，吾人可發現，劉克明企圖在日本帝國建構的民族論述中，以臺灣人的「身分」，論述「文化上『種族』融合的日本」之可能性；卻被排除在「血統的大和民族」之外，這才是劉克明真正必須面對的矛盾，也是日本帝國在「國族的建立」與「殖民統治」並進的過程中持續面對的問題。

　　「文化上『種族』融合的日本」對劉克明具有十足的說服力。是「漢學」搭起劉克明心中「文化」的橋梁。筆者在第四章，針對《臺灣今古談》的分析中，曾依據內文得出劉克明對臺灣「文教傳統」的重視；而「血統」——臺灣人身為漢民族的事實——卻在書中被淡化。因為，相較於「血統」，「文化上的民族融合」才有可能讓臺灣人共榮於日本帝國之中。至於臺灣的文教傳統，也就是漢學，如何和日本接軌，筆者已於本章第一節說明。當臺灣與日本漢學搭起橋梁，卻仍須面對新文學在臺灣的興起及漢學在日本本土勢衰等問題。正因為如此，「維繫一線斯文」在此際對劉克明而言，其實代表著維持「漢學」在文化上的地位，使其能在被「國學」及「新文學」瓜分的文壇中仍佔有一席之地。以下試舉劉克明詩作為例。

　　在劉克明詩作中，首先提及「一線斯文」者，正是本論文在第四章提到〈烏松閣小集賦呈內田方伯〉一詩，此詩寫於大正4年（1915）。筆者於第四章業已說明，這首「點名」詩作中的「縫住斯文一線存」有兩層涵義，第一、順著詩文的意義讀起來，單純指自日治以來長官與文人雅士之間的詩文交誼；第二、褒揚長官對「既有風俗」的尊重。實際上，劉克明重視的「既有風俗」，並不只是「本島的」傳統文化，而是長官對「漢學」的

尊重。日治初期來臺的長官，皆有一定的漢學素養，漢學因而在政策的需要及臺灣士紳的期待下得以延續。漢學在本島的延續是一回事，更重要的是，臺灣漢學和日本本土的連結。如果漢學在日本本土持續獲得尊重，才能確保漢學的歷久不衰。來臺長官皆能詩善文，這正是漢學在日本文壇仍占有舉足輕重之地位的表徵。反過來說，若劉克明是為了強調「長官對漢民族傳統的尊重」而有此作，能象徵「漢文化」的指標性人物不勝枚舉，為什麼要特地「點名」日本長官呢？很顯然的，重點不只在強調長官的「恩澤」，重點是劉克明從長官們的身上，看到了「漢學」延續的可能性。也因此劉克明曾在《臺灣今古談》中介紹「第六代文官總督」石塚英藏，並特別指出石塚英藏「尚未」與臺灣詩人交流，他不只期待長官和文人們一同詩酒風流，更重要的是，他希望看見漢學地位在文壇的屹立不搖。

就連《臺灣今古談》都特別強調「文官總督」，劉克明對漢學延續的期盼是顯而易見的。除了〈鳥松閣小集賦呈內田方伯〉，大正8年（1919）第一任文官總督田健治郎上任後，於大正10年（1921）邀請全臺詩人五十餘人在總督官邸開茶會。席間，田健治郎作自賦七絕一首：「我愛瀛洲風物妍，竹風蘭雨入吟篇；堪欣席上皆佳客，大雅之音更蔚然。」與會詩人紛紛唱和，其後由鷹取田一郎輯成《大雅唱和集》。劉氏有詩二首如下：[70]

> 南國秋涼菊正妍，龍門席上獻蕪篇。揚文會喜田公繼，大雅扶輪自卓然。

70 劉克明，〈大正十年（1921）十月讓山總督閣下招集全臺詩社諸友開茶話會於總督官邸席上蒙示任什敬次原韻奉和〉，見鷹取田一郎，《大雅唱和集》（臺北：臺灣日日新報社，1921年11月），頁11。

詩詞珠玉共清妍，爭誦竹風蘭雨篇。自是英雄閒日
月，披箋題句樂陶然。

　　除了以「竹風蘭雨」、「扶輪大雅」等詞語強調漢詩才是延續漢
學正統、傳達正聲的管道，劉克明更將此次大會比擬為「揚文
會」的延續。可見揚文會的餘緒，仍保存在這樣一位受過漢學教
育及近代教育的臺灣士紳的心中。劉克明並沒有參與揚文會，但
他對於長官皆有漢學素養的那個時代是嚮往的，他期盼漢學在文
壇的地位能在這位文官總督的帶領下蓬勃的發展。

　　其後不久，瀛社於大正11年（1922）舉行十五年紀念會，劉
克明在詩中再次提及「一線斯文」：「一線斯文繼，匆匆十五
年。」[71]大正13年（1924）曾任民政長官的內田嘉吉來臺擔任第
九任臺灣總督，也是第二任文官總督。內田上任後，在臺北江山
樓舉行全臺詩人聯吟大會，承襲田健治郎的做法，邀宴詩人於官
邸。劉克明對於內田嘉吉並不陌生。十年前，內田嘉吉擔任民政
長官，到臺灣各地巡視時，就是劉克明擔任通譯，前述「鳥松閣
小集賦呈內田方伯」，也是與內田嘉吉酬贈的詩作。因此，對文
人們而言，這些文官總督當真繼承了揚文會的傳統，劉克明因而
有詩寫道：「願公長壽且矍鑠，雅會如斯歲歲存。」再說到第十
一任總督，也是第四任文官總督上山滿之進於大正15年（1926）
上任後，邀請日本著名詩匠國分青厓、勝島仙坡二人來臺，亦邀
集全臺詩人共聚於官邸吟唱交流，後輯成《東閣唱和集》。劉克
明有詩作：「千秋大雅追閣督，一線斯文繼蔗公。」

　　除了敬呈長官，昭和3年（1928）日本漢學家久保天隨

---

[71] 劉克明，〈瀛社十五週年紀念會席上〉，《臺灣日日新報》，「詩壇」欄，1922
　　年3月15日，第5版。

（1875～1937）[72]來臺遊覽時，劉克明亦有：「深期此道休教墜，一線共牽到盡頭」。[73]詩文中提及的「道」正是漢學之道。或是，文友雅集之時，劉克明也有詩作：「繼唱斯文開雅會，還將吉語慶佳辰」。[74]再如前文提及，劉克明送魏清德前往湯島參加日本漢學界盛會時，有作：「斯文到底誰傳缽，至旨窺深得入門」。[75]甚至到了戰爭初期，劉克明仍有：「東亞綱常持一線，囂囂末俗任紛紜」[76]這樣的說法。東亞的概念進入劉克明的詩作中。臺灣是帝國的一環，也是東亞的一環。而東亞之正聲為何？劉克明心中當然只有一個答案，就是漢學。

　　但是，這條由漢學搭建起來的皇民之道，卻從無法從中真的見識到漢學在文壇的復興，更未真正提升臺灣人在帝國的地位。身為師範學校教諭、曾經翻譯過隈本繁吉文章的劉克明更明白，熟稔「國語」、涵養「國民精神」，才是真正的皇民之道：「能國語固可以得知識、通意思、便於日常生活。然不獨此，最要緊者，在藉此以為國風所化，與國民的感情一致，將國民的精神吸取於我身心也。」[77]劉克明所想像的那條振興漢學之道，只有在

---

[72] 久保得二，號天隨。日治後期在臺最為重要的日本漢文人。昭和3年（1928）來臺遊覽，翌年，攜眷來任臺北帝國大學東洋文學講座首任教授。昭和5年（1930）年創設「南雅詩社」，昭和9年（1934）年病逝於臺灣。畢生著述超過百種，被譽為日本國內有數的漢學家。終身以漢詩寫作為職志，計有二萬餘首。見黃美娥，〈久保天隨與臺灣漢詩壇〉，《臺灣學研究》第7期，2009年6月，頁1-28。

[73] 劉克明，〈江山樓席上次天隨先生韻〉，《臺灣日日新報》，「詩壇」欄，1928年3月17日，第4版。

[74] 劉克明，〈板橋別墅雅集賦呈主人林緝秋詞長〉，《臺灣日日新報》，「詩壇」欄，1929年1月10日，第4版。

[75] 劉克明，〈送魏潤庵君參列湯島釋奠並赴斯文大會〉，《臺灣教育》第396號，「漢詩」欄，1935年7月1日，頁89。

[76] 香荃（即劉克明），〈三仙樓席上賦呈節山鹽谷先生〉，《臺灣教育》第414號，「漢詩」欄，1937年1月1日，頁133。

[77] 隈本繁吉，〈就本島人同化而言〉，劉克明譯，《臺灣教育》第154期，「漢文欄」，1915年2月1日，頁3。

論述國體之時才存在：「此忠孝文字固自支那傳來，然意義深大，實踐實行者唯有帝國而已。」[78]在這樣的環境中，縱使劉克明抱著振興漢學之志，具體實踐在其社會參與中——例如：用漢文撰寫介紹國體精神的教程、在修身科中融入漢學經典，乃至於積極參與詩會並創作，使漢學之脈延續——「島民」始終是「島民」：「我　陛下一視同仁以臨天下，王化之所及均是　陛下赤子。島民既欲望待以赤子，須先求所以為其赤子之資格。」[79]儒學涵養，並未替「島民」帶來成為「臣民」的優勢。「島民」被「文化論」的國族囊括於其中，但終被排除在「血統論」的國族之外。劉克明於是積極參與詩社、持續創作漢詩，維繫在帝國統治之下的一線漢文命脈。

　　回到「維繫一線斯文」的「民族問題」。本質性的「反抗意識」一直以來與「臣民化」的貶義高度相關。這些「為帝國而書寫」的漢詩文，被貶得一文不值。為避免漢詩文活動與詩人被「本質性反抗意識」排除在文學殿堂之外，筆者一直在尋求適當的方式詮釋其價值。經過本文研究，筆者透過劉克明這樣的人物，解構民族建構的背景，剖析「維繫斯文一線」的內涵並非單一的「漢民族意識」。是以，我們究竟應該如何看待這類文學作品的價值？筆者以為，回到文學的價值而論，一如劉克明等人創作的傳統漢詩文，至少可有以下兩點價值：

## 1.詩社保存的持繼者

　　詩社對於殖民者而言有其「工具性」，反向思考，這樣的文學形式卻也因此被保留。縱然「維繫一線斯文」具有歧義，對每

---

[78]　隈本繁吉，〈就本島人同化而言〉，頁1。
[79]　隈本繁吉，〈就本島人同化而言〉，頁3。

位傳統詩文的創作者而言有不同意涵，但無論如何這些文人在日
治時期積極籌組詩會、創作大量漢詩文，我們不可否認他們在詩
社形式的繼承與創新上扮演了重要的角色。

### 2.積累臺灣文學的養分

研究者總有此一說：日治時期的臺灣漢詩社「名存實亡」。
經過本文的討論，何謂「實」，其實正是一個被民族主義建構的
高牆。詩社並不是「名存實亡」，而是有其形式轉變的文學價
值，也因此我們應該回到作品產生的背景評斷「臣民之作」、擊
缽吟以及日常即興詩作等等此時期出現的特殊現象，與中國傳統
漢學以及日本漢學兩相對照，呈現出日治時期臺灣傳統文學的特
色與價值。這正是臺灣古典文學的養分。但可惜的是，目前對於
臣民之作、擊缽吟以及日常即興等作品的評價仍是站在民族主義
的立場，因而有貶多於褒的評價。如何正視這段時期的文學養
分，是吾人可持續努力的方向。

## 三、同化盡頭的詰問：到底由天而已矣，盡吾心力有何慚

行文至此，我們可以回到本論文的問題意識以及第二章，
回答本文所欲解決的兩個問題：為什麼青壯年時平步青雲的劉克
明，卻總是有歸隱之志？官場上的劉克明和詩文中的劉克明究
竟有什麼不同？

在第二章，筆者曾留下伏筆：不管是「出仕」、「入仕」，
皆與劉克明對日治時期同化政策的理解有極大的關聯。「同文同
種」，是劉克明認同日本帝國的關鍵。像劉克明一般具有漢詩文
學養，又接受近代教育的臺灣人，從日本統治者的角度來看，他

們成功的成為統治者「可利用的工具」；倘若從被動轉化為主動，我們可以說劉克明之所以認同日本，不為高位、不為金錢，只為了能在同化於帝國臣民的路上延續漢學傳統、發揚漢學。當這份維繫傳統的責任與認同日本產生連結，我們看到的便是登高疾呼「島民同化」、高調提倡「學習國語」、積極宣傳「皇國正統」的劉克明。作為一個臺灣籍的教師，劉克明以身作則，期望有朝一日「本島新民」在「帝國臣民」之列再無差別；同時，持續維繫漢學，使漢學能與國學、新文學並駕齊驅。

但是，「同文」的「誤解」之深，使得劉克明所殷殷期盼的同化之道，成為最不可能實現的夢。在「血統」論的帝國中，「本島人」不可能成為優勢階級；在「文化」論的帝國中——「同文」最初的橋樑——「漢學」中的「儒學」只是為天皇體制背書。愈來愈強調「忠君愛國」的儒學，成為宗教般的存在；意義限縮的「儒教」，是日本帝國為了加強天皇神聖的地位，為了鞏固「官方的民族主義」。因此，劉克明等人，走在這條同化之道上，如同走在「潘洛斯階梯（Penrose stairs）」[80]——階梯可以向上或向下無限循環，但永遠無法找到最高點或最低點——臺灣人以為可以順著階梯不斷往上走，走到下一層，開啟成為「臣民」的大門，但無論再怎麼努力，永遠找不到這個階梯的最高點，永遠無法進入下一層。

所以，這位敘勳六等的臺灣籍教師，在同化的社會實踐上表現得積極且身先士卒，但我們卻從他的詩文中讀到明顯的「憂」、「愧」及歸隱之志。除了因為他走在日本帝國文化論的

---

[80] 潘洛斯階梯（Penrose stairs）是一個有名的幾何學悖論，指的是一個始終向上或向下但卻無限循環的階梯，在此階梯上永遠無法找到最高的一點或者最低的一點。潘洛斯階梯由英國數學家Roger Penrose及其父親Lionel Penrose於1958年提出。Eric W. Weisstein, *"The CRC concise encyclopedia of mathematics,"* CRC Press LLC, 1999, p. 1335.

「潘洛斯階梯」階梯上，卻無法找到進入血統論的帝國的那扇門；更因為看著自己明明踩在漢學振興的道路上，卻未見漢學獲得重視。因此，他意圖在詩句中表現安閒自適，但卻隱隱然透顯他對時局的無奈。例如昭和3年（1928）歲末，劉克明作七律一首，詩句如下：[81]

年去年來自有期，可無歡喜可無悲。乾坤何處分新舊，草木生花任早遲。狡兔空謀三窟計，鷦鷯獨羨滿林枝。我行吾力居吾易，狂想攀緣本不為。

這首詩寫於劉克明45歲時，年近半百的他，仍然企圖在詩作中表達他對時間流逝以及安貧樂道的豁達。寫於歲末，因此對時間特別敏感，首聯、頷聯遂緊扣著時間，但我們看到的不是傷春悲秋，而是無須悲喜，任時光推移。到頸聯、尾聯，詩人說自己所求不多，不求坐擁山林，不向外尋求物質的滿足，只求無愧於己。

「為人只盡吾心力，胸底無藏郭與城。」[82]這是劉克明昇勳六等之際，答覆文友時的詩句。畢生投入臺灣教育的劉克明，自認行事磊落且克盡職責。昭和6年（1931）歲末，劉克明卸下師範學校教諭的職位，轉任囑託。遂作有〈歲暮偶作〉一首：

無能無德愧吾生，枉負先君錫美名。塵事纏綿頭尚重，官衣不著體微輕。乘除來往原知足，對待親疏總竭誠。此去還將餘力拚，匡扶未逮仰神明。

81　無悔生（即劉克明），〈戊辰（1928）歲暮偶筆〉，《臺灣教育》第317號，「漢詩」欄，1929年1月1日，頁143。

82　篁村，〈謝香秋詞兄見祝昇勳〉，《專賣通信》10卷5號，「漢詩」欄，1931年5月25日，頁105。

所謂「美名」，指的正是大正10年（1921）獲得臺灣教育會表彰一事。詩人非常謙虛，說自己無德無能，枉負在大正時代獲得表彰一事。再次表明自己不居功、不慕榮利的人生態度。雖然脫卻官衣，心情逍遙自在，但自此之後仍然要兢兢業業，所以劉克明並未退休，他仍然在師範學校擔任囑託，繼續教授臺灣語。並且在該年11月，設立臺灣語講習所。對於日治時期的臺灣教育，或者說臺日交流，劉克明確實是殫精竭慮。

　　除了為臺灣教育盡心竭力，劉克明掛心的還有另一事。在《臺灣今古談》出版後，劉氏曾抒發「許多書史編難盡，逐逐遑遑力未專」[83]這樣的感慨。「遑遑」一詞再次印證劉克明雅慕陶淵明的作品。作為一位傳統文人，他仍然希望「立言」，將臺灣的史蹟以自己的觀點記載付梓。而所謂「劉克明的觀點」，就是他對漢學的關注。他時常反躬自省：「春風容易又來歸，人事人心每共違。看徹世情吾自在，未知非歲已知非。」[84]也自認「德不孤，必有鄰」：「德自有鄰寧誶我，黃花晚秀為經霜。」[85]昭和7年（1932），臺北孔廟在明治40年（1907）市區改正拆除後重建落成，是年3月花朝日（舊曆2月12日或15日）瀛社詩人在此地舉行全島詩人大會。將維繫漢學視為己任的劉克明，在該年8月又有詩一首：[86]

---

[83] 笪村，〈敬和香秋詞兄元日偶成瑤韻〉，《專賣通信》10卷2號，「漢詩」欄，1931年2月15日，頁79。

[84] 劉克明，〈壬申（1932）歲首偶作〉，《專賣通信》11卷1號，「詩詞」欄，1932年1月15日，頁139。

[85] 竹外（即劉克明），〈秋日偶作〉，《臺灣教育》第363號，「漢詩」欄，1932年10月1日，頁79。

[86] 作者註：「昭和壬申（1932）。」香尊生（即劉克明），〈臺北聖廟重建有感而作〉，《臺灣教育》第361號，「漢詩」欄，1932年8月1日，頁139。

赤馬紅羊經苦劫，夫子亦撤萬仞牆。小屆城南黌舍底（作者註：「文武街聖廟拆毀後，奉祀於國語學校內。」），春風秋雨廿星霜。龍峒此日新祠宇，再仰輪奐之堂皇。嗚呼夫子之神彌六合，夫子之道長如日月光。但願敬神如神在，聖道實踐不可忘。

劉克明以及北臺的士紳並沒有忘記最能象徵漢學地位的孔子在臺灣社會的重要性。自市區改正拆除孔廟後，經過25年風霜，孔廟總算落成。時人稱之為「聖廟」，又見「但願敬神如神在，聖道實踐不可忘」可見儒學在日治時期臺灣士紳的心中，不只是身體力行的學問，更如宗教般存在。此概念正是建立在日本帝國為鞏固皇統的說法之上，也是本文一再強調的「同文」基礎。然而，由臺灣士紳對重建孔廟的殷殷期盼以及孔廟實際落成的時機兩相對照，足見日本統治者實無心振興漢學，即便臺灣士紳高倡「聖道實踐不可忘」，這樣的聲音也僅止在臺灣士紳之間傳遞。具有漢學素養的日人越來越少，劉克明也漸漸清楚，漢詩文作為臺日溝通橋梁的盛況已是明日黃花。縱使詩社在日治中、晚期大量興起，這項僅限於「維護傳統」卻無法廣興於帝國統治之社會的文學活動，終究只能在那條看不見盡頭的皇民之道上成為最無可如何的存在。所以劉克明的詩文中，持續出現「事半無成」之語，指的正是這無可奈何的情況。例如昭和11年（1936）歲暮，劉氏有作：「璧蘿葉落又殘年，有願無成感百牽。」[87]又如，昭和13年（1938），劉克明望著簷前紫藤、聽著蟬聲，抒發他的感嘆：

---

[87] 無悔生，〈丙子（1936）歲暮〉，《臺灣教育》第414號，「漢詩」欄，1937年1月1日，頁133。

「垂老光陰偏急促，完完心事待何年。」[88]

　　筆者曾在第二章提到劉克明總期盼能回到故里，買山結廬。因此，在解讀劉氏詩作時，可能會誤以為「事半無成」指的是未能返鄉一事。然而，此願在昭和14年（1939）已經實現。見〈新居有作〉詩二首：[89]

　　　　層樓新築莫驕思，不過鷦鷯寄一枝。細囑兒曹須記取，登高處要更知危。
　　　　弟兄叔侄共經營，草草小園日以成。朝夕竹亭環坐語，一家和氣又歡聲。

故里新築小樓，由劉克明和二弟景德、三弟克順共同經營。詩句中仍見劉克明不忘諄諄訓勉，要求後輩謙和處事。原以為竹塹新居落成後，劉克明「事半無成」的悲嘆將不復見於詩句中，但實際的情況是，隨著劉克明逐漸衰老，悲嘆卻是有增無減。例如昭和15年（1940）兩首：「有願許多償未得，蟲聲唧唧助幽憂」、[90]「勞勞身世成何事，在在心頭總至誠」[91]以及昭和17年（1942），年近六十的劉克明有作：[92]

　　　　行年甲子將一週，有願向平難盡酬。雖識萬般天道

---

[88] 竹外，〈偶筆〉，《臺灣教育》第432號，「漢詩」欄，1938年7月1日，頁112。

[89] 竹外生，〈新居有作〉，《臺灣教育》第438號，「漢詩」欄，1939年1月1日，頁104。

[90] 無悔也（即劉克明），〈中秋偶作〉，《臺灣教育》第459號，「漢詩」欄，1940年10月1日，頁76。

[91] 無悔，〈早行途中〉，《臺灣教育》第461號，「漢詩」欄，1940年12月1日，頁113。

[92] 無悔生，〈偶作〉二首，《臺灣教育》第482號，「漢詩」欄，1942年9月1日，頁76。

定，思量後事不堪憂。

　　無德無能累後人，肯將草草了斯身。老來加倍勞心
力，莫把吾生嘆不辰。

宿志未酬為哪樁？經過本文的論述，答案已經非常明顯。縱使認
為政事的變革是「天道循環」[93]但漢學之路究竟還能如何發展，
劉克明仍有著深切的憂慮。然而，他能做的，還是只能在這條
路上默默耕耘。本詩第二首便有「境不轉，心轉」這般的自我
安慰。一邊感嘆，卻又一邊自我砥礪是劉克明詩作常見的衝突
意象，卻也是這位臺灣籍教師最寫實的心境。同樣寫於昭和17年
（1942）的這首〈偶作〉，正是劉克明在日治時期對臺灣教育以
及漢學實踐之努力的最佳詮釋：[94]

　　一年又過三分一，事半無成悵不堪。到底由天而已矣，盡
吾心力有何慚。

93　劉克明，〈赤間關偶作〉，《臺灣日日新報》，1914年9月20日，第3版。
94　無悔生，〈偶作（一年又過三分一）〉《臺灣教育》第478號，「漢詩」欄，1942
　　年5月1日，頁87。

# ▌第六章　結論

　　本論文以臺灣教師劉克明為討論對象，從其生命經歷探究他對「同化政策」、「近代教育」的立場，並據以分析其對日治時期漢學存續的態度、理想及實踐。為分析臺灣漢學在日治時期的變異，必須從臺灣與日本漢學的發展脈絡切入問題。在日本的情況是，日本國內的漢學曾經歷過與西學的抵抗與融合，並參與了日本國體的建構論述，因而得以在全面西化的環境中延續。而臺灣的情況是，清國國勢之衰敗、西方勢力入侵，臺灣人的家園被割讓給日本。山河易主後，臺灣人不知道過去所學是否還有機會在新的政治環境，甚至是被西化的臺灣社會應用。此時，「同文」的嫁接，成為統領臺灣的日本政府為了籠絡殖民地文士的最佳策略；而臺灣人也在漢學變革的期待中，利用了新政府提供的空隙，維繫並企圖改革漢學的內涵。

　　臺灣文人維繫漢學的動機，在今天臺灣文學史的討論中，備受矚目。主要原因是，在戰後臺灣不同立場以及觀察脈絡的詮釋下，研究者對漢學的維繫有不同的評價。有人認為，這些人都極富民族精神，維繫著漢民族的思想命脈；有人認為，這些人不過是政治的附庸；也有人企圖從政治協力的說法裡，替這類文人尋找抵抗的蛛絲馬跡。筆者以為，所謂「維繫一線斯文」的動機，每個文人各有不同。如果不是從人物的生命經歷以及其著述、行動來分析其動機，可能會誤解文人的意圖，也會讓臺灣文學史、特別是臺灣古典文學史的脈絡，無法清楚地展開發展圖像。

　　因此，本文透過劉克明對近代教育以及同化議題的發言，分

析他的日本認同及對漢學的立場。筆者發現，具有漢學及近代教育經驗的劉克明，對於維繫漢學的意志相當堅定；並且，所謂維繫漢學命脈，並不等於劉克明具有漢民族意識。不過，我們卻可以說他具有對「本島」漢學維繫的堅持，反應他對本島「我族」的認知。在對漢學檢討改進的過程中，劉克明選擇取法日本。透過對日本漢學的了解與學習，他相信臺灣在日本統治之下，臺灣有機會持續延續漢學的發展。

之所以取法日本，是因為自統治初期始，具有漢學背景的劉克明，親見殖民政府對文士的尊重。不只總督與長官具有撰寫漢詩文的能力，並開設詩會、禮遇文士；更值得一提的是新竹知事櫻井勉在地方大開詩會，讓曾經文冠北臺的竹塹地區，似乎回到過去的風光。再加上，劉克明父親劉廷璧曾經是清代新竹最後一個詩社「竹梅吟社」的重要成員。他因此希望自己能在日治時期持續發揚先賢優良的文學傳統。如果漢學能在臺灣持續，那麼，成為日本帝國的臣民，並有機會延續先賢的成就，誠然對漢學發展有著正面意義。

近代教育的經驗，使劉克明與同窗友人，成為共同延續漢學命脈的戰友。國語學校的學習經歷，讓他有機會認識志同道合的朋友，拓展人際網絡。透過籌組詩社，與文友切磋詩藝，為的是使漢學延續，也在持續不懈的練習中，試圖使漢學具有經世濟民的實用之途。因此，如果以臺灣古典文學發展為主體，這是一段與日本漢學交流的重要時刻。日本漢學在明治維新後得以轉變、延續，提供了臺灣漢學存續的一個借鏡。由於日本漢學在改革過程中，與國體論產生了不可分割的關聯，因此能在國內取得西化之下的存在價值，進一步發展出「東亞國粹」的說法，試圖將漢學正統在中國的論述轉移至日本。而這種「東亞國粹」的論述，

也深深影響著力圖延續漢學的臺灣文人。劉克明、魏清德等人，亦從「同文」的基礎上，將漢學的正統由「中原」轉移至「橿原」。文人們以為「東亞國粹」可在此環境下延續。對於他們而言，這種實踐，一方面是維新，一方面是維繫。因此，劉克明對日治臺灣漢學延續的作為，成為他的同化之道。意即，在成為帝國臣民之路上，臺灣與日本的「同文」基礎，使本島人也可以有論述「東亞國粹」的能力，

對「本島」文脈、「本島」特色的堅持，也反映在劉克明教學實踐上。劉克明撰作語言教材真正的目的在「交流」，因為他將「本島人」視作「成為帝國臣民」的共同體，期許「本島人」努力學習「國語」，與「母國人」並駕齊驅，才可以與世界共同競爭。除了對「本島人」提出呼籲，劉克明也認真的教導「母國人」學習臺灣語，以利交誼。編寫數種語言教材就是這個目的。包括提供各界使用的《國語對譯臺語大成》、客家話教材《廣東語集成》、專門提供教育界使用的《教科摘要──臺灣語速修》以及為實業界撰寫的《實業教科──臺灣語及書翰文》。由於教材十分實用，皆曾獲選為檢定考試用書，也廣受臺灣夜學會、同風會等學習「國語」的民間團體使用。

劉克明對漢學的堅持，是他在日治時期教育實踐、著述、言論及社會參與的動機。但強調漢學的延續，容易使人產生「從漢民族主義探討問題」的誤會。實際上，「漢民族主義」可說是日治時期臺灣古典文學研究揮之不去的陰影，使研究者為「不純正」的民族意識傷透腦筋，遂總是以「矛盾」與「衝突」為文人的行動做注解。事實上，晚清時期的臺灣人，尚未發展出以近代國家為基礎的「漢民族」論述。和劉克明有著相似求學經歷的文人，看見「同文」的橋梁，並開啟了日本認同這扇門。走在這條

同化之道上，是以「文化上『種族』融合的日本」為基礎。用劉克明的話來說，「本島新民」是帝國中的後來者，是帝國諸「種族」中的一員。只要積極學習「國語」、涵養「國民性」、成為帝國中的人才，人人都可和帝國臣民平起平坐。

日本在明治初期的國體論述中，將對天皇克忠盡孝視為臣民的責任。這種由儒學發展出來的忠君愛國思想，使臺灣傳統士紳很容易在漢學和國體之間取得詮釋的空間。創作涵養「國民性」的詩作成為方法之一，劉克明透過漢學經典詮釋〈聖藻〉亦是。在劉克明看來，本島固有文化無疑地可以詮釋國體，同時也意味著本島新民具有成為帝國臣民的條件。

但是，日本國體的建構打從一開始便是以「血統論」為根本。「大和民族」才是帝國的純正血統。官方的同化論述便是在此基礎上而有「國民要素絕非可得於一朝一夕」的說法。於是，劉克明心想的那條同化之道，就像是走在潘洛斯階梯（Penrose stairs）上──他以為「本島人」一同在同化之道上不斷前行、不斷向上，但實際上，這條同化之道根本不存在──劉克明企圖在日本帝國建構的民族論述中，以臺灣人的「身分」，論述「文化上『種族』融合的日本」之可能性；卻被排除在「血統的大和民族」之外，這才是劉克明真正必須面對的矛盾，也是日本帝國在「國族的建立」與「殖民統治」並進的過程中持續面對的問題。回過頭來說，就臺灣的古典文學研究而論，高舉著「漢民族主義」乃至於「本質性的反抗意識」的大旗，更是吾人應該深刻反思的。

從文學角度來看，我們重視的不該只是同化與否的問題，而是同化的實踐與日本認同為漢學延續帶來了什麼樣的變異與擴張。不能因為不同觀點的民族意識的詮釋，就全面否定文學作品

的價值。本文作為一個專家研究，屬於「點」的探討，無法深入討論臺灣古典文學與日本明治維新後的漢學脈互動後對臺灣漢學帶來的轉變。對日治時期「漢文脈」邊界擴大的觀察，前人曾提出精闢的分析，但筆者以為，若能更進一步關注國體建立過程對日本漢學的影響，乃至於對日治時期臺灣漢學發展的影響，可以再從更深的文學層次理解臺灣漢學在當時的轉變。還必須注意的是，取法日本漢學只是日治時期傳統文人延續漢學的方式之一，日治時期漢學的存續，仍然存在著不同的面向，究竟有哪些面向？這是臺灣傳統文學脈絡必須要再深化討論的問題。如果能在「日本漢學與臺灣漢學」交流的基礎上，持續擴充相關的研究，臺灣古典文學的脈絡才能有更開闊的視野。希望未來能有更進一步的研究成果，能使清代到日治時期的古典文學延續及其轉變有更清晰的樣貌。

# 參考書目

## 一、文獻史料

### 劉克明著述（依出版年排序）

宇井英、劉克明，《國語捷徑》（臺灣總督府：臺灣教育會發行，1915）。

劉克明，《國語對譯臺語大成》（臺北，新高堂書店，1916）。

劉克明，《廣東語集成》（臺北：新高堂書店，1917）。

劉克明，《教科摘要──臺灣語速修》（臺北，新高堂書店，1925）。

劉克明，《實業教科──臺灣語及書翰文》（臺北，新高堂書店，1926）。

劉克明，《臺灣今古談》（臺北，新高堂書店，1930；臺北：成文，1985複刻）。

劉克明，《中和庄誌》（臺北，共榮社印刷，1932；臺北：成文，1985複刻）。

劉克明，《艋舺龍山寺全志》，（臺北：艋舺龍山寺管理人代表黃玉對，1951年12月）。

劉克明，《寄園詩葉》（原1968編印本；臺北：龍文出版社復刻，2009年3月）。

《詠霓吟社詩抄》（臺南：臺灣文學館藏）。

劉篁村，〈斯文界之回顧〉，《臺北文物》1：1，1952年12月1日，頁92。

劉篁村，〈艋舺人物誌〉，《臺北文物》2：1，1953年4月15日，頁28-34。

劉篁村，〈龍峒片鱗〉，《臺北文物》2：2，1953年8月15日，頁52-53。

劉篁村，〈稻江見聞錄〉，《臺北文物》2：3，1953年11月15日，頁57-59。

劉篁村，〈北城拾粹錄〉，《臺灣文物》2：4，1954年1月20日，頁45-48。

劉香蓀，〈北城附郊今昔談〉，《臺灣文物》2：4，1954年1月20日，頁52-53。

劉篁村，〈松山方面的見聞集〉，《臺北文物》3：1，1954年5月1日，頁38-41。

劉克明，〈詠霓吟社〉，《臺北文物》4：4，1956年2月1日，頁31-34。

寄園，〈談臺灣之語言〉，《臺北文物》5：2、3合，1957年1月15日，頁63-65。

劉篁村，〈北臺詩話小談〉，《臺北文物》5：2、3合，1957年1月15日，頁98-101。

劉篁村，〈昔時土地之給墾文件〉，《臺北文物》6：1，1957年9月1日，頁38-41。

劉篁村，〈臺灣古字據集〉，《臺北文物》7：4，1958年12月30日，頁87-91。

劉篁村，〈淡北墳墓地雜記〉，《臺北文物》8：2，1959年6月30日，頁43-46。

劉寄園，〈臺灣俗語考〉，《臺北文物》8：4，1960年2月15日，頁49-51。

劉篁村，〈艋舺鄉文祠〉，《臺北文物》9：1，1960年3月31日，頁45-47。

劉篁村，〈臺灣女學的發祥地〉，《臺北文物》9：2，1960年11月15日，頁112-116。

寄園，〈基督教會之今昔〉，《臺北文物》10：1，1961年3月1日，頁121。

劉篁村，〈倪希昶、王雲滄詩文選〉，《臺北文物》10：2，1961年9月1日，頁42-47。

篁村，〈日軍侵竹邑前後〉，《臺北文物》10：2，1961年9月1日，頁109-110。

劉克明，〈臺諺類集〉，《南瀛文獻》第7期，1961年12月，頁12-35。

## 清領時期

王禮、陳文達，《臺灣縣志》（臺北：臺灣銀行經濟研究室，1961年）。

劉良璧，《重修福建臺灣府志》（臺北：臺灣銀行經濟研究室，1961年）。

范咸《重修臺灣府志》（臺北：臺灣銀行經濟研究室，1961年）。

王必昌，《重修臺灣縣志》（臺北：臺灣銀行經濟研究室，1961年）。

余文儀，《續修臺灣府志》（臺北：臺灣銀行經濟研究室，1962年）。

謝金鑾、鄭兼才，《續修臺灣縣志》（臺北：臺灣銀行經濟研究室，1962年）。

## 日治時期

臺灣總督府，《臺灣總督府公文類纂》1895～1905年，（南投：國史館臺灣文獻館）。

臺灣總督府，《臺灣總督府職員錄》（總稱）

《臺灣總督府職員錄》1898～1904、1919～1924（臺北：臺灣日日新報社）。

《臺灣總督府文官職員錄》1905～1918（臺北：臺灣日日新報社）。

《臺灣總督府及所屬官署職員錄》1925～1944（臺北：臺灣時報發行所）。

臺灣總督府，《臺灣總督府民政事務成蹟提要》，1896～1944年，（臺北：臺灣總督府民政局）。

《臺灣總督府府（官）報》1896年8月20日～1945年10月23日。

《臺灣揚文會策議》（臺北：臺灣總督府，1901）。

臺灣教育會編，許錫慶譯註，《臺灣教育沿革誌》（臺北：臺灣教育會，1939；南投：臺灣文獻館，2010年）。

臺灣總督府編纂，山本壽賀子、曾培堂譯：《臺灣統治概要》（原臺灣總督府於1945年編纂，譯本為臺中：大社會文化事業發行，1999年3月）。

《臺灣總督府國語學校生徒明細簿》（藏於國立臺北教育大學）。

《臺灣總督府國語學校校友會雜誌》第1～25號（1899年2月～1909年）。

《臺灣人ノ臺灣議會設置運動卜其思想》（臺北：臺灣分館藏，出版項不詳）。

《臺灣日日新報》（臺北：臺灣日日新報社）。

《臺灣時報》（臺北：臺灣時報社）。

《臺灣教育會雜誌》第1～128號及別卷（1907年7月～1912年12月），（沖繩：ひるぎ社，1996年複刻）。

《臺灣教育》第129～497號（1913年1月～1943年12月）。

內藤菱崖，《臺灣四十年回顧》（臺北：內藤龍平，1936）。

吉野秀公，《臺灣教育史》（臺北：臺灣日日新報社，1927年）。

吳德功，《觀光日記》（《臺灣文獻叢刊》第89種；臺北：臺灣銀行經濟研究室，1960年）。

林進發，《臺灣人物評》（臺北：赤陽社，1929；臺北：成文出版社景印，1999年）。

林進發，《臺灣官紳年鑑》（臺北：民眾公論社，1934；臺北：成文出版社景印，1999年）。

臺灣新民報社調查部，《臺灣人士鑑》（臺北：臺灣新民報社，1934年；東京：湘南堂書店，1986）。

鷹取田一郎，《大雅唱和集》（臺北：臺灣日日新報社，1921年11月）。

鷹取田一郎，《臺灣列紳傳》（桃園：華夏書坊復刻，2009年6月）。

蔡汝修，《臺海擊缽吟集》（臺北：龍文，2006年）。

## 二、近人專著

E. Patricia Tsurumi, *Japanese Colonial Education in Taiwan, 1895-1945.* （Cambridge Mass, U.S.A. and London, England: Harvard University Press, 1977）. 林正芳譯，《日治時期臺灣教育史》（宜蘭：仰山文教基金會，1999年）。

Marc Bloch著、周婉窈譯，《史家的技藝》（臺北：遠流，1989）。

丸山真男著，林明德譯，《現代政治的思想與行動：兼論日本軍國主義》（臺北：聯經，1984年12月）。

井上清著，宿久高譯，《日本帝國主義的形成》（臺北：華世，1986）。

中島利郎，《日據時期臺灣文學雜誌總目》（臺北：前衛，1995）。

中島利郎、宋子紜編，《臺灣教育總目錄、著者索引：第124-497號（1912-1943）》（臺北：南天，2001）。

矢內原忠雄著，周憲文譯，《日本帝國主義下的臺灣》（臺北：帕米爾書局，1985）。

吳密察，《臺灣近代史研究》（臺北：稻香，1991年）。

吳文星，《日據時期臺灣社會領導階層之研究》（臺北：正中，1995年4月）。

李永熾，《日本近代史研究》（臺北：稻禾初版社，1992年）。

李永熾，《日本近代思想論集》（臺北：稻鄉，1998年）。

李筱峰，《臺灣革命僧——林秋梧》（臺北：望春風文化，2004年）。

周婉窈，《日據時代的臺灣議會設置請願運動》（臺北：自立報系，1989年）。

周婉窈，《海行兮的年代：日本殖民統治末期臺灣史論集》（臺北：允晨，2002年）。

林正三、許惠玟，《臺灣瀛社詩學會會志》（臺北：文史哲，2008年10月）。

林正三、許惠玟，《歷屆詩題便覽》（臺北：文史哲，2008年10月）。

林莊生，《懷樹又懷人：我的父親莊垂勝、他的朋友及那個時代》（臺北：自立晚報，1992）。

洪惟仁，《臺灣文獻書目解題：第五種語言篇》（臺北：中央圖臺灣分館，1987）。

若林正丈、吳密察，《臺灣重層近代化論文集》（臺北：播種者文化，2000年4月）。

若林正丈、吳密察主編《跨界的臺灣史研究：與東亞史的交錯》（臺北：播種者文化，2004年4月）。

若林正丈，《臺灣抗日運動史研究》（臺北：播種者，2007年）。

施懿琳、廖美玉編，《臺灣古典文學大事年表・明清篇》（臺北：里仁，2008年）。

荊子馨，《成為「日本人」：殖民地臺灣與認同政治》（臺北：麥田，2006）。

許佩賢，《殖民地臺灣的近代學校》（臺北：遠流出版社，2005年3月）。

許雪姬，《臺灣歷史辭典》（臺北：行政院文化建設委員會，2004）。

陳芳明，《臺灣人的歷史與意識》（敦理出版社，1988年8月1日）。

陳芳明，《臺灣新文學史》（上）（下），（臺北：聯經，2011）。

陳培豐，《同化的同床異夢：日治時期臺灣的語言政策、近代化與認同》（臺北：麥田，2006年）。

陳瑋芬，《近代日本漢學的「關鍵詞」研究：儒學及相關概念的嬗變》（臺北：臺大出版中心，2005年）。

張勝彥，《臺中縣志・卷七・人物志稿》（臺中：臺中縣政府，1989年）。

游永富、游榮華，《羅東鎮志・第八篇「教育篇」》（宜蘭：羅東鎮公所，2002年）。

黃美娥，《日治時期臺北地區文學作品目錄》（臺北：北市文獻會，2003）。

黃美娥，《古典臺灣：文學史、詩社、作家論》（臺北：國立編譯館，2007）。

黃美娥，《重層現代性鏡像》（臺北：麥田出版，2004年12月）。

詹雅能，《竹梅吟社與《竹梅吟社詩抄》》（新竹：竹市文化局，2011年12月）。


## 三、單篇論文

川路祥代，〈日治初期臺灣漢文教育〉，《南臺應用口語學報》第二期，頁165-185。

王國璠〈淡北詩論〉，《臺灣文獻》直字13-14期，1970年12月，頁129-133。

吳文星，〈日據時代臺灣書房之研究〉，《思與言》，16卷3期，1979年9月5日，頁62-89。

吳文星，〈日據時期臺灣總督府推廣日語運動初探〉（上），《臺灣風物》第37卷第1期，1987年3月31日，頁1-31。

吳文星，〈日據時期臺灣總督府推廣日語運動初探〉（下），《臺灣風物》第37卷第4期，1987年12月31日，頁53-86。

吳文星，〈日據時期臺灣書房教育之再檢討〉，《思與言》26：1，1988年5月，頁101-108

吳文星，〈近十年來關於日治時期臺灣教育史研究之動向（1991-2000）〉，《臺灣師大歷史學報》第28期，2001年6月，頁221-238。

吳文星，〈日據時期臺灣教育史料及其研究之評介〉，《臺灣史田野研究通訊》第26期，1993年3月，頁48-57。

吳文星，〈日據時期臺灣與朝鮮的教育〉，《臺灣漢人社會研究論文集》（臺北：聯經，1994年12月），頁233-266。

吳文星，〈日據時期臺灣的高等教育〉，《中國歷史學會史學集刊》第25期，1993年9月，頁143-157。

吳密察，〈臺灣總督府修史事業與臺灣分館館藏〉，《館藏與臺灣史研究論文發表研討會彙編》（臺北：國立中央圖書館臺灣分館，1994），頁39-72。

吳密察，〈「歷史」的出現——臺灣史學史素描〉，《當代》第224期，2006年4月1日，頁32-49。

吳叡人，〈福爾摩沙意識型態——試論日本殖民統治下臺灣民族運動「民族文化論述」的形成〉，《新史學》17：2，2006，頁127-218。

沈松僑，〈我以我血薦軒轅——黃帝神話與晚清的國族建構〉，《臺灣社會研究》第28期，1997年12月，頁8-77。

林麗美，〈乙未改隸世代文人的知識視野與社會實踐——以連橫為例的探討〉，《異時空下的同文詩寫：臺灣古典詩與東亞各國的交錯國際學術研討會論文集（二）》（臺南：成功大學，2008年），頁1-15。

洪惟仁，〈日據時代的臺語教育〉，《臺灣風物》43：3，頁49-84。

柳書琴，〈傳統文人及其衍生世代：臺灣漢文通俗文藝的發展與延異（1930-1941）〉，《臺灣史研究》第14卷第2期，2007年6月，頁41-88。

施懿琳，〈由反抗到傾斜——日治時期彰化文人吳德功的身分認同之分析〉，《中國學術年刊》第18期，1997年3月，頁317-344；444-445。

施懿琳，〈五〇年代臺灣古典詩隊伍的重組與詩刊內容的變異：以「詩文之友」為主〉，收於《戰後初期臺灣文學與思潮學術研討會》（臺中：東海大學中文，2003），頁41-49。

施懿琳，〈日治時期臺灣舊文人遺民意願與認同的變異——以嘉義賴世英為中心的考察〉，收於《文學想像與文化認同：古典與現代中的國家與族群》（高雄：中山大學人文社會科學研究中心，2009年12月），頁43-71。

張國裕，〈臺北詩社座談會紀錄〉，《臺北文獻》直字122期，1997年12月，頁1-35。

許雪姬，〈日治時期臺灣的「通譯」〉，《輔仁歷史學報》第18號，2006年12月，頁1-44。

許時嘉，〈揚文策略下「文」與「文明」的交錯——以1900年揚文會為例〉，收於「第九屆國際青年學者漢學會議——臺灣文學與文化研究」會議論文，臺灣大學臺灣文學研究所、美國哈佛大學東亞系主辦，2010年7月9-10日，頁1-15。

陳文松，〈臺灣近代學閥形成之原型—— 以臺灣總督府國語學校同窗會為中心——〉，《跨領域青年學者臺灣史研究論集》（臺北：稻香，2008年），頁105-136。

陳培豐，〈日治時期臺灣漢文脈的漂游與想像：帝國漢文、殖民地漢文、中國白話文、臺灣話文〉，《臺灣史研究》第15卷第4期，2008年12月，頁31-86。

陳培豐，〈日治時期的漢詩文、國民性與皇民文學——在流通與切斷過程中走向純正歸一〉，《跨域的臺灣文學研究學術研討會論文集》（臺南：國立臺灣文學館，2006），頁475-498。

黃美娥，〈北臺文學之冠——清代竹塹地區的文人及其文學活動〉，《臺灣史研究》第5卷第1期，1999年11月，頁91-139。

黃美娥，〈日臺間的漢文關係：殖民地時期臺灣古典詩歌知識論的重構和衍異〉，《東亞現代中文文學國際學報：臺灣文學與跨文化流動》第3期，2007年4月，頁111-133。

游勝冠，〈同文關係中的臺灣漢學及其文化政治意涵——論日治時期漢文人對其文化資本「漢學」的挪用與嫁接〉，《臺灣文學研究學報》第8期，2009年4月，頁275-306。

楊永彬，〈日本領臺初期日臺官紳詩文唱和〉，《臺灣重層近代化論文集》（臺北：播種者，2000年），頁105-181。

詹雅能，〈櫻井勉與日治前期的新竹詩社〉，《社會科教育學報》第6期，2003年，頁1-28。

蔡錦堂，〈日本治臺時期所謂「同化政策」的實像與虛像初探〉，《淡江史學》第13期，2002，頁181-192。

蔡錦堂，〈日本治臺時期所謂「同化主義」的再檢討——以「內地延長主義」為中心〉，《臺灣史蹟》第36期，2000，頁242-250。

賴子清，〈古今臺灣詩文社〉，《臺灣文獻》10卷3期，1959年9月，頁92-93。

賴子清，〈古今北臺詩社〉，《臺北文獻》第74期，1985年12月25日，頁174-175。

藍士博，〈從傳統文人、知識份子到印刷媒體世代──日本統治時期臺灣知識社群的第三種詮釋〉，《移動、交界與第三空間：第七屆臺灣文學研究生論文發表會論文集》（嘉義：中正大學臺灣文學所，2010年），頁144-184。

## 四、學位論文

川路祥代，〈殖民地臺灣文化統合與臺灣傳統儒學社會（1895-1919）〉（臺南：成功大學中國文學所博士論文，2001年）。

井上一宏，〈日治時期臺灣人民國家認同之探討──以公學校修身教育為主〉（臺北：國立臺灣師範大學政治學研究所碩士論文，2008年）。

王俐茹，〈臺灣文人的記者初體驗及其創作實踐：以李逸濤（1876-1921）為例〉（臺北：臺灣師範大學臺灣文化及語言文學所碩士論文，2010年）。

申美貞，〈日據時期臺灣與韓國教育政策比較研究：以1922年頒佈的新教育令為例〉（臺北：政治大學中國文學系所碩士，1998）。

吳文星，〈日據時期臺灣師範教育之研究〉（臺北：臺灣師範大學歷史所博士論文，1983年1月）。

吳明純，〈國策、機關誌與再現書寫──以《臺灣教育會雜誌》、《臺灣愛國婦人》、《新建設》為例〉（臺南：成功大學臺灣文學所，2008年）。

李婉甄，〈藝術潮流的衝擊與交會：日治時期魏清德的論述與收藏〉（臺北：臺灣大學藝術史碩士論文，2008年）。

室屋麻梨子，〈《臺灣教育會雜誌》漢文報（1903-1927）之研究〉（臺南：國立成功大學歷史研究所碩士論文，2007）。

高野史惠，〈日據時期日臺官紳的另外交流方式──以木村匡為例（1895-1925）〉（臺南：成功大學臺灣文學所碩士論文，2008年8月）。

梁鈞筌，〈「新世界」話語及其想像研究──以《臺日報》中的漢詩文為探討核心〉（嘉義：中正大學臺灣文學所碩士論文，2010年）。

張安琪，〈日治時期臺灣白話漢文的形成與發展〉（新竹：清華大學臺灣文學所碩士論文，2006年）。

張端然，〈日治時期瀛社之研究〉（臺北：文化大學中國文學所碩士論文，2003年）。

陳虹文，〈日本殖民統治下臺灣教育政策之研究──以公學校國語教科書內容分析為例〉（高雄：中山大學教育所碩士論文，1990年）。

許佩賢，〈臺灣近代學校的誕生——日本時代初等教育體系的成立（1895-1911）〉（臺北：國立臺灣大學歷史學研究所博士論文，2001年1月）。

許佩賢，〈殖民地少國民的塑造——日據時期臺灣公學校教科書之分析〉（臺北：國立臺灣大學歷史學研究所碩士論文，1994年6月）。

彭雅芬，〈黃純青及其著述研究〉（臺北：臺灣師範大學臺灣文學所碩士論文，2009年）。

楊永彬，〈臺灣紳商與早期日本殖民政權的關係1895年～1905年〉（臺北：臺灣大學歷史研究所碩士論文，1996年6月）。

楊惠菁，〈《臺語大成》詞彙研究〉（臺北：臺北市立師範學院應用語言文學研究所碩士論文，2003年）。

蔡佩玲，〈「同文」的想像與實踐：日治時期臺灣傳統文人謝雪漁的漢文書寫〉（臺北：政治大學中國文學所碩士論文，2008年）。

蔡蕙光，〈日治時期臺灣公學校的歷史教育——歷史教科書之分析〉（臺北：國立臺灣大學歷史學研究所碩士論文，2000年）。

鄭梅淑，〈日據時期臺灣公學校之研究〉（臺中：東海大學歷史研究所碩士論文，1988年）。

謝明如，〈日治時期臺灣總督府國語學校之研究（1896-1919）〉（臺北：臺灣師範大學歷史所碩士論文，2007年）。

謝佩錦，〈日治時期臺灣公學校教師之研究〉（新竹：新竹教育大學社會科教育學系碩士論文，2005年）。

謝崇耀，〈日治時期臺北州漢詩文化空間的發展與研究〉（嘉義：中正大學中國文學研究所博士論文，2010年1月18日）。

謝好姍，〈王少濤詩文中所呈現的藝術情趣〉（臺中：中興大學中國文學所碩士論文，2005年）。

蘇秀鈴，〈日治時期崇文社研究〉（彰化：彰化師範大國文學系碩士論文，2001年）。

# 五、線上資料庫

・臺灣總督府職員錄 http://who.ith.sinica.edu.tw/

島民、新民與國民——日治臺籍教師劉克明（1884～1967）的同化之道 ▌270▐

# 附錄：劉克明生平大事年表

## 【說明】

1. 年表分為「生平事蹟」、「詩文發表」、「文壇要事」、「臺灣大事」四列。「生平事蹟」及「詩文發表」記載劉克明生命經歷及其作品刊載時間；若作品有重複刊載的情況，僅記錄首次刊出時間。「文壇要事」，主要記錄臺灣傳統文壇相關事件，兼及與劉氏相關人物之生卒。「臺灣大事」則以「教育政策」為重點。

2. 「●」表示漢詩、文作品；「◉」表示日文作品。

   例如：明治29年（1902），3月，發表漢詩作〈呈臺北師範學校長小林閣下解組旋鄉詩〉；8月有日文文章〈臺灣の年末及び年始に行はれる慣習〉。則標記為：

   | 詩文發表 |
   | --- |
   | ●3月，發表詩作〈呈臺北師範學校長小林閣下解組旋鄉詩〉。<br>◉8月，發表文章〈臺灣の年末及び年始に行はれる慣習〉。 |

3. 日期以中文書寫者為陰曆，阿拉伯數字書寫表示陽曆。例如：七月一日是陰曆，7月1日則是陽曆。

4. 作品如收於個人別集，則不繫月份，置於該年最末。

   例如：1924年刊行之《陋園吟集》，錄有〈輓顏吟龍先生〉一詩。標示為：

   | 詩文發表 |
   | --- |
   | ●12月，發表詩作〈書感〉。<br>●發表詩作〈輓顏吟龍先生〉、〈鄭香圃兄續絃賦此以賀〉、〈偶作〉。 |

## 【年表】

| 西曆干支 | 年號 | 年齡 | 生平事蹟 | 詩文發表 | 文壇要事 | 臺灣大事（以教育為主） |
|---|---|---|---|---|---|---|
| 1884甲申 | 清光緒10年 | 1 | 1月3日（農曆十二月六日，歲癸未），生於新竹，清廩生劉廷璧之子。 | | ●劉克明友人謝汝銓14歲、黃純青10歲、楊仲佐9歲、盧子安9歲、陳廷鑣8歲、王少濤1歲；楊潤波、蔡式穀同年出生。 | 六月十五日，清法戰爭波及臺灣。八月十三日，法將軍Anatole Coubet於仙洞登陸，與曹志忠、林朝棟等戰於獅球嶺。 |
| 1885乙酉 | 光11 | 2 | ●祖母過世。 | | ●劉克明友人林佛國出生。 | 元月七日，法軍全面封鎖臺灣島。五月八日，清法於天津達成和議，法軍六月二十四日全數撤離臺灣。九月五日，臺灣建省，劉銘傳為第一任巡撫。 |
| 1886丙戌 | 光12 | 3 | | | ●新竹蔡啟運（1862～1911）與新竹諸友成立「竹梅吟社」。主要成員包括：陳濬芝、鄭兆璜、陳叔寶、吳逢清、陳朝龍、鄭家珍以及劉克明父親劉廷璧。●新竹鄭如蘭（1835～1911）主持之「北郭園吟社」，延續北郭園吟詠酬唱之雅事。●劉克明友人魏清德出生。 | 四月，劉銘傳開始「清賦」工作。本年，臺灣設撫墾局與番學堂。 |
| 1887丁亥 | 光13 | 4 | | | | 三月二十四日，清廷命邵友濂為臺灣布政使。八月二十三日，福州和滬尾的海底電報線完工。 |
| 1888戊子 | 光14 | 5 | | | | |
| 1889己丑 | 光15 | 6 | | | | |

| 西曆<br>干支 | 年號 | 年齡 | 生平事蹟 | 詩文發表 | 文壇要事 | 臺灣大事<br>（以教育為主） |
|---|---|---|---|---|---|---|
| 1890<br>庚寅 | 光16 | 7 | ●在北郭園「吾亦愛」書齋，從張鏡濤及父親劉廷璧學習。 | | | |
| 1891<br>辛卯 | 光17 | 8 | ●在北郭園「吾亦愛」書齋，從張鏡濤及父親劉廷璧學習。 | | | 十月二十二日，邵友濂接任臺灣巡撫。<br>十一月二十四日，清廷命唐景崧出任福建臺灣布政使。 |
| 1892<br>壬辰 | 光18 | 9 | ●在潛園「爽吟閣」從張鏡濤學。<br>●父親劉廷璧（1857～1892）逝世。 | | | |
| 1893<br>癸巳 | 光19 | 10 | | | ●臺北「牡丹吟社」成立。 | 十一月，臺北至新竹段鐵路完工。 |
| 1894<br>甲午 | 光20 | 11 | | | ●彰化文人賴和（1894～1943）生於是年。 | 六月，因朝鮮東學黨反亂，清日皆出兵繼而爆發「甲午戰爭」。<br>九月，唐景崧任臺灣巡撫。 |
| 1895<br>乙未 | 清光緒21年<br>／<br>日明治28年 | 12 | ●劉永疏散於虎仔山避難。及聞城內平靜可居時返家。 | | ●劉克明友人謝汝銓25歲、黃純青21歲、楊仲佐22歲、盧子安22歲、陳廷鏞21歲，王少濤13歲、楊潤波12歲、蔡式穀12歲、魏清德10歲。<br>●割臺之際，許多文人於是年內渡中國避亂，如：臺南文人胡殿鵬（號南溟，1869～1933）、連橫（號雅堂，1878～1936）、林馨蘭（字湘沅，1870～1923）等等。<br>●新竹詩人王松（字友竹，1866～1930）攜眷內渡中國，中途遇盜，傾其所有。事平後再度回臺。 | 3月20日，清日兩國代表李鴻章與伊藤博文於馬關（今之下關）「春帆樓」談判。4月17日，簽訂「馬關條約」割讓臺灣。<br>5月，伊澤修二向樺山資紀自薦，任總督府學務部長。<br>5月25日，工部主事丘逢甲及臺灣巡撫唐景崧、幕僚陳季同倡議改臺灣省為「臺灣民主國」推唐為總統，宣佈自主立國。<br>5月29日，日軍自澳底登陸。<br>6月4日，「臺灣民主國」總統唐景崧棄職，逃往廈門；丘逢甲見大勢已去，攜眷內渡中國。 |

| 西曆干支 | 年號 | 年齡 | 生平事蹟 | 詩文發表 | 文壇要事 | 臺灣大事（以教育為主） |
|---|---|---|---|---|---|---|
| | | | | | | 6月17日，於臺北舉行「始政」儀式。<br>7月16日，芝山岩「國（日）傳習所設立」，為第一所教育臺灣人之學校。<br>10月19日，劉永福逃往廈門，日軍佔領臺南，臺灣民主國告終。<br>11月20日，總督樺山資紀就任。<br>12月23日，總督府內設置「臺灣語講習所」。 |
| 1896丙申 | 明治29 | 13 | | | 6月17日，《臺灣新報》發行第1號。<br>9月至12月間，日人官紳與臺北士紳密集地聚會唱和，消息多刊登於《臺灣新報》。<br>12月20日，日臺官紳共組「玉山吟社」。<br>●臺灣稍靖，文人多自中國返臺。如：胡殿鵬、蔡國琳、羅秀惠、連橫等。<br>●李春生（1838～1924）以視察員身分隨總督樺山資紀赴日考察，停留二月餘，返臺後著《東遊六十四日隨筆》，連載於《臺灣新報》。後由福州美華書局出版。 | 1月1日，「芝山岩事件」發生。<br>3月31日，「臺灣總督府條例」（敕令88號）公布、「臺灣總督府民政局官制」（敕令90號）公布，「臺灣總督府直轄諸學校官制」（敕令94號）公布以及「臺灣總督府地方官制」（敕令91號）公布。<br>5月21日，「國語傳習所名稱位置」（府令4號）、「國語學校及附屬學校名稱位置」（府令5號）發布。<br>6月2日，總督樺山資紀卸任，桂太郎繼任。<br>7月31日，頒布直轄國語練習所規則。其後，各地相繼成立「國語傳習所」。 |

| 西曆<br>干支 | 年號 | 年齡 | 生平事蹟 | 詩文發表 | 文壇要事 | 臺灣大事<br>（以教育為主） |
|---|---|---|---|---|---|---|
| | | | | | | 9月25日，國語學校規則（府令38號）發布。<br>10月14日，總督桂太郎卸任，乃木希典繼任。<br>11月25日，「新竹國語傳習所」開始授課。 |
| 1897<br>丁酉 | 明治30 | 14 | 10月，入「新竹國語傳習所」乙科。 | | 5月，日人櫻井勉任新竹縣知事。期間，經常在北郭園、潛園開設詩文聯吟會。<br>7月22日，臺南縣知事磯貝靜藏將回日本，官紳開設吟宴於斐亭。<br>8月，大科崁郵便局長星野親敏倡立「南雅吟社」，成員有邱倬雲、呂鷹揚等。<br>11月28日，「竹梅吟社」重振後首次詩會。<br>●臺南謝石秋與連橫、陳渭川、趙鍾麒、楊宜綠等人重振「浪吟詩社」。<br>●彰化莊垂勝（1897～1962）生於此年。 | 1月4日，第二附屬學校轉移艋舺祖師廟。<br>2月18日，教育敕語漢譯文奉讀之訓令（第15號）公布。<br>4月28日，賜頒「教育敕諭謄本」給國語學校、第一附屬學校與國語傳習所。<br>5月8日，住民去就決定日。27日，地方官官制改正（敕令152號），改為六縣三廳。<br>7月21日，公布國語學校官制（敕令242號）、國語傳習所官制（敕令243號）。本月，因與乃木總督及水野民政長官意見不和，伊澤修二辭去學務部長職位，離開臺灣。學務部隨之縮減為學務課。兒玉喜八奉命繼任學務部長事務取扱。<br>10月20日，國語學校開校式。21日，總督府官制修正（敕令362號）公布（民政局、學務課）。<br>10月31日，國語傳習所規則修訂，增設漢文科。 |

| 西曆干支 | 年號 | 年齡 | 生平事蹟 | 詩文發表 | 文壇要事 | 臺灣大事（以教育為主） |
|---|---|---|---|---|---|---|
| 1898戊戌 | 明治31 | 15 | ●「新竹國語傳習所」改稱「新竹公學校」；乙科改稱「本科」。劉克明成為「新竹公學校本科生」。 | | 1月4日，《臺灣日報》發行。5月1日，《臺灣新報》與《臺灣日報》合併為《臺灣日日新報》。日本漢學家籾山衣洲（1855～1919）應臺灣總督兒玉源太郎之邀，來臺任《臺灣日日新報》主筆。2月26日，櫻井勉在潛園舉行詩宴，題為〈潛園探梅〉。與會重要文人包括：王松、王石鵬、謝介石、曾逢辰、戴珠光等。10月，章炳麟（號太炎，1869～1936）來臺主編《臺灣日日新報》漢文欄。●臺南文人林湘沅全家自中國返臺。林氏於鄉間設帳授徒。●臺北知事村上義雄發起「江瀨軒唱和」（後有《江瀨軒唱和集》，於1902年出版）。 | 1月，制定關於書房改良規定之咨問草案。2月26日，兒玉源太郎任臺灣總督。3月2日，後藤新平奉命擔任民政局長。4月2日，臺灣協會成立。7月28日，發布公學校令（敕令178號）、公學校官制（敕令179號）、小學校官制（敕令180）。8月16日，公學校規則（府令78號）、公學校廢止規則（府令79號）、小學校規則（府令81號）發布。20日，第一、二附屬學校規程（府令84、85號）發布。28日，第三附屬學校規程（府令86號）發布。9月，「國語研究會」成立。本月30日，國語傳習所廢止（恆春、臺東、澎湖島除外）。10月1日，公學校令實施。本月，臺灣協會發行《臺灣協會會報》。11月6日，公布書房義塾規程（府令104號）。12月17日，公學校教員檢定規則（府令111號）。 |

| 西曆<br>干支 | 年號 | 年齡 | 生平事蹟 | 詩文發表 | 文壇要事 | 臺灣大事<br>（以教育為主） |
|---|---|---|---|---|---|---|
| 1899<br>己亥 | 明治32 | 16 | | | 6月15日，《臺澎<br>日報》始刊。連橫<br>任該報筆政。<br>●《臺灣日日新<br>報》漢文欄主編章<br>炳麟，離臺赴日。<br>●兒玉源太郎與<br>日臺官紳唱和於<br>「南菜園」。後輯<br>成《南菜園唱和<br>集》。 | 3月31日，臺灣總<br>督府醫學校官制<br>（敕令95號）、<br>師範學校官制（敕<br>令97號）公布。<br>4月1日，總督府<br>醫學校創立。<br>4月13日，公布師<br>範學校規則（府令<br>31號）。<br>10月1日，臺中師<br>範學校開始授課。<br>2日，臺北、臺南<br>師範學校開始授<br>課。<br>12月1日，公學校<br>訓導檢定規則（府<br>令127號）發布。 |
| 1900<br>庚子 | 明治33 | 17 | 「新竹公學校本<br>科」第五年修業<br>中，9月入「臺北<br>師範學校」（舊<br>制） | | 3月15日，臺北淡<br>水館舉辦揚文會。<br>前清時期曾獲功名<br>之進士、舉人、秀<br>才，共有151人受<br>邀，72人與會。<br>●新竹王石鵬（字<br>箴盤，1877～<br>1942）撰成《臺<br>灣三字經》。<br>●彰化葉榮鐘<br>（1900～1978）<br>生於此年。<br>●本年，以橋本武<br>與平井又八二人為<br>核心的漢文廢止爭<br>論展開。 | 2月6日，黃玉階<br>發起「臺北天然足<br>會」，宣傳解足。<br>6月25日，學務課<br>長兒玉喜八休職，<br>木村匡繼任。<br>8月10日，國語學<br>校畢業生服務規則<br>（府令62號）發<br>布。<br>12月28日，「御<br>照」頒發至國語學<br>校。<br>本年，臺灣協會設<br>置專門學校（今<br>日本拓殖大學前<br>身）。 |
| 1901<br>辛丑 | 明治34 | 18 | | | 1月27日，「臺灣<br>文庫」（臺灣總督<br>府圖書館前身）成<br>立於臺北淡水館。<br>4月3日，《臺中<br>每日新聞》創刊。<br>●本年，漢文廢止<br>爭論持續。 | 2月17日，「國語<br>研究會」改組為<br>「臺灣教育會」。<br>本月28日，木村匡<br>辭任學務課長，由<br>松岡辨繼任。<br>6月16日，臺灣教<br>育會成立典禮。<br>10月25日，發布<br>「臺灣舊慣調查會<br>規則」，設臨時臺<br>灣舊慣調查會。 |

| 西曆<br>干支 | 年號 | 年齡 | 生平事蹟 | 詩文發表 | 文壇要事 | 臺灣大事<br>（以教育為主） |
|---|---|---|---|---|---|---|
| | | | | | | 11月11日，總督府官制改正（敕令201）、地方官官制修正（敕令202號，二十廳）公布。同日，師範學校規則改正（府令81）公布，廢臺北、臺中兩師範學校，併入「國語學校」及「臺南師範學校」。 |
| 1902<br>壬寅 | 明治35 | 19 | ●因師範規則改正，成為「總督府國語學校師範部」乙科生。劉克明有〈呈臺北師範學校長小林閣下解組旋鄉詩〉一作，表達對師範學校長小林鼎的敬仰與感謝。 | ◉3月，發表詩作〈呈臺北師範學校長小林閣下解組旋鄉詩〉。<br>◉8月，發表文章〈臺灣の年末及び年始に行はれる慣習〉。 | 3月，林朝崧（號痴仙，1875～1915）、林資修（字幼春，1880～1939）、賴紹堯（字悔之，1871～1917）等人創設「櫟社」。<br>●本年，漢文廢止爭論趨緩，政府逐漸減少公學校漢文授課時數，漢文成為外國語或方言的附屬存在。 | 1月31日，佐藤弘毅奉命擔任學務課長心得。<br>3月20日，臺北、中兩師範學校正式廢止（告示31號）。<br>4月1日，公布臺灣小學校規則（府令24號）。<br>5月17日，公布臺灣小學校官制（敕令152）。<br>7月6日，國語學校規則修正（府令52號），設置中學部。同日，國語學校及師範學校畢業生服務規則（府令56號）發布。<br>●國語學校「語學部土語科」本年廢除。 |
| 1903<br>癸卯 | 明治36 | 20 | 5月，參加「國語學校」畢業生徒旅行時，參觀大阪博覽會，指展場「無品不新、無品不異」。<br>7月6日，以第一名的成績畢業於「國語學校師範部」乙科；旋任職「第一附屬學校」（即「艋舺公學校」）。 | ◉2月，發表文章〈芝山岩遠足の記〉。<br>◉2月，發表詩作〈重陽日有感〉。 | 1月，《臺澎日報》改題《臺南新報》；《臺灣教育會雜誌》始設漢文欄。<br>3月，《臺中每日新聞》改題《中部臺灣日報》。<br>11月15日，臺北林爾嘉（1875～1951）等本島紳士十二人假板橋林本源花園開辦園遊 | 2月18日，清國人留學生有關內規制定。<br>4月30日，國民讀本完成。<br>12月17日，持地六三郎奉命擔任學務課長。<br>●國語學校「土語專修科」本年廢除。 |

| 西曆<br>干支 | 年號 | 年齡 | 生平事蹟 | 詩文發表 | 文壇要事 | 臺灣大事<br>（以教育為主） |
|---|---|---|---|---|---|---|
| | | | ●任「國語學校校<br>友會雜誌部」編輯<br>委員，並任「運動<br>部」之擊劍部委<br>員。<br>●入「臺灣教育<br>會」。 | | 會，招待文武官暨<br>日人紳士百五十<br>人，是為本島紳士<br>招待日本官民之<br>始。 | |
| 1904<br>甲辰 | 明治37 | 21 | ●第一附屬學校雇<br>員，月俸17円。 | | ●劉克明與黃純<br>青、魏清德等人成<br>立「詠霓吟社」。<br>●日人籾山衣洲離<br>臺。<br>●王石鵬《臺灣三<br>字經》出版。 | 2月10日，日俄戰<br>爭爆發。<br>3月11日，公布新<br>公學校規則（府令<br>24）。<br>4月16日，小學校<br>及公學校教員免許<br>令（敕令118號）<br>公布。 |
| 1905<br>乙巳 | 明治38 | 22 | ●第一附屬學校雇<br>員。[1]<br>●與陳幼（1888～<br>？）共結連理。 | | 7月1日，《臺灣<br>日日新報》另刊行<br>《漢文臺灣日日新<br>報》（1905.7.1～<br>1911.11.30）。 | 3月17日，嘉義地<br>方發生強烈地震，<br>1100多人喪生。<br>9月7日，簽訂日<br>露（俄）和平條<br>約，日俄戰爭結<br>束。 |
| 1906<br>丙午 | 明治39 | 23 | ●第一附屬學校雇<br>員，月俸20円。 | ●6月，發表文章<br>〈執鞭閒筆〉。 | ●臺南詩人蔡國<br>琳、連橫、趙雲<br>石、胡殿鵬等人，<br>成立「南社」。<br>●「詠霓吟社」活<br>動終止。 | 5月23日，佐久間<br>左馬太繼兒玉源太<br>郎，任臺灣總督。 |
| 1907<br>丁未 | 明治40 | 24 | ●第一附屬學校雇<br>員，月俸20円。<br>●長男興文出生。 | ●10月，發表詩<br>作〈觀楊君仲佐<br>獵〉、〈留贈培<br>蘭齋主人楊維垣<br>君〉。<br>●11月，發表詩作<br>〈送春〉。 | 7月10日，《中部<br>臺灣日報》改題<br>《臺灣新聞》。 | 1月1日，三一法生<br>效。31日，臺灣<br>協會專門學校改稱<br>為東洋協會專門學<br>校。<br>2月26日，臺灣<br>公學校令（律令1<br>號）公布。<br>5月20日，總督府<br>中學校官制（敕令<br>206號）、中學校<br>規則（府令32號）<br>公布。<br>10月8日，小學校<br>規則（府令81號）<br>發布。 |

---

[1]　本年度《總督府職員錄》有缺，此任職條目為筆者據本表前後年任職紀錄推測。

| 西曆干支 | 年號 | 年齡 | 生平事蹟 | 詩文發表 | 文壇要事 | 臺灣大事（以教育為主） |
|---|---|---|---|---|---|---|
| 1908 戊申 | 明治41 | 25 | 3月31日，任「國語學校」助教授，教授臺灣語，月俸25円。<br>●任第一附屬學校訓導事務取扱。<br>●任《臺灣教育會雜誌》漢文編輯。 | ⊙1月，發表文章〈臺灣俚言と教授管理〉。<br>⊙3月，發表文章〈臺灣俚言と教授管理〉。<br>⊙4月，發表文章〈臺灣俚言と修身教授〉。<br>⊙5月，發表文章〈臺灣俚言と修身教授〉。<br>⊙10月，發表文章〈臺灣語法數則〉。<br>●6月，發表文章〈詩人逸話〉。<br>●7月，發表文章〈篁村茶話〉。<br>●9月，發表文章〈詩人逸話〉，發表詩作〈過南菜園〉、〈亦輞川主人邀予與林先生景商李君漢如吳君槐堂過飲席上呈林先生〉、〈贈王少濤詞兄〉。<br>●12月，發表文章〈詩人逸話〉，發表詩作〈少濤詞友轉任芳蔡作此贈之〉、〈遊板橋林氏園〉。 | ●連橫於本年開始撰寫《臺灣通史》。 | 4月20日，縱貫鐵路全線同車。 |
| 1909 己酉 | 明治42 | 26 | 12月9日，恩師鈴江團吉於病逝。<br>●任「國語學校」助教授，月俸28円。<br>●任《臺灣教育會雜誌》漢文編輯。 | ●1月，發表文章〈遊古奇峰記〉。<br>●2月，發表詩作〈一月二日袞臣君邀飲即席贈之〉、〈偶感〉。<br>●4月，發表文章〈重遊古奇峰記〉（上）。<br>●5月，發表詩作〈淡川偶成〉、〈鄭濟若君來北養痾順次來訪偶作〉、〈重遊古奇峰記〉（下）。<br>●6月，發表文章〈綠蔭集：難談〉。 | ●林馨蘭、謝汝銓、洪以南等人，於艋舺平樂遊酒樓創立「瀛社」。<br>●南社社長蔡國琳（1843～1909）病逝，由副社長趙鍾麒（1860～1936）出任第二任社長。<br>●黃純青之子黃得時（1909～1999）於是年出生。 | 5月4日，總督府官制部分條文修正（敕令127號），置視學官、編修官。<br>7月16日，總督府獎勵將漢文讀本當作書房教科書。<br>10月25日，總督府官制部分條文修正（敕令270號）公布、地方官官制修正（敕令282號，原21廳縮簡為12廳）。<br>●黃玉階於本年倡設「斷髮會」。 |

| 西曆<br>干支 | 年號 | 年齡 | 生平事蹟 | 詩文發表 | 文壇要事 | 臺灣大事<br>（以教育為主） |
|---|---|---|---|---|---|---|
| | | | | ◐7月，發表文章〈綠蔭集〉。<br>◐8月，發表文章〈綠蔭集〉。<br>◐10月，發表文章〈書海集〉。<br>◐12月，發表文章〈詩人春畝公〉。 | | |
| 1910<br>庚戌 | 明治43 | 27 | ●任「國語學校」助教授，月俸35円。兼任艋舺公學校訓導。<br>●任《臺灣教育會雜誌》漢文編輯。<br>●祖父劉瀛臺（1827～1910）過世。 | ◐3月，發表詩作〈晤鄭君邦吉〉。<br>◐4月，發表文章〈二日間休暇紀行雜俎〉（上），發表詩作〈夏日偶作〉。<br>◐5月，發表文章〈休暇二日間紀行雜俎〉（下），發表詩作〈送兒山詞伯歸內地次韻〉。<br>◐6月，發表詩作〈登樓偶作〉。<br>◐7月，發表文章〈臺灣教育之趨勢〉、〈贈酣夢生〉，發表詩作〈採茶詞〉、〈送春〉、〈約春〉、〈涼夜〉、〈夏夜偶拈〉、〈劍潭寺〉。<br>◐8月，發表詩作〈對酒〉、〈贈碩卿詞兄言歸〉。<br>◐9月，發表詩作〈中夜〉、〈壽黃丹五翁六秩〉。<br>◐10月，發表詩作〈八月十四夜螺潭泛舟〉、〈閒居即事〉、〈秋日偶作示友人潤庵〉、〈瀛社秋季大會叨蒙雅意見邀賦此鳴謝〉。<br>◐11月，發表文章〈螺潭泛月記〉，發表詩作〈桃花扇傳奇書後〉。 | ●臺北「瀛東小社」成立。<br>●嘉義「羅山吟社」成立。<br>●魏清德於《漢文臺灣日日新報》發表〈時趨之瑣言〉，表達近年臺灣詩社再興的看法。<br>●由伊藤政重主倡，李漢如主編，新學研究會發行《新學叢誌》。 | 3月，敕令134號「高等官官等俸給令」。<br>8月22日，內田嘉吉任民政長官。<br>8月29日，朝鮮成為日本殖民地（1910.8.29-1945.8.15）。 |

| 西曆干支 | 年號 | 年齡 | 生平事蹟 | 詩文發表 | 文壇要事 | 臺灣大事（以教育為主） |
|---|---|---|---|---|---|---|
| | | | | ○12月，發表詩作〈送森川橫山先生率生徒本島一周旅行〉、〈古琴限歌韻〉、〈同了覺訪浪仙于雲滄別墅〉、〈魚梭限罩韻〉、〈早梅限尤韻〉、〈殘菊限鹽韻〉、〈明妃村〉。 | | |
| 1911 辛亥 | 明治44 | 28 | ●任「國語學校」助教授，月俸35円。<br>●任《臺灣教育》漢文編輯。<br>●任教員檢定臨時委員。<br>●籌設「鈴江教授記念碑」，並於12月完工。 | ○1月，發表文章〈臺灣家庭教育雜感〉。<br>○2月，發表詩作〈桃符得蒸韻〉、〈與通水為浪仙樹梅即次小謫仙韻〉、〈答小謫仙責遊春遲至即次原韻〉、〈夜歸途上〉、〈燈花〉。<br>○3月，發表詩作〈春日寄曾峰嶸洪燠川二鄉友〉。<br>○5月，發表文章〈訪浪仙於賞青草廬雜錄〉，發表詩作〈即景〉、〈在雲滄賞青廬讀潤庵君思鄉之作〉[2]。<br>○6月，發表文章〈始政紀念日所感〉、〈綠蔭閒筆〉，發表詩作〈月鏡限五微〉。<br>○7月，發表〈聖藻〉（一）之詮釋。<br>○8月，發表詩作〈輓蔡啟運前輩〉、〈催詩雨〉、〈立秋日楊兄嘯霞招飲網溪別墅賦呈〉、〈送學友王雲滄之鷺江〉。<br>○9月，發表詩作〈秋日書懷〉。 | 春，梁啟超遊臺灣。「櫟社」成員開歡迎會於林資鏗宅第「瑞軒」，社友來賓三十餘人。以〈追懷劉壯肅〉、〈洗硯〉、〈新荷〉、〈鈔詩〉為題賦詩。<br>4月22日，櫟社詩人蔡啟運病故（1862～1911）。<br>11月30日，《漢文臺灣日日新報》停刊。 | 2月10日，黃玉階、謝汝銓發起「斷髮不改裝會」。<br>2月17日，隈本繁吉奉命擔任國語學校校長兼視學官，兼學務課長。<br>4月，貨幣法實施。臺灣亦實施金本位，與日本國內統一。<br>8月22日，第一次朝鮮教育令公布（敕令第229號）。 |

---

2　又題作〈讀潤庵偶感〉。

| 西曆<br>干支 | 年號 | 年齡 | 生平事蹟 | 詩文發表 | 文壇要事 | 臺灣大事<br>（以教育為主） |
|---|---|---|---|---|---|---|
| | | | | ◎10月，發表詩作〈題臺灣暴風雨寫真〉。<br>◎11月，發表詩作〈睡鴛鴦〉、〈吾鄉鄭貞女慧修佛化詩〉。 | | |
| 1912<br>壬子 | 明治45年<br>／<br>大正元年 | 29 | 3月，蔡式穀遊學東都，留學宴於劉克明家。<br>10月27日，因校友會雜誌停刊，籌議國語學校畢業校友聯繫組織。劉克明任「國饗懇親會」幹事長。<br>●任「國語學校」助教授，判任官七級俸（月65円）。<br>●任《臺灣教育》漢文編輯。期間曾翻譯〈限本學務部長對中學第一部生所講要領〉，撰〈聖德一斑〉、〈先帝聖德一斑〉、〈明治天皇聖德一斑〉、譯註〈明治天皇聖藻〉等文，並執筆「臺北通信」。 | ◎1月，發表文章〈哭毓卿社友〉。<br>◎2月，發表文章〈新春所懷〉，發表詩作〈鎮南山臨濟護國禪寺創成憶藤園將軍〉、〈次韻送雪漁社友赴馬尼拉〉、〈宜園小集送雪漁詞兄之呂宋分陽韻〉、〈解經奪前席〉。<br>◎3月，發表文章〈送蔡式穀君辦學東都〉，發表詩作〈關悶軒小集送自新社友之鷺江分元韻〉、〈初日限佳韻〉。<br>◎4月，發表詩作〈潤庵君邀飲席上呈兒山翁以姓為韻〉、〈逸園小集送搏秋社兄如泉州分元韻〉、〈訪春拈魚韻〉、〈傷春真韻〉。<br>◎7月，發表詩作〈祝國饗鄧旭東先生斷髮即步原韻〉。<br>◎9月，發表文章〈時事所感〉、〈聖德一斑〉、〈先帝聖德一斑〉，發表詩作〈送浪仙歸鷺江〉、〈江楓拈一東韻〉。<br>◎10月，發表文章〈明至天皇聖德一斑〉、〈聖德一 | 2月25日，丘逢甲（1864～1912）病逝，享年49。<br>6月，臺南文人許南英返臺省墓，「南社」設宴歡迎。<br>6月，「櫟社」慶祝成立十週年，於霧峰萊園為會場。以〈笨港進香詞〉、〈追懷劉壯肅〉為題徵詩，廣微全臺詩人參加詩會。該社於是年改止社則，設置社長一人，由賴紹堯出任。 | 2月9日，臺灣總督府決議為臺灣留學生在東京設高砂寮。<br>3月3日，臺北艋舺龍山寺舉開「斷髮會」。<br>8月30日，木村匡創立「大正協會」。<br>9月9日，「高砂寮」新建落成。<br>11月18日，訂定「高砂寮」規則。 |

| 西曆干支 | 年號 | 年齡 | 生平事蹟 | 詩文發表 | 文壇要事 | 臺灣大事（以教育為主） |
|---|---|---|---|---|---|---|
| | | | | 斑〉（二）、〈天恩優渥〉。<br>●11月，發表文章〈明治天皇聖藻〉（三）、〈明治天皇聖德一斑〉（三）、〈時事所感〉，發表詩作〈與黃守謙芸兄話舊〉、〈李白登黃鶴樓拈東韻〉。<br>●12月，發表文章〈明治天皇聖藻〉（四）、〈勿忘本源〉，發表詩作〈追懷故鈴江先生〉、〈十姊妹花四支韻〉、〈賀張世兄式穀君教諭及第〉、〈盆松冬韻〉、〈歸去來辭支韻〉、〈蟹菊先韻〉。 | | |
| 1913癸丑 | 大正2 | 30 | 10月底至11月初，民政長官內田嘉吉巡視各廳，劉克明隨行擔任通譯。<br>11月8日，參加「國醫同窗會」。<br>●任「國語學校」助教授，判任官七級俸（月65円）。<br>●任《臺灣教育》漢文編輯。期間譯註〈明治天皇聖藻〉，執筆「臺北通信」。<br>●劉母蔡氏於本年年底過世。<br>●次男凱元出生。 | ●1月，發表文章〈明治天皇聖藻〉（五）、〈讀臺灣公學校新規則〉。<br>●2月，發表文章〈明治天皇聖藻〉（六）、〈讀臺灣公學校新規則〉、〈諒陰考〉，發表詩作〈松濤園雅集偶作〉[3]、〈追悼六氏先生〉、〈蝴蝶先韻〉。<br>●3月，發表文章〈明治天皇聖藻〉（七）、〈讀臺灣公學校新規則〉、〈就祝祭日及國民記念日而言：紀元節〉。<br>●4月，發表文章〈讀公學校新規則〉、〈就祝祭日及國民記念日：陸軍紀念日〉，發表詩作〈燕剪庚韻〉、〈怡樓小集 | 1月，許南英將離臺，「南社」社員為許南英開餞別宴。<br>3月，林獻堂、黃旭東將遊中國，「櫟社」同人為之餞行。<br>4月，「南社」社員因鹿港詩人陳槐庭來南，邀集吟侶雅集。<br>●連橫至中國遊歷，應吉林報社聘，與報社長日本人兒玉多一另刊《邊聲報》討袁世凱。<br>●臺南黃欣（南鳴，1885～1947），將原「錦祥記糖間」改建為「固園」。 | 4月，「破獲」「張火爐大湖陰謀事件」。<br>10月，「破獲」「關帝廟事件」。<br>11月20日，爆發「苗栗事件」。<br>12月18日，羅福星被捕。 |

---

[3] 又題作〈隈本校長自對岸視察歸諸同人為開慰勞兼懇親會於松濤園席上賦呈請正〉。

| 西曆<br>干支 | 年號 | 年齡 | 生平事蹟 | 詩文發表 | 文壇要事 | 臺灣大事<br>（以教育為主） |
|---|---|---|---|---|---|---|
| | | | | 送雲年兄東遊拈寒韻〉。<br>●5月，發表文章〈明治天皇聖藻〉（八）、〈讀公學校新規則〉、〈就祝祭日及國民記念日：神武天皇祭〉，發表詩作〈柳絮十一真〉。<br>●6月，發表文章〈明治天皇聖藻〉（九）、〈時事所感〉、〈就祝祭日及國民記念日：海軍紀念日〉。<br>●7月，發表文章〈明治天皇聖藻〉（十）、發表詩作〈酒帘限江韻〉。<br>●9月，發表文章〈明治天皇聖藻〉（十一）、〈杜子言先生小傳〉，發表詩作〈送朝煌詞兄旋梓拈東韻〉、〈汽車真韻〉。<br>●10月，發表文章〈明治天皇聖藻〉（十二）、〈就祝祭日及國民記念日：春秋二季皇靈祭〉，發表詩作〈醉菊限庚韻〉、〈無線電限灰韻〉。<br>●11月，發表文章〈明治天皇聖藻〉（十三）、〈就祝祭日及國民記念日：神嘗祭〉。<br>●12月，發表文章〈明治天皇聖藻〉（十四）、發表詩作〈內田長官於臺南宴士民席上次某紳士韻〉[4]、〈老來嬌冬韻〉。 | | |

---

4　又題作〈謹和限本先生瑤韻〉。

| 西曆干支 | 年號 | 年齡 | 生平事蹟 | 詩文發表 | 文壇要事 | 臺灣大事（以教育為主） |
|---|---|---|---|---|---|---|
| 1914甲寅 | 大正3 | 31 | 6月20日至7月13日，隨本屆畢業生徒至內地旅行。<br>11月22日，參加「國礐同窗會」。<br>●任「國語學校」助教授，判任官七級俸（月65円）。<br>●任《臺灣教育》漢文編輯。期間譯註〈明治天皇聖藻〉、撰〈皇太后陛下盛德一斑〉、〈征戰時之聖德〉，並執筆「臺北通信」。<br>●任「臺灣小學校及公學校教員檢定」臨時委員。 | ●1月，發表文章〈明治天皇聖藻〉（十五）、發表詩作〈隨行詩草敬呈內田方伯〉[5]、〈祭詩限先韻〉。<br>●2月，發表文章〈明治天皇聖藻〉（十六）、〈時事所感〉，發表詩作〈隨行詩草〉（二）。<br>●3月，發表文章〈明治天皇聖藻〉（十七）、〈島民同化〉。<br>●4月，發表文章〈明治天皇聖藻〉（十八）、〈風俗改良〉，發表詩作〈詩榜〉、〈送迺蘭社兄遊閩中〉、〈春蠶限真韻〉。<br>●5月，發表文章〈皇太后陛下聖德一斑〉（一），發表詩作〈臺北驛喜晤櫻井兒山先生〉。<br>●6月，發表文章〈昭憲皇太后聖德一斑〉（二），發表詩作〈陪潤庵振傳獻池省廬四兄月夜泛舟淡江〉。<br>●8月，發表文章〈東行所感〉，發表詩作〈觀潮限寒韻〉、〈仙洞海濱即景〉、〈仙洞〉、〈江干晚興〉。<br>●9月，發表文章〈東行隨筆〉，發表詩作〈檢疫所即事似守謙潤庵二君〉。 | 3月29日（三月三日），淡社、桃社、瀛社聯吟，歡迎內地詩人籾山衣洲及支那民國候官謝復為（賢霖）。宴於吳昌才「宜園」別墅。<br>10月5日，瀛社、桃社、竹社、櫟社、南社吟友百餘人聯吟，首開「全島詩人大會」之風。<br>●連橫由中國返臺。遊歷期間詩作輯為「大陸詩草」。歸臺後，再入《臺南新報》社。<br>●「南社」春會，宴請自北京返臺的連橫於黃欣「固園」。會間同人皆喬裝打扮，合影留念曰「嬉春圖」。<br>●林爾嘉在廈門鼓浪嶼成立「菽莊吟社」，主要成員為乙未後臺灣內渡詩人。 | 2月18日，板垣退助來臺。<br>3月12日，臺中廳下設立風俗改良會。<br>5月11日，臺灣總督府中學校改稱臺灣總督府臺北中學校。又，新設臺灣總督府臺南中學校。<br>7月5日，於國語學校內設臨時講習科，令公學校訓導中成績優良者65名入學。<br>8月23日，日本對德國宣戰，正式介入第一次世界大戰。<br>9月26日，於鐵道飯店開召開臺北學校父兄會。<br>12月20日，日人板垣退助與林獻堂等人，創立「臺灣同化會」。於臺北鐵路飯店舉行成立大會，參加者達500多人。<br>12月29日，桃園廳三角湧區長黃純青設立同風會。 |

---

[5] 又題作〈長官隨行詩草〉。

| 西曆<br>干支 | 年號 | 年齡 | 生平事蹟 | 詩文發表 | 文壇要事 | 臺灣大事<br>（以教育為主） |
|---|---|---|---|---|---|---|
|  |  |  |  | ◎10月，發表文章〈東行隨筆〉（二），發表詩作〈中秋月陽韻〉。<br>◎11月，發表文章〈征戰時之聖德〉。<br>◎12月，發表文章〈東行隨筆〉（三），發表詩作〈問漁先生哭其長女穎兒頗慟書此以慰〉、〈偶作（心頭無限事）〉、〈截髮限十二文〉[6]。 |  |  |
| 1915<br>乙卯 | 大正4 | 32 | 2月20日，任三井會社臺灣語考官。6月6日、11月3日，擔任「大正協會」講演會翻譯，於大稻埕公學校。12月5日，參加「國饗同窗會」。<br>●任「國語學校」助教授，判任官七級俸（月65円）。<br>●任《臺灣教育》漢文編輯。期間翻譯限本繁吉〈就本島人同化而言〉，並執筆「臺北通信」。<br>●任「臺灣小學校及公學校教員檢定」臨時委員。<br>●與宇井英合著《國語捷徑》由臺北新高堂書店出版。<br>●三男達三出生。 | ◎1月，發表文章〈新年書感〉，發表詩作〈春柳拈陽韻〉。<br>◎2月，發表文章〈東行隨筆〉（四）<br>◎3月，發表文章〈東行隨筆〉（五），發表詩作〈杏花〉。<br>◎4月，發表文章〈東行隨筆〉（六）<br>◎5月，發表文章〈東行隨筆〉（七），發表詩作〈竹夫人限真韻〉。<br>◎6月，發表文章〈教育所感〉、〈始政第二十年記念日書感〉，發表詩作〈蟬琴限文韻〉、〈鳥松閣小集賦呈內田方伯〉。<br>◎7月，發表文章〈教育品展覽會概況〉、〈就夏季休暇而言〉、〈國民讀本中之往復文 | 10月7日，林朝崧（1875～1915）逝世。<br>●林馨蘭、張純甫、林述三、駱香林等人創「研社」。 | 2月3日，公布公立中學校官制（敕令7號）。臺中中學校核准成立。<br>2月11日，公立中學校規則（府令2號）發布。<br>2月26日，臺灣總督府以命令解散「臺灣同化會」。<br>3月5日，總督府圖書館規則（府令11號）公布。<br>5月1日，總督安東貞美就任。同日，臺中中學校開校。<br>6月1日，嘉義國語研究夜學會成立。<br>6月16日，臺北廳下設立風俗改良會、國語普及會。<br>7月17日，總督府實施剪辮、解纏足作為始政二十週年紀念事業。<br>8月3日，余清芳事件發生。<br>8月9日，臺灣總督府圖書館正式開館。<br>10月20日，下村宏就任民政長官。 |

---

6　又題作〈陶母截髮〉。

| 西曆干支 | 年號 | 年齡 | 生平事蹟 | 詩文發表 | 文壇要事 | 臺灣大事（以教育為主） |
|---|---|---|---|---|---|---|
| | | | | 書題目〉，發表詩作〈烏松閣主內田竹窗先生招宴席上賦呈〉、〈新嫁娘限真韻〉、〈漁家樂限東韻〉、〈雨意限虞韻〉、〈題六四居士南瀛吟草〉、〈樹林純青社兄邀飲席上〉。●8月，發表詩作〈送施梅樵先生歸館〉。●9月，發表詩作〈送魏潤庵社兄赴閩中〉、〈新秋限真韻〉。●10月，發表詩作〈北郭園雅集分韻得真〉、〈歸故宅〉、〈宿田舍〉、〈登高限庚韻〉。●11月，發表詩作〈敬祝問漁先生令堂林世老伯母七秩晉一榮壽〉。●12月，發表詩作〈約梅限寒韻〉。 | | 11月21日，總督安東貞美對地方廳長下令，以總督名義舉行養老典禮。 |
| 1916 丙辰 | 大正5 | 33 | 2月20日，任擔任「大正協會」講演會翻譯，於艋舺公學校。5月，「寄園」完工（據《臺灣日日新報》唱和詩作推知）。12月3日，參加「國響同窗會」。●任「國語學校」助教授，判任官六級俸（月75円）。●任《臺灣教育》漢文編輯，並執筆「臺北通信」。●《國語對譯臺語大成》由臺北新高堂書店出版。 | ●1月，發表詩作〈寄潤庵〉、〈歲寒圖限覃韻〉。●2月，發表文章〈追念六氏先生並亡故諸教育者〉、〈遭難學務官僚祭典及建碑誌〉、〈芝山寺考〉，發表詩作〈呈環鏡樓主人〉。●4月，發表文章〈敬告于新畢業生諸君〉、〈小窗漫筆〉。●5月，發表詩作〈敬步兒山先生瑤韻〉、〈喜心南兄來訪〉、〈哭戴世兄還浦〉。 | ●3月，鷹取田一郎編《壽星集》刊行。●10月，1日《東臺灣新報》創刊；7日，櫟社社長賴紹堯集社員十餘人，為林朝崧忌日週年開追悼會。●林述三等人所創立的「研社」改組為「星社」。●連橫本年完成《臺灣贅談》；開始著述《臺灣詩乘》、《臺灣辭源》。●鷹取田一郎編《臺灣孝節錄》、大園市藏編《臺灣 | 1月27日，臺北廳制訂書房義塾有關規程施行細則。3月，林茂生（1887~1947）成為臺灣第一位東京帝國大學畢業生。4月1日，臺南盲啞學校受業開始。4月10日，召開勸業共進會。4月20日，臺北圓山動物園舉行開園典禮。9月4日，編修官小川尚義赴中南半島、印度、南洋留學。11月4日，佛教中學設立許可。 |

| 西曆<br>干支 | 年號 | 年齡 | 生平事蹟 | 詩文發表 | 文壇要事 | 臺灣大事<br>（以教育為主） |
|---|---|---|---|---|---|---|
| | | | | ◎6月，發表文章〈臺灣勸業共進會所感〉、〈總督府教育品陳列場一瞥〉、〈嗚呼栗田碻君〉，發表詩作〈弔栗田君〉、〈夜泊溪州即事〉，發表詩作〈偕潤庵君訪雲滄道人于竹郊居賦呈〉、〈題愧怙先生淚墨〉。<br>◎7月，發表詩作〈南寮觀海雜俎〉<br>◎8月，發表文章〈讀壽星集〉、〈暑假五十　口間日記〉（上）。<br>◎9月，發表文章〈國語談片〉，發表詩作〈漁丈人庚韻〉。<br>◎10月，發表文章〈國語談片〉、〈答索暑假日記〉。<br>◎11月，發表文章〈立太子禮謹言〉、〈國語談片〉，發表詩作〈白衣送酒限陽韻〉、〈諸葛廬陽韻〉。<br>◎12月，發表文章〈寄園隨筆一：內地人與本島人之關於兒童之迷信〉。<br>◎發表〈恭祝養老典〉、〈慶養老典〉。 | 年鑑》、杉山靖憲編《臺灣名所舊蹟誌》於是年刊行。 | 11月8日，各級學校舉行皇后陛下御照奉戴儀式。<br>12月23日，臺南婦人國語會第一屆結業式。 |
| 1917<br>丁巳 | 大正6 | 34 | ●任「國語學校」助教授，判任官六級俸（月75円）。<br>●任《臺灣教育》漢文編輯，期間曾轉錄李春生「東西哲衡」；並執筆「臺北通信」。 | ◎2月，發表文章〈寄園隨筆：內地人與本島人之關於兒童之迷信〉（二）。<br>◎3月，發表文章〈寄園隨筆〉（三），發表詩 | 10月6日，彰化「崇文社」成立。該社原為奉祀文昌帝君的神明會，後轉為學藝性的儒教團體。<br>11月29日，「櫟社」同人在霧峰萊 | 3月12日，私立臺灣商工學校設立許可。<br>5月15日，稻江大正書院開院。<br>5月15日，舉行伊澤修二（1851～1917）追悼會。 |

| 西曆干支 | 年號 | 年齡 | 生平事蹟 | 詩文發表 | 文壇要事 | 臺灣大事（以教育為主） |
|---|---|---|---|---|---|---|
| | | | ●任「臺灣小公學校教員及高等女學校教員檢定」臨時委員。 | 作〈春妝蕭韻五律〉。<br>● 4月，發表文章〈寄園隨筆〉（四）、〈讀北郭園全集〉（一）、〈祭魏篤生先生之文〉。<br>● 5月，發表文章〈稿本漢文教程卷一參考〉（一），發表詩作〈寄園小集〉。<br>● 7月，發表文章〈稿本漢文教程卷一參考〉（二）、〈讀北郭園全集〉（二），發表詩作〈七月十六夜宿東勢村〉。<br>● 8月，發表文章〈稿本漢文教程卷一參考〉（三）劉克明，發表詩作〈宿大墩榮橋畔二弟家寄懷王汲古〉[7]、〈大墩榮橋畔口占〉、〈寄潤庵君〉。<br>● 9月，發表文章〈稿本漢文教程卷一參考〉（四）、〈憶渡部春藏先生〉、〈汗珠一串〉。<br>● 10月，發表文章〈稿本漢文教程卷一參考〉（四）。<br>● 12月，發表文章〈稿本漢文教程卷一參考〉（五）、〈祝鐘太孺人五秩壽言〉，發表詩作〈市聲〉。 | 園舉行創立十五週年紀念大會。同年，由於該社社長賴紹堯（1871～1917）逝世，由傅錫祺（號鶴亭，1872～1946）繼任社長。 | 5月26日，臺灣總督府商業學校官制（敕令53）公布。<br>10月11日，臺南高等女學校開校典禮。<br>11月15，臺灣公學校教科用圖書審查委員會規程（府報彙報）發布。<br>●總督府於本年強力推動書房、義塾改良。 |

---

7　又題作〈宿大墩景德二弟處〉。

| 西曆干支 | 年號 | 年齡 | 生平事蹟 | 詩文發表 | 文壇要事 | 臺灣大事（以教育為主） |
|---|---|---|---|---|---|---|
| 1918 戊午 | 大正7 | 35 | 7月2日，前往嘉義參加「第一回嘉義地方學事講習會」，主講「島語」；3日晚間在鄭氏「南園」開歡迎會，至17日回臺北。<br>11月23日，參加「國饗同窗會」。<br>●任「國語學校」助教授，判任官六級俸（月75円）。<br>●任《臺灣教育》漢文編輯，並執筆「臺北通信」。<br>●任「大正七年度開催第五回臺灣小學校及公學校教員講習會」講師。<br>●任「臺灣小公學校教員檢定」臨時委員。<br>●任瀛社總幹事。<br>●三女瓊娥出生。 | ●2月，發表文章〈稿本漢文教程卷一參考〉（六）、〈正朔小言〉，發表詩作〈謹和鷹取岳陽先生題自畫山水瑤韻〉。<br>●3月，發表文章〈稿本漢文教程卷一參考〉（七），發表詩作〈城南雅集〉、〈送陳應乾君之鷺江〉、〈寄鄉友陳雲從君〉。<br>●4月，發表詩作〈送賴君之支那〉、〈春晚限真韻〉。<br>●5月，發表詩作〈送磐石硯兄之南洋即步瑤韻〉。<br>●6月，發表文章〈稿本漢文教程卷一參考〉（八），發表詩作〈遂園席上賦呈未叟林先生〉。<br>●7月，發表文章〈稿本漢文教程卷一參考〉（九），發表詩作〈林翰堂林黎照二先生邀飲席上賦呈韻限成名聲〉、〈留別羅山諸詞長〉、〈送林問漁先生東遊和原韻〉、〈送林薇閣君外遊〉、〈送林明德君東遊〉、〈送歐陽朝煌君歸故里和原韻〉。<br>●8月，發表文章〈諸羅行隨筆〉，發表詩作〈新竹〉。 | 1月，彰化「崇文社」有感於世道衰敗，開始徵文以倡「知舊俗之宜新」。<br>3月3日，內地詩人與本島詩人舉開「古亭雅集」，在尾出高鵬宮舍。<br>3月，臺南「南社」少壯社員洪鐵濤、王芷香、陳逢源、吳子宏、趙劍泉等人，成立「春鶯吟社」。<br>7月13日，瀛桃竹聯合擊缽吟會，劉克明與魏清德被選為幹事（劉氏因人在嘉義，並未與會）。<br>●連橫完成《臺灣通史》。 | 4月1日，屏東高等女學校新設。<br>6月17日，宜蘭廳下設置國語普及會。<br>8月26日，國語學校臺南分校開校典禮。<br>9月27日，舉行臺南孔廟落成兼秋季大祭典禮。<br>7月22日，總督明石元二郎就任。<br>●本年夏，林獻堂等人在東京發起六三法撤廢運動。 |

| 西曆干支 | 年號 | 年齡 | 生平事蹟 | 詩文發表 | 文壇要事 | 臺灣大事（以教育為主） |
|---|---|---|---|---|---|---|
| | | | | ◎9月，發表詩作〈喜心南薰南二君見訪〉、〈喜心南薰南二君見訪〉、〈戊午（1918）秋東渡陪瀛社諸詞長寄園小集率此告別〉、〈畫龍〉。<br>◎10月，發表文章〈稿本漢文教程卷一參考〉（十），發表詩作〈秋宵小集即事〉、〈漁燈限灰韻〉。<br>◎11月，發表文章〈稿本漢文教程卷二教授參考〉，發表詩作〈九月二十三夜寄園小集〉、〈次潤庵君寄園夜坐韻〉、〈口占〉、〈戊午（1918）中秋賞月〉。<br>◎12月，發表文章〈稿本漢文教程卷二教授參考〉，發表詩作〈弔王采甫先生〉。 | | |
| 1919<br>己未 | 大正8 | 36 | 6月17日，受總督府勤續表彰（任公職勤務滿15週年以上，於始政紀念日受總督表彰），艋舺相關人士發起祝賀會，於6月27日舉行。<br>7月19日，臺南出差。<br>12月7日上午9時，於艋舺第一公學校舉行「鈴江團吉十年祭」，以「神式」舉行。<br>12月14日，參加「國嚳同窗會」。 | ◎1月，發表詩作〈謹和古月君留別瑤韻〉。<br>◎2月，發表文章〈稿本漢文教程卷二教授參考〉、〈祝臺灣教育令公布〉，發表詩作〈和陳翁庵詞兄韻〉、〈良馬行〉。<br>◎3月，發表文章〈稿本漢文教程教授參考卷二〉。<br>◎4月，發表文章〈稿本漢文教程教授參考卷二〉。 | 1月1日，「臺灣文社」以林文騰為編輯發行人，創刊《臺灣文藝叢誌》。<br>●本年基隆顏雲年（號吟龍，1874～1923）修築「陋園」落成。<br>10月，「瀛」、「桃」、「竹」三社在「陋園」舉辦聯吟。<br>●艋舺施明德、周自然、黃坤維、黃福林等設「鶴社」。 | 1月4日，公布第一次「臺灣教育令」。<br>2月1日，針對教育令施行發出總督諭告及訓示。將教育令施行日期訂為4月1日。<br>3月1日，韓國三一獨立運動。<br>3月31日，師範學校各項規則公布，詳「府令23～26號」。<br>4月1日，臺灣總督府各級學校官制公布，詳「敕令第 |

| 西曆干支 | 年號 | 年齡 | 生平事蹟 | 詩文發表 | 文壇要事 | 臺灣大事（以教育為主） |
|---|---|---|---|---|---|---|
| | | | ●任「臺北師範學校」助教授，判任官五級俸（月85円）。<br>●任《臺灣教育》漢文編輯。部分「臺北通信」為氏執筆。 | ●5月，發表文章〈稿本漢文教程教授參考〉（舊卷二）。<br>●6月，發表文章〈稿本漢文教程教授參考〉（舊卷二）、〈公學校漢文讀本教授參考卷一〉。<br>●7月，發表文章〈稿本漢文教程教授參考〉（舊卷二）、〈公學校漢文讀本教授參考卷一〉。<br>●8月，發表文章〈稿本漢文教程教授參考〉，發表詩作〈與弟景德〉⁸、〈偶作（茫茫塵世事）〉。<br>●9月，發表詩作〈宿大墩景德弟處外三首〉、〈古月山莊小集〉。<br>●11月，發表文章〈公學校漢文讀本教授參考卷一〉、〈恭輓明石將軍〉。<br>●12月，發表文章〈公學校漢文讀本教授參考卷一〉。 | | 61～72號」。<br>4月11日，國語學校改制為師範學校意旨（府令39號）發布，成為日治時期中等教育機構。<br>4月19日，臺灣總督府農林專門學校官制（敕令127號）發布。<br>5月27日，彰化女子高等普通學校開校典禮。<br>6月27日，鼓包美繼隈本繁吉（奉命轉任高等商業學校長），擔任學務課長。<br>9月13日，廢幸臺灣教科用漢文讀本，改用公學校用漢文讀本。<br>10月29日，田健治郎出任第一位文官總督，以「內地延長主義」為政策。<br>11月17日，片山秀太郎任學務課長。 |
| 1920 庚申 | 大正9 | 37 | 12月12日，參加「國饗同窗會」。<br>●任「臺北師範學校」助教授，判任官五級俸（月85円）。兼任「臺北女子高等普通學校」教諭。<br>●任《臺灣教育》漢文編輯。部分「臺北通信」為氏執筆。<br>●任「大正九年度 | ●2月，發表文章〈公學校漢文讀本卷一、二教授參考〉（續前）〉，發表詩作〈哭王了覺君〉。<br>●3月，發表文章〈公學校漢文讀本卷二教授參考〉，發表詩作〈偶作為式垣君題書畫帖〉、〈顏雲年君祝賀會席上〉。 | 6月20日，顏雲年刊行《環鏡樓唱和集》。<br>7月16日，《臺灣青年》在東京創刊。<br>●艋舺蔡石奇、黃坤維組織「艋舺謎學會」。<br>●東石郡朴子街近樸，設立「樸雅吟社」。 | 1月11日，東京的臺灣留學生結成「新民會」。<br>3月13日，訂定內臺人共學相關辦理手續。<br>6月11日，基隆敦俗會改稱同風會。<br>7月15日，臺北廳下聯合同風會創會儀式。<br>7月27日，地方官官制修正（敕令 |

---

8　又題作〈宿大墩景德弟處〉、〈宿大墩景德二弟處〉。

| 西曆<br>干支 | 年號 | 年齡 | 生平事蹟 | 詩文發表 | 文壇要事 | 臺灣大事<br>（以教育為主） |
|---|---|---|---|---|---|---|
| | | | 第三回臺灣小學校及公學校教員講習會」講師。<br>●任「臺灣小公學校教員檢定」臨時委員。<br>●四女瓊珠出生。 | ●4月，發表文章〈公學校漢文讀本卷二教授參考〉，發表詩作〈偶作（蕭蕭春雨夜）〉、〈送石鴻元氏東歸〉。<br>●5月，發表文章〈稿本漢文教程教授參考〉、〈公學校漢文讀本卷二教授參考〉，發表詩作〈題石鴻元先生蘭石繪〉、〈財神麻韻〉、〈寄園小飲〉[9]、〈訪磐石君有作〉。<br>●6月，發表文章〈稿本漢文教程教授參考〉、〈公學校漢文讀本卷三教授參考〉。<br>●7月，發表文章〈公學校漢文讀本卷三教授參考〉、〈追懷小竹先生〉。<br>●9月，發表文章〈題小竹先生胸像並記念帖原稿集〉（一）。<br>●10月，發表文章〈教育敕語煥發前之教育方針〉，發表詩作〈祝學三宗兄令堂七秩榮壽〉。<br>●12月，發表文章〈稿本漢文教程教授參考〉、〈公學校漢文讀本卷三教授參考（續前）〉，發表詩作〈對菊〉。 | | 218號）公布。<br>7月30日，州市街庄制施行之件（府令43號）發布。<br>9月17日，生駒高常奉命擔任學務課長。 |

---

9　又題作〈翁菴玄中二君來訪〉。

| 西曆<br>干支 | 年號 | 年齡 | 生平事蹟 | 詩文發表 | 文壇要事 | 臺灣大事<br>（以教育為主） |
|---|---|---|---|---|---|---|
| 1921<br>辛酉 | 大正10 | 38 | 10月30日（教育敕語煥發日），因從事本島師範教育越滿18年，特別是在對內地人之臺灣語教授上貢獻不少，獲教育會表彰。<br>12月4日，參加「國讐同窗會」。<br>●任「臺北師範學校」助教授，判任官四級俸（月100円）。兼任「州立臺北女子高等普通學校」教諭。<br>●任《臺灣教育》漢文編輯。部分「臺北通信」為氏執筆。<br>●入臺灣文化協會。 | ●2月，發表文章〈稿本漢文教程教授參考〉（舊卷三）、《公學校漢文讀本卷三教授參考〉，發表詩作〈寄園偶集〉、〈硯池真韻〉。<br>●4月，發表詩作〈寄園小集拈營烹並〉。<br>●5月，發表文章〈公學校漢文讀本卷三教授參考〉。<br>●6月，發表文章〈公學校漢文讀本卷二教授參考（續前）〉，發表詩作〈蝶衣限蒸韻〉、〈花神真韻〉。<br>●7月，發表詩作〈似篹堂君並寄竹聲會員諸氏〉。<br>●8月，發表詩作〈角板山中七夕二首〉。<br>●9月，發表文章〈公學校漢文讀本卷三教授參考（續前）〉，發表詩作〈次韻〉。<br>●10月，發表詩作〈中秋夜〉、〈謹和雲年社兄陋園瑤韻〉[10]、〈阿里山神木限初疏餘三字〉。<br>●11月，發表詩作〈書感〉[11]、〈恭和小野墨堂先生退官留別瑤韻〉、〈遊臺灣製酒會社之偶園〉、〈大正十年（1921）十 | 3月，臺北林述三與「碰心齋書房」門下萌徒，共同創立「天籟吟社」。<br>10月23日，「瀛」、「桃」、「竹」三社合辦「全島詩社聯吟大會」於臺北孔廟。<br>10月24日，總督田健治郎招待全臺漢詩人。<br>11月12日，連雅堂完成《臺灣通史》。<br>11月30日，總督田健治郎與官紳唱和之詩作，由鷹取田一郎輯為《大雅唱和集》刊行。<br>●基隆「網珊吟社」、宜蘭「登瀛吟社」、臺東「寶桑吟社」、嘉義「鷇社」成立於是年成立。 | 1月10日，認可新竹州庚申會設立。<br>1月16日，西門青年會設立。<br>1月30日，林獻堂等人向帝國議會提出「設置臺灣議會請願書」，展開「臺灣議會設置請願運動」。<br>4月1日，官立中等學校（師範學校除外）移管至州。<br>4月1日，總督府出版學校用圖書發售規則（府令64號）。<br>4月9日，文部省宣布，朝鮮、臺灣、樺太、關東州之中學、高女所舉辦專門學校入學檢定考試，與在內地舉行者具有同一效力。<br>4月24日，公布廢止臺灣公學校令（律令6號）。<br>4月25日，小學校官制修正（敕令132號）、公學校官制修正（敕令133號）、公立高等女學校官制（敕令129號）、實業學校官制及部分條文修正（敕令136、137號）公布。<br>4月27日，中學校規則（府令87號）、工業學校規則（府令90號）、商業學校規則（府令89 |

[10] 又題作〈和陋園主人顏吟龍社兄韻〉。

[11] 又題作〈受臺灣教育會表彰〉、〈大正十年十月三十日受臺灣教育會表彰愧無可當爰賦所感益為自警〉。

| 西曆干支 | 年號 | 年齡 | 生平事蹟 | 詩文發表 | 文壇要事 | 臺灣大事（以教育為主） |
|---|---|---|---|---|---|---|
| | | | | 月讓山總督閣下招集全臺詩社諸友開茶話會於總督官邸席上蒙示佳什敬次原韻奉和）。<br>◎12月，發表詩作〈偶園小集〉、〈辛酉（1921）除夕〉、〈黃菊酒〉。 | | 號）、高等女學校規則（府令88號）公布。<br>10月17日，臺灣文化協會成立。<br>6月6日，高砂寮暫時關閉。<br>8月4日，臺中市國語夜學會準則制定。<br>12月23日，臺南州制定國語普及事業相關標準。 |
| 1922<br>壬戌 | 大正11 | 39 | 2月3日，發生「北師事件」，劉克明走訪臺灣的社會名流請其出面與臺北州知事及其他當局交涉、陳情。北師事件後，《臺灣日日新報》報導劉克明、彭永海、劉振傳、魏清德四人退出臺灣文化協會。<br>11月中，率內地生在本島中部旅行。<br>12月10日，參加「國響同窗會」。<br>●任「臺北師範學校」教諭，判任官四級俸（月100円）。兼任「州立臺北第三高等女學校」教諭。<br>●任《臺灣教育》漢文編輯。<br>●任「教科書調查會」臨時委員。 | ◎1月，發表詩作〈壬戌（1922）元旦〉、〈恭和古山先生瑤韻〉、〈國師同窗會席上用古山先生韻〉。<br>◎2月，發表詩作〈辛酉除夕〉。<br>◎3月，發表詩作〈瀛社十五周年記念會席上〉。<br>◎4月，發表文章〈我が大正協會創立十年の記念に就いて〉。<br>◎4月，發表文章〈為故高橋憲一先生募遺児獎學資〉。<br>◎5月，發表詩作〈瀛社十五周年記念會席上〉[12]、〈浴佛限支韻〉、〈祝櫻井兒山夫子八秩榮壽〉。<br>◎7月，發表文章〈藤窗漫筆〉，發表詩作〈王濬樓船限蕭韻〉。 | 1月20日，陳端明發表〈日用文鼓吹論〉於《臺灣青年》。<br>3月22日，臺北「淡北吟社」成立，公舉劉得三為社長、杜冠文為副社長。<br>4月25日，大正協會發行《大正協會創立十周年記念文集》。<br>8月29日，「南社」15週年。當日於孔廟舉行2500年聖誕大祭，並於黃欣「固園」舉行擊鉢吟會。<br>●臺北顏笏山、倪炳煌成立「高山文社」於龍山寺。劉克明題詩贈之：「高山社結龍山寺，禪味添詩句更清。我亦遺民尋惠遠，不妨擊鉢和鐘聲。」<br>●臺北「劍樓吟 | 1月1日，法三號生效，同時三一法廢除。<br>2月4日，公布「朝鮮教育令」。<br>2月6日，公布第二次「臺灣教育令」，除了普通學校、公學校以外，所有學校都依據日本內地學制實施。<br>4月1日，開始實施臺「共學制」，各級學校新訂規則公布（府令64～67、76～80、84～91號）。<br>4月23日，總督府高等學校舉行開學典禮，為臺灣最初的高等教育機關。<br>5月8日，臺北第二中學校開校典禮。<br>5月14日，史料編纂委員會規程（訓令101號）發布。<br>7月18日，史料編纂委員任命。<br>7月29日，臺南州 |

---

12　1922年（大正11年）全年份《臺灣教育》第236～247號之漢文報，國內各大圖書館皆無藏本。因此，目前根據中島利郎編《『臺灣教育』總目錄》進行作品篇目整理，並將未見原稿的篇目套以底色區別。惟因未見原稿，倘有疑似重出詩作，則並列之。例如：3月15日，《臺灣日日新報》曾刊載〈瀛社十五周年記念會席上〉；同題見於《臺灣教育》第240號（5月1日）漢文報。如有上述情形，不另加註腳說明。

| 西曆干支 | 年號 | 年齡 | 生平事蹟 | 詩文發表 | 文壇要事 | 臺灣大事（以教育為主） |
|---|---|---|---|---|---|---|
| | | | | ○8月，發表文章〈藤窗漫筆〉（二），發表詩作〈洪母沈孺人弔辭〉。<br>○9月，發表文章〈藤窗漫筆〉，發表詩作〈大豹有作〉、〈角板山歸途〉、〈宿大墩二弟景德處〉。<br>○10月，發表詩作〈與煥川潤庵二君話舊〉、〈大墩宿景德弟處〉、〈大豹山中〉、〈仙槎灰韻〉。<br>○11月，發表詩作〈重陽後一日登圓山限魚韻〉、〈與大宅外二教諭率生徒修學旅行未明出門〉、〈日月潭〉、〈南投客舍讀南州翁詩〉。<br>○12月，發表詩作〈羅山吟社詞宗邀飲席上賦呈外二首〉。 | 社」、北港「汾津吟社」、臺南「新柳吟社」、嘉義「竹音吟社」、高雄「蓮社」等於是年創立。<br>●是年，「臺灣青年」雜誌社解散，「臺灣」雜誌誕生，為「臺灣文化協會」附屬刊物。 | 立臺南盲啞學校規則（州令27號）發布。<br>10月10日，於通霄舉行縱貫鐵路海線通車典禮。<br>10月30日，第一屆教育日。 |
| 1923 癸亥 | 大正12 | 40 | 12月23日，參加「國罊同窗會」。<br>●任「臺北師範學校」教諭，判任官四級俸（月100円）。兼任「州立臺北第三高等女學校」教諭。<br>●任《臺灣教育》漢文編輯。<br>●任「大正十二年度臺灣小學校及公學校教員講習會」講師。<br>●任「教員檢定委員會」臨時委員。 | ○4月，發表文章〈恭迎東宮鶴駕〉。<br>○6月，發表文章〈臺覽授業の感想：臺灣語〉。<br>○6月，發表詩作〈奉迎東宮殿下恭賦〉、〈老伶韻七虞〉。<br>○7月，發表文章〈暑假中漢文科課題〉，發表詩作〈呈網溪別墅主人〉[13]。<br>○8月，發表文章〈臺 | 2月9日，顏雲年（1874～1923）逝世。<br>4月15日，黃呈聰發行、林呈祿主編的《臺灣民報》於東京創刊。<br>7月、8月，柳裳君（即謝國文，1889～1938）連載〈犬羊禍〉於《臺灣》。<br>11月11日，《臺灣民報》自第1卷第9號起，改半月刊為旬刊，並將《臺 | 3月24日，臺灣公立幼稚園官制（敕令49號）公布。<br>4月6日，諸學校官制（敕令148號）部分條文修正，新設臺中師範學校。<br>4月15日，《臺灣民報》在東京發刊。<br>4月16日，東宮太子（即日後昭和天皇）抵臺，視察旅行12天。當日，「賜款」十萬圓獎勵臺灣之社會事業 |

---

13　又題作〈題輞溪別墅〉、〈遊網溪別墅〉。

| 西曆干支 | 年號 | 年齡 | 生平事蹟 | 詩文發表 | 文壇要事 | 臺灣大事（以教育為主） |
|---|---|---|---|---|---|---|
| | | | | 〈紀行雜組〉，發表詩作〈角板山道中〉、〈豹子山中〉。○9月，發表文章〈公學校高等科漢文讀本參考〉○10月，發表文章〈公學校高等科漢文讀本卷一教授參考〉（其二），發表詩作〈中秋夜偶作〉、〈謹和石崖社兄瑤韻即以送行〉。○11月，發表文章〈公學校高等科漢文讀本卷一教授參考〉，發表詩作〈北投八勝園分題得月〉。○12月，發表詩作〈寄園小集拈癡兒疑〉。 | 灣》雜誌之日文版移入《臺灣民報》發行。●屏東「屏山吟社」、臺中「樗社」、臺南「桐侶吟社」、板橋「鐘社」、彰化「大城吟社」、臺南「浣溪吟社」於是年成立。 | 及教育。4月27日，東宮太子返國。6月5日，以東宮賜金十萬圓設立臺灣濟美會。7月11日，臺灣官立公立小學校或公學校訓導任用相關之件、公立小學校教諭及公學校訓導奏任官待遇之件、官立公立小公學校訓導或公學校訓導失官之件、臺灣教員免許令（敕令341～344號）公布。9月2日，田健治郎轉任日本農商務大臣兼司法大臣；6日，內田嘉吉被命為臺灣總督。10月15日，內田嘉吉就任。 |
| 1924 甲子 | 大正13 | 41 | 7月16日至8月9日，率畢業生徒至內地旅行。●任「臺北師範學校」教諭，判任官三級俸（月115円）。兼任「州立臺北第三高等女學校」教諭。●任《臺灣教育》漢文編輯。●任「大正十三年度教員檢定」臨時委員。 | ○1月，發表文章〈新年之辭〉，發表詩作〈新年言志〉[14]、〈拜歲蘭〉、〈大墩示二弟景德並寄三弟篁河〉、〈奉祝皇太子殿下大婚恭賦〉[15]。○2月，發表文章〈公學校高等科漢文讀本卷一教授參考〉。○4月，發表詩作〈諸鄉友邀飲席上賦呈〉。○5月，發表詩作〈內田督憲寵招席上恭呈〉，發表詩畸〈破鞋·蘇軾〉、〈蓮·六〉、〈賣藥先生〉。 | 2月11日，高山文社開二周年紀念會，劉克明被選為名譽講師。2月15日，連橫《臺灣詩薈》發行。4月3日，顏雲年《陋園吟集》刊行。4月3日，嘉義「蘭記書局」創辦人黃茂盛（1901～1978）開辦「漢籍流通會」。4月21日，張我軍發表〈致臺灣青年的一封信〉於《臺灣民報》抨擊舊文學。4月25日，「全島詩人聯吟會」由「瀛社」發起，於 | 2月28日，總督府官制部分條文修正（敕令32號）公布編修書記裁減員額，為了社會事業而置事務官一人、囑託二人。3月1日，日政府以違反治安警察法起訴「臺灣議會期成同盟」會員，史稱「治警事件」。蔣渭水、蔡培火等14名被起訴。4月，高砂寮新建落成。7月，公益會舉行「有力者大會」。7月13日，文化協會於臺北、臺中、臺南三地同時召開「全島無力者大會」，對抗公益會 |

---

14 又題作〈敬步內田督憲瑤韻〉。

15 又題作〈東宮殿下大婚恭詠謹祝〉。

| 西曆<br>干支 | 年號 | 年齡 | 生平事蹟 | 詩文發表 | 文壇要事 | 臺灣大事<br>（以教育為主） |
|---|---|---|---|---|---|---|
| | | | | ●6月，發表文章〈公學校高等科漢文讀本卷一教授參考〉（續前），發表詩作〈敬次竹窗都憲茶話會席上瑤韻呈正〉，發表詩畸〈虎知（鷟拳格）〉。<br>●7月，發表文章〈寄園隨筆〉，發表詩作〈消夏詞支韻〉。<br>●8月，發表文章〈寄園隨筆〉。<br>●9月，發表文章〈東遊隨筆〉。<br>●10月，發表文章〈寄園隨筆〉、〈本島生活上衆改善諸問題〉。<br>●11月，發表詩作〈索酒〉。<br>●12月，發表詩作〈書感〉[16]。<br>●發表詩作〈輓顏雲龍先生〉、〈鄭香圃兄續絃賦此以賀〉、〈偶作（老圃蕭條瑟瑟風）〉。 | 臺北市大稻埕江山樓舉行。<br>4月25日，鷹取田一郎編《新年言志》刊行。<br>10月5日，臺北李春生（1838～1924）逝世。<br>11月21日，一郎（張我軍）發表〈糟糕的臺灣文學界〉。<br>11月，連橫為林小眉《臺灣詠史》作跋，批評時下青年學問根基不夠深厚，為傳統文學反駁。<br>12月11日，張我軍發表〈為臺灣文學界一哭〉，刊於《臺灣民報》持續抨擊舊文學。<br>●桃園「陶社」、嘉義「岱江吟社」、基隆「雙溪吟社」與「平溪吟社」於本年成立。 | 舉行的「有力者大會」。<br>9月1日，伊澤多喜男奉命擔任臺灣總督。<br>10月29日，治警事件終審。蔡培火、蔣渭水、林呈祿、陳逢源、蔡惠如等人皆被判刑。<br>12月25日，總督府官制部分條文修正（敕令27號）公布（內務局文教課）。 |
| 1925<br>乙丑 | 大正14 | 42 | 3月15日，鈴江團吉十五年祭，會後續開國語學校同窗懇親會。<br>12月30日，《教科摘要──臺灣語速修》由臺北新高堂書店出版。<br>●任「臺北師範學校」教諭，判任官三級俸（月115円）。兼任「州立臺北第三高等女學校」教諭。<br>●任《臺灣教育》漢文編輯。<br>●任「教員檢定委 | ●1月，發表文章〈詩畸雜筆〉（其一），發表詩作〈乙丑（1925）元旦偶作〉。<br>●2月，發表詩作〈謹追悼六氏先生〉、〈老梅文韻〉。<br>●3月，發表文章〈詩畸雜筆〉（其二），發表詩作〈鵬遊〉。<br>●4月，發表文章〈詩畸雜筆〉（其三），發表詩作〈謝恩席上賦示 | ●本年，新舊文學家於報端熱烈地論議新舊文學的價值與意義，史稱「新舊文學論戰」。傳統文學家以《臺灣日日新報》、《臺南新報》為發表園地，重要文章包括：「悶葫蘆生」〈新文學的商權〉、「赤崁王生」〈告張一郎書〉、「咄咄生」〈胡適之奴隸〉、鄭軍我（鄭坤五）〈致張一郎書〉、 | 2月1日，舉行芝山岩三十週年祭典。<br>5月28日，諸學校官制部分條文修正（敕令211號）設置高等學校高等科。<br>6月16日，舉辦始政三十週年紀念展覽會。<br>6月17日，臺北州發布同風會相關訓令。<br>10月22日，二林事件發生。<br>10月30日，臺南州共榮會設立。 |

16 　又題〈偶作〉。

| 西曆<br>干支 | 年號 | 年齡 | 生平事蹟 | 詩文發表 | 文壇要事 | 臺灣大事<br>（以教育為主） |
|---|---|---|---|---|---|---|
| | | | 員會」臨時委員。<br>●敘勳八等授瑞寶章。 | 諸女士〉、〈書「香〉。<br>●5月，發表文章〈魏母鄭孺人弔辭〉、〈詩畸雜筆〉（其四）。<br>●6月，發表文章〈詩畸雜筆〉（其五）寄、〈弔南師範囑託吳鏡秋先生〉。<br>●7月，發表文章〈祖師廟之回顧〉。<br>●8月，發表文章〈寄園隨筆〉，發表詩作〈大豹途上〉。<br>●9月，發表文章〈寄園隨筆〉，發表詩作〈南投道中〉。<br>●10月，發表詩作〈南投道中〉、〈壽磐石大兄五十〉、〈題大觀閣〉、〈祝高拔庵先生七秩榮壽〉。<br>●11月，發表詩作〈麟書張夫子七秩榮壽〉。<br>●12月，發表文章〈題百蝶圖〉，發表詩作〈送顏國年君遊歐美〉。 | 「一吟友」〈新文學之平議〉、黃衫客（黃晁傳）〈駁張一郎隨感錄〉、蕉麓〈閱報之感言〉、南樵〈知我者諒我〉、陳福全（笑仙）〈白話文適用於臺灣否？〉以及連雅堂亦借《臺灣詩薈》「餘墨」欄發表看法。新文學陣營則以《臺灣民報》為主要園地，重要文章包括：〈請合力拆下這座敗草叢中的破舊殿堂〉、張我軍〈絕無僅有的擊缽吟的意義〉、張我軍〈揭破悶葫蘆〉、「半新舊」〈新文學之商榷的商榷〉、蔡孝乾〈為臺灣的文學界續哭〉、張我軍〈文學革命運動以來〉（一）～（三）、張我軍〈復鄭軍我書〉、張我軍發表〈詩體的解放〉（一）～（二）、張我軍〈隨感錄〉（一）～（五）、張我軍〈新文學運動的意義〉。蔡孝乾並發表〈中國新文學概觀〉（一）～（六），詳細介紹中國新文學運動。楊雲萍亦在《人人》呼應張我軍的主張。<br>●張我軍《亂都之戀》出版，為臺灣新文學運動期間第一本白話詩集。<br>●嘉義「漢籍流通會」增設「圖書販賣部」。 | |

| 西曆干支 | 年號 | 年齡 | 生平事蹟 | 詩文發表 | 文壇要事 | 臺灣大事（以教育為主） |
|---|---|---|---|---|---|---|
| 1926 丙寅 | 大正15年／昭和元年 | 43 | 1月6日，瀛社例會暨慶祝劉克明敘勳，訂在龍山寺舉行（高山文社事務所）。<br>3月14日，參加「國賞同窗會」。<br>3月20日，《實業教科——臺灣語及書翰文》由臺北新高堂書店出版。<br>5月13日卸除瀛社總幹事職位。<br>6月6日，萬華孔道開演講會，劉克明講「漢學及日本」。<br>10月17日，臺北師範學校創立三十週年祝賀式。<br>●任「臺北師範學校」教諭，判任官三級俸（月115円）。兼任「州立臺北第三高等女學校」教諭。<br>●任《臺灣教育》漢文編輯。<br>●任「教員檢定」臨時委員。 | ●1月，發表文章〈新年雜筆〉，發表詩作〈大豹山歸途〉、〈元旦試筆〉。<br>●2月，發表詩畸〈數難（詩畸魁斗格）〉。<br>●3月，發表詩作〈送武山先生歸國〉。<br>●4月，發表詩作〈寄靜觀樓主人〉、〈新柳〉。<br>●6月，發表詩作〈贈藤波碧堂先生〉、〈次藤波先生韻〉、〈壽芸友盧磐石君五十〉。<br>●7月，發表詩作〈喜青圃煥人飄然來訪〉。<br>●8月，發表文章〈南窗隨筆〉，發表詩作〈住江先生送別席上賦呈〉、〈偶作似講習員諸君〉、〈老松書舍雅會席上〉、〈和雲滄君韻〉。<br>●9月，發表文章〈寄園隨筆〉、〈旅行雜俎〉，發表詩作〈次韻（作客多年已不新）〉。<br>●10月，發表文章〈寄園一筆〉，發表詩作〈敬次蔗庵總督閣下瑤韻〉、〈步前韻（一年無月不堪親）〉。<br>●12月，發表文章〈就拙作公學校漢文讀本註解之使用方法而言〉，發表詩作〈重訪網溪別墅〉、〈東閣雅 | 1月1日，賴和發表小說〈鬥鬧熱〉於《臺灣民報》。<br>10月28日，總督上山滿之進邀請漢詩人國分青厓、勝島仙坡遊臺，假官邸舉行歡迎會。邀全島詩人同迎。<br>11月28日，日詩人國分青厓、勝島仙坡與全臺詩人聯歡。<br>●「新舊文學論戰」延續至本年。新文學陣營所發表的重要篇章包括：賴和〈讀臺日紙的新舊文學之比較〉、〈謹復呈老先生〉刊於《臺灣民報》89號、陳虛谷〈為臺灣詩壇一哭〉刊載於《臺灣新聞》以及〈駁北報的無腔笛〉刊於《臺灣民報》132號。舊文學陣營反擊聲浪漸緩，有〈新舊文學之比較〉（未錄作者姓名）、「老生常談」〈對於所謂新詩文者〉、以及「無腔笛」專欄有兩篇針對新文學的批評，皆發表於《臺灣日日新報》。<br>●基隆「復旦吟社」、「月曜吟社」、臺中「怡社」、彰化「興賢吟社」、高雄「苓洲吟社」成立。 | 1月，楊達、許乃昌、蘇欣等人在東京成立「臺灣新文化學會」。<br>3月27日，化連鐵路全線通車。<br>3月28日，醫學專門學校、高等商業學校、高等學校、高等農林學校、中學校、農業學校、工業學校、師範學校規則部分條文修正（府令23～30號）發布。<br>6月17日，臺中教育博物館開館典禮。<br>6月21日，地方官官制修正（敕令100號）公布（五州三廳）。<br>7月16日，上山滿之進奉命擔任總督。<br>8月14日，「總督府高等商業學校」，改名為「臺北高等商業學校」。<br>10月12日，總督府官制部分條文修正（敕令321號）公布（文教局學務課、社會課）。<br>10月13日，內務局長木下信奉命擔任文教局事務取扱。 |

| 西曆干支 | 年號 | 年齡 | 生平事蹟 | 詩文發表 | 文壇要事 | 臺灣大事（以教育為主） |
|---|---|---|---|---|---|---|
| | | | | 集奉次蔗庵瑤韻〉[17]、〈送青厓仙坡兩先生東歸〉、〈梅莊送青厓仙坡二先生席上以渭北春天樹江東日暮雲二句為韻分得東字〉。 | | |
| 1927 丁卯 | 昭和2 | 44 | 10月16日，參加「國礐同窗會」。<br>●任「臺北第一師範學校」兼「臺北第二師範學校」、「州立臺北第三高等女學校」教諭，判任官三級俸（月115円）。<br>●任《臺灣教育》漢文編輯。<br>●任「教員檢定」臨時委員。<br>●長女瓊蓮定配，劉克明作有〈林篁堂君為小女蓮兒作伐定配故鄉黃克成氏來書云議翌日黃家盆蘭忽開雙莖喜為佳兆云因賦此寄與林君〉。 | ●1月，發表詩作〈歲暮感懷〉。<br>●2月，發表文章〈嗚呼劉阿旺君逝矣〉，發表詩作〈靜廬雅集得州字〉。<br>●3月，發表文章〈輓張福老君〉。<br>●4月，發表詩作〈東閣雅集奉次蔗庵瑤韻〉、〈花朝日於瀛社記念會席上敬和壺溪先生瑤韻〉、〈花朝日於瀛社記念會席上敬和鷹取先生瑤韻〉、〈花朝賞雨〉、〈東閣雅集分韻得毛字〉、〈落絮〉。<br>●5月，發表文章〈介紹良本〉，發表詩作〈送李孝全君留學東都〉、〈林篁堂君為小女蓮兒作伐定配故鄉黃克成氏來書云議定翌日黃家盆蘭忽開雙莖喜為佳兆云因賦此寄與林君〉、〈蹈青〉、〈餞春〉、〈臺北橋晚跳〉、〈指南針〉、〈輓洪以南瀛社長〉。<br>●6月，發表文章〈小學弦歌鈔附記〉、〈黃守謙君弔詞〉及〈恭輓黃守謙君〉之輓聯。 | 3月20日，開「全臺聯合吟會」於臺北蓬萊閣。是年，明訂今後「全島詩人聯吟大會」由五州（臺北州、新竹州、臺中州、臺南州、高雄州）輪值辦理。21日，詩人受總督上山滿之進之邀，宴於東門官邸。<br>10月，吉野秀公《臺灣教育史》刊行。<br>●「新舊文學」相關論爭趨緩。本年舊文學陣營偶會在《臺灣日日新報》「是是非非」欄發表對新文學的批評。<br>●瑞芳「寄廬吟社」、臺北「瀛音吟社」、臺北「貂山吟社」、臺北「松社」、苗栗「栗社」、竹南「南洲吟社」、鹿港「聚鷗吟社」、臺南「錦文吟社」於本年成立。<br>●秋，連橫與黃春成（黃潘萬）在臺北開設「雅堂書局」。<br>●本年，臺中錦町櫻橋通創建「中央書局」，莊垂勝（1897～1962）為負責人。 | 1月3日，文協因主張不同而分裂。<br>2月22日，石黑英彥奉命擔任文教局長。<br>5月13日，諸學校官制部分條文修正（敕令113號）公布，將臺北師範學校分為「第一」及「第二」。<br>5月18日，臺北第一師範學校開校典禮。<br>5月23日，臺北第二師範學校開校典禮。<br>6月23日，師範學校附屬小學校及附屬公學校規則部分條文修正（府令35號）發布。<br>6月26日，臺北州舉辦國語日。<br>7月10日，臺灣民眾黨成立。<br>8月10日，《臺灣民報》正式在臺發行。<br>8月28日，臺北州教育會創會儀式。 |

[17]　又題作〈十一月廿八日陪青厓先生於督邸夜宴敬步蔗庵督憲瑤韻並乞斧正〉。

| 西曆<br>干支 | 年號 | 年齡 | 生平事蹟 | 詩文發表 | 文壇要事 | 臺灣大事<br>（以教育為主） |
|---|---|---|---|---|---|---|
| | | | | ●8月，發表詩作〈賣冰聲〉、〈大豹山中夜作〉。<br>●9月，發表文章〈寄園漫筆〉，發表詩作〈喜篁堂君見訪〉。<br>●10，發表文章〈寄園漫筆〉，發表詩作〈龍山寺題壁〉、〈和偶感原韻寄淑子芸兄〉，發表聯句〈龍山寺〉。<br>●11月，發表文章〈寄園隨筆二則〉。<br>●12月，發表詩作〈謝盤南伊藤詞宗贈嶽影灘聲集〉、〈祝黃純青先生從事公職三十弉〉、〈港尾寮居易軒小集〉、〈峒溪別墅觀菊賦呈主人〉[18]。<br>●發表詩作〈東門官邸吟筵席上分韻得豪〉、〈十一月廿八日陪宴督邸敬步青厓先生瑤韻即希哂政〉、〈蔗庵督憲邀宴和仙坡詞長韻〉[19]。 | | |
| 1928<br>戊辰 | 昭和3 | 45 | 1月29日，參加「國醫同窗會」。<br>11月16日，獲「勤續者表彰」（連續25年以上工作者，獲總督府表彰）<br>●任「臺北第一師範學校」兼「臺北第二師範學校」、「州立臺北第三高等女學校」教諭，判任官二級俸（月13.5円）。 | ●1月，發表詩作〈歲暮偶作〉[20]。<br>●2月，發表詩作〈萬年輕〉。<br>●3月，發表詩作〈勸農五律灰韻〉、〈江山樓席上次天隨先生韻〉。<br>●4月，發表詩作〈和岳陽山人飛機上作韻〉、〈送牧少佐轉任大阪〉、 | 2月11日，「全島詩人聯吟大會」第一屆，於高雄舉行。首唱〈壽山觀海〉，次唱〈蠹魚〉，別題〈待渡〉。<br>10月3日，《昭和新報》於臺北發行。<br>●「天籟吟社」成員黃得時，在其故鄉樹林另設立「樹村吟社」。 | 3月17日，臺北帝國大學創校。<br>4月28日，高等學校、高等商業學校、帥範學校、中學校、高等女學校、農業學校、工業學校、商業學校、實業補習學校、盲啞學校、小學校、公學校規則部分條文修正（府令18〜29號）。 |

---

18　又題作〈峒溪觀菊〉。

19　又題作〈次仙坡博士後里庄觀梅韻乞正〉。

20　又題作〈丁卯歲暮〉。

| 西曆<br>干支 | 年號 | 年齡 | 生平事蹟 | 詩文發表 | 文壇要事 | 臺灣大事<br>（以教育為主） |
|---|---|---|---|---|---|---|
| | | | ●兼任總督官房文書課翻譯官。<br>●《臺灣教育》本年取消漢文欄，劉克明持續擔任漢詩欄編輯。<br>●任「臺灣教員檢定委員昭和三年度」臨時委員。<br>●敘從七位。 | 〈送今崎文學士再入大學法科〉、〈蓬萊閣送別東船山詞長即和原韻〉。<br>●5月，發表詩作〈船山詞長來訪同寓潤庵君適予不在寫此道歉〉、〈輓艋津吳昌才君〉、〈山中客次偶遇小維摩〉、〈次浪仙韻似百祿氏〉、〈山中夜作〉。<br>●6月，發表詩作〈戊辰（1928）五月十二日與同僚諸先生重會於北投偕行社偶憶重雄牧少佐在大阪〉、〈次莊怡華先生殘春感作瑤韻寄呈絳秋詞長哂政〉、〈探海燈東韻〉。<br>●7月，發表詩作〈敬呈大書家萱南西川先生〉、〈答雲樵吟友〉、〈偶作（循環天道豈茫茫）〉、〈敬次上山蔗庵先生致仕書感瑤韻〉。<br>●8月，發表詩作〈次萱南詞長輞溪納涼原韻〉、〈次學三兄寄園小集偶作韻〉、〈輓林義銘翁千古〉。<br>●9月，發表詩作〈次鷹取岳陽將去臺灣留別吟壇諸同人瑤韻〉、〈次靜觀樓主偶作韻〉、〈次篁堂君韻〉、〈雲峰〉、〈宿龜山聞小維摩抵烏來〉、〈偕善慧慧雲兩上人並小維摩居士河北江洽兩研友同觀烏來瀑布賦 | | 5月1日，臺北第一師範學校初次讓演習科女學生入學。<br>6月11日，決定建立芝山岩神社。<br>6月16日，上山滿之進辭任，川村竹治任臺灣總督。<br>7月14日，建功神社舉行鎮作儀式。<br>10月27日，臺灣公立小學校及臺灣公立公學校訓導享奏任官待遇之件部分條文修正（敕令243號）公布。 |

| 西曆干支 | 年號 | 年齡 | 生平事蹟 | 詩文發表 | 文壇要事 | 臺灣大事（以教育為主） |
|---|---|---|---|---|---|---|
| | | | | 呈哂正〉[21]。<br>◐10月，發表詩作〈陳髯僧先生令嚴冰若翁百歲冥壽〉、〈祝臺北第三高等女學校開校三十周年〉、〈大墩會舊友張淑子君〉、〈在大墩作示景德二弟〉、〈次學三君偶作韻〉、〈對月先韻〉、〈輓張息六先生〉。<br>◐11月，發表詩作〈恭祝聖上即位大典〉[22]、〈喜萱南先生見訪〉。<br>◐12月，發表詩作〈萱南先生令尊慈當聖上登極大典同受饗者心賜因利先生誌喜原韻賦呈奉祝〉、〈板橋別墅雅集賦呈主人林絳秋詞長〉、〈赤雁先韻〉。 | | |
| 1929己巳 | 昭和4 | 46 | 4月11日，敘勳7等。<br>12月8日，鈴江團吉廿年祭，午後3時始。會後開「國饗同窗會」。●任「臺北第一師範學校」兼「臺北第二師範學校」、「州立臺北第三高等女學校」教諭，判任官二級俸（月135円）。<br>●兼任「總督府評議員通譯」及「總督官房文書課翻譯官」。<br>●任「臺灣教員檢定委員會昭和四年度」臨時委員。 | ◐1月，發表詩作〈御苑早春〉、〈戊辰（1928）除夕〉[23]、〈送慧雲和尚歸鷺江〉、〈和慧雲和尚留別韻〉。<br>◐3月，發表詩作〈於草山巴旅館呈德富蘇峰翁〉[24]、〈草山巴旅館呈德富蘇峰翁和蘇峰翁瑤韻〉、〈春衣〉。<br>◐4月，發表詩作〈萬花會〉。<br>◐5月，發表詩作〈題萱南先生權域游草〉、〈稼南君內渡歸來訪寄園偶 | 1月8日，葉榮鐘化名葉天籟在《臺灣民報》發表〈墮落的詩人〉一文，攻擊舊詩人。<br>2月9日，彰化詩人洪棄生（1866～1928）逝世，享年63歲。<br>2月23日，舉開第二屆「全島詩人聯吟大會」於臺南公會堂。由臺南「南社」、「桐侶吟社」、「錦文吟社」、「酉山吟社」、「留青吟社」五社合辦。首唱〈崁城春望〉、次唱〈石佛〉。 | 4月26日，史料編纂會規程（訓令29號）發布。<br>6月28日，新竹庚申會改稱為同光會。<br>7月30日，石塚英藏任臺灣總督。<br>8月10日，杉本良奉命擔任文教局長。<br>8月25日，來自全國之大學圖書館協議會成員32名來臺。<br>10月9日，召開全國圖書館協議會。 |

21　又題作〈偕善慧慧雲兩上人肖陶江愘河北諸知友觀鳥來瀑布〉。
22　又題作〈恭頌即位大典〉。
23　又題作〈戊辰歲暮偶筆〉。
24　又題作〈草山巴旅館席上呈蘇峰先生〉。

| 西曆干支 | 年號 | 年齡 | 生平事蹟 | 詩文發表 | 文壇要事 | 臺灣大事（以教育為主） |
|---|---|---|---|---|---|---|
| | | | | 作似之〉。●6月，發表詩作〈喜舊友重訪寄園〉、〈次胡香秋君重遊寄園有感韻〉、〈次韻（漫天雨歇故人來）〉、〈賀潤庵君新居落成〉。●9月，發表詩作〈遊新竹枕山公園〉、〈暴風雨後南投八杞山道中〉、〈龜山一夜〉。●10月，發表詩作〈玉屑飯〉、〈達摩面壁〉。●12月，發表詩作〈觀楊氏輞溪別墅殘菊〉、〈擁爐〉。 | 2月27日，諸文人墨客在草山巴旅館，與德富蘇峰一夜雅會。11月，林茂生（1887～1947）完成博士論文，取得美國哥倫比亞大學哲學博士學位，成為臺灣人獲文科博士學位第一人。●基隆「奎山吟社」、基隆「鐘亭」，臺中「東墩吟社」於是年創立。 | |
| 1930 庚午 | 昭和5 | 47 | 11月30日，《臺灣今古談》由臺北新高堂書店出版。12月6日，長子興文迎娶吳永富二女月霞。●任「臺北第一師範學校」兼「臺北第二師範學校」、「州立臺北第三高等女學校」教諭，判任官二級俸（月135円）。●兼任「總督府評議員通譯」及「總督官房文書課翻譯官」。 | ●1月，發表詩作〈己巳（1929）除夕〉、〈鈴江團吉先生二十年祭有作〉、〈萱南詞長來訪寄園〉。●2月，發表詩作〈寒山七絕庚韻〉。●3月，發表詩作〈與苗栗徐慶榮君話舊〉、〈兒山櫻井先生米壽〉。●4月，發表詩作〈寄園席上似陳君保宗〉。●5月，發表詩作〈祝魏澄川君華廈落成〉。●7月，發表文章〈盧子安君弔辭〉，發表詩作〈輓盧子安君〉。●8月，發表詩作〈哭王名受君〉、〈送吳香秋君之中部〉、〈偶 | 1月6日，新竹詩人王松（1866～1930）逝世。6月26日，劉克明文友盧子安（1876～1930）逝世，享年55。7月16日，《臺灣新民報》溯至《臺灣青年》雜誌創刊以來屆滿10週年，特刊10週年紀念號。8月16日，黃石輝於《伍人報》發表〈怎樣不提倡鄉土文學〉。9月9日，臺南「南社」及「春鶯吟社」同仁，合力創刊《三六九小報》（1930.9.9～1935.9.6）。10月26日，臺南市舉辦「臺灣文化三百年紀念會」，由臺南市役所（市 | 2月1日，芝山岩祠安座典禮。4月2日，臺北州國語講習所要項、簡易國語講習所要項（州訓令9號）制定。4月，臺南士紳黃欣呈請創設「私立臺南中學」，被文教局駁回。8月2日，召開全國盲啞教育大會，40名來自內地人員抵臺。9月21日，史蹟名勝天然紀念物保存法施行規則（府令35號）發布。10月27日，臺中州轄能高郡霧社原住民，在頭目莫那魯道主導下，包圍正在舉行運動會的霧社公學校，襲殺會場日本人。史稱「霧社事件」。 |

| 西曆干支 | 年號 | 年齡 | 生平事蹟 | 詩文發表 | 文壇要事 | 臺灣大事（以教育為主） |
|---|---|---|---|---|---|---|
| | | | | 作（「縱得公餘好」、「無力都堪愧」二首））。<br>●9月，發表詩作〈與林雲樵劉學三二君遊網溪別墅〉。<br>●10月，發表詩作〈與鄉友雲從君話舊〉。<br>●11月，發表詩作〈祝古山榮三郎先生六秩〉、〈慵妝〉。<br>●12月，發表詩作〈過臺南大宮町憶吳鏡秋先生〉、〈遣興〉。 | 政府）主辦（至11月4日，歷時10天）。演講會主講專家包括：幣原坦、村上直次郎、粟原俊一、山中樵、尾崎秀真等日人，以及唯一的臺灣人連橫。<br>10月30日，《詩報》創刊。該刊以刊登傳統詩作為主；兼及全臺各地詩社吟會、徵詩報導。<br>11月2日，原擬於臺南州舉行「全島詩人大會」，因臺南主辦之詩社內鬨致使會議召開不成。 | |
| 1931<br>辛未 | 昭和6 | 48 | 3月15日，參加「國饗同窗會」。11月初，劉與另兩位教師（姓名不詳），在京町設「臺灣語講習所」。<br>●任「臺北第一師範學校」兼「臺北第二師範學校」、「州立臺北第三高等女學校」教諭，判任官二級俸（月127円）。<br>●兼任「總督府評議員通譯」及「總督官房文書課翻譯官」。<br>●任「教科書調查委員會」臨時委員。<br>●任「臺灣教育檢定委員會昭和六年度」臨時委員。<br>●次女瓊梅婚配，劉克明作有〈梅兒許字之日有作〉。 | ●1月，發表詩作〈元旦書懷〉25。<br>●2月，發表詩作〈次幼香先生喜獲麟兒瑤韻〉、〈喜詠霓社友王雲滄君來訪〉、〈屯山積雪〉、〈敬和香秋詞兄瑤韻〉、〈鄉友鄭香圃君來訪〉、〈香秋君登阿里山詩寄示次韻答之〉。<br>●3月，發表詩作〈防空砲七絕尤韻〉。<br>●5月，發表詩作〈謝香秋詞兄見祝昇勳〉。<br>●6月，發表詩作〈敬呈麟書張夫子〉、〈村婦麻韻〉、〈初夏〉。<br>●7月，發表詩作〈梅兒許字之日有作〉。<br>●8月，發表詩作 | 1月16日，臺北帝國人學教授久保天隨，與臺北日籍官僚名仕組成「南雅社」。魏清德為該社唯一本島人。該社以課題徵詩，每有集會，則作聯句。<br>2月26日臺南文人許丙丁連載臺語小說〈小封神〉於《三六九小報》。<br>3月21日，「全島詩社聯吟大會」開於新竹公會堂。首唱〈雨絲〉、次唱〈剪刀風〉。<br>7月，郭秋生提出〈建設「臺灣話文」一提案〉，呼應1930年黃石輝提倡漢語書寫臺灣話文的主張，此主張獲得賴和、莊遂性與李獻璋等人支持。其後，廖毓文 | 1月16日，臺灣總督石塚英藏因「霧社事件」引咎辭職，由太田政弘繼任。<br>3月26日，臺南州國語講習所要項（州訓令3號）制定。<br>4月3日，臺中州國語講習所規則（州令4號）制定。<br>5月8日，大場鑑次郎奉命擔任文教局長。<br>5月10日，臺中州教育會創會儀式。<br>9月10日，關閉中的霧社小學校開校。<br>9月18日，滿州事變（東北事件）。<br>10月8日，臺北孔廟安座大典。<br>11月7日，頒發教育責任者之敕語聖旨貫徹之件（訓令 |

---

25 又題作〈辛未元旦〉。

| 西曆干支 | 年號 | 年齡 | 生平事蹟 | 詩文發表 | 文壇要事 | 臺灣大事（以教育為主） |
|---|---|---|---|---|---|---|
| | | | ●敘勳六等授瑞寶章。 | 〈茶煙〉。○9月，發表詩作〈哭老松公學校訓導曾清溪君〉、〈送筑客歸竹城〉、〈編輯中偶憶盧磐石君〉。○10月，發表詩作〈夜過枋寮渡〉、〈呈中和庄長江讚慶君〉、〈詣圓通寺〉[26]、〈贈黃玄中君〉。○12月，發表詩作〈輞溪別墅觀菊〉。 | 的、林克夫及朱點人則提出反對意見，提倡中國白話文。雙方辯答持續至1932年，文章主要刊於《臺灣新聞》、《臺灣新民報》以及《昭和新報》。史稱「臺灣話文論戰」或「鄉土文學論戰」。●8月5日，蔣渭水（1891～1931）病逝。●臺北「天籟吟社劍潭分社」、臺北文山郡「文山吟社」、基隆「大同吟社」、基隆「華僑鄞江吟社」、新竹「竹林吟社」於是年成立。 | 63號）。12月28日，廢止臺北州同風會，設立教化聯合會。 |
| 1932 壬申 | 昭和7 | 49 | 10月16、17日，古書畫展覽會，在臺北第三高女。劉克明等人有古書畫陳列。11月25日，《中和庄誌》由共榮社印刷所印刷出版。12月4日，午前七時，參與臺北南警察署保甲壯丁團檢閱。●任「臺北第一師範學校」（月100円）及「州立臺北第三高等女學校」（月30円）囑託，兼任「教科書調查會臨時委員」。●任「普通試驗」臨時委員。●任「臺灣教員檢定委員會昭和七年度」臨時委員。●《專賣通信》設漢文欄，由劉克明擔任編輯。 | ○1月，發表詩作〈歲暮寄林兆麟君〉、〈壬申（1932）歲首偶作〉、〈畫石七絕二蕭〉。○2月，發表詩作〈祝陳天來翁八秩榮壽〉、〈偶吟〉。○3月，發表詩作〈寄園夜話〉。○4月，發表詩作〈步學三君古元宵韻〉。○5月，發表詩作〈過新竹驛〉、〈大墩示景德二弟〉。○6月，發表詩作〈題雲滄君畫蘭〉、〈新荷七絕真韻〉、〈螢燈七絕先韻〉。○8月，發表詩作〈憶磐石盧子安君〉。 | 1月17日、2月1日陳逢源〈對於臺灣舊詩壇投下一顆巨大的炸彈〉刊載於《南音》，提出「臺灣詩社林立現象的考察、詩社是什麼、甚麼是新時代的詩」四大點，強烈抨擊舊文人。3月20日，「全島詩人大會」由臺北值東，假臺北孔廟舉行。首唱〈春寒〉，次唱〈報午機〉。21日，舉辦招待會，開於蓬萊閣。會間擬〈屯山積雪〉為五律文韻、〈祝花朝碎錦格〉為詩畸之題。4月15日，《臺灣新民報》由週刊改為日刊。●本年，「臺灣話文／鄉土文學論 | 3月1日，滿洲國（1932.3.1～1945.8.17）成立。3月2日，南弘出任臺灣總督。3月15日，安武直夫奉命擔任文教局長。3月31日，師範學校及其附屬學校名稱位置部分條文修正（告示37號）刪除臺北第一師範學校附屬小學校分教場項目。4月1日，以新店小學校代用臺北第一師範學校附屬小學校（告示38號）。4月30日，臺北州教化聯合會創會儀式。5月26日，臺灣總督南弘去職，由中川健藏繼任。7月28日，地方官官制部分條文修正 |

26　該詩第二首又題作〈圓通寺尼庵〉。

| 西曆干支 | 年號 | 年齡 | 生平事蹟 | 詩文發表 | 文壇要事 | 臺灣大事（以教育為主） |
|---|---|---|---|---|---|---|
| | | | ●臺北市龍山教習所成立，劉克明等人祝辭演説。<br>●長男劉興文任職「殖產局米穀檢查所」雇員。（昭和9年升任「技手」，至昭和14年。） | ●9月，發表詩作〈昭和壬申（1932）七月一日與杜聰明賴尚和葉作舟林旭屏劉學三諸氏訪楊嘯霞先生於其輞溪別墅〉、〈次輞溪別墅主人韻卻寄〉27。<br>●10月，發表詩作〈秋日偶作〉、〈秋後熱陽韻〉、〈寄吳丹桂君〉。<br>●11月，發表詩作〈和陳雲從君秋感韻〉。<br>●12月，發表詩作〈畫菊七律虞韻〉。<br>●發表詩作〈傷五女給〉、〈臺北聖廟重建有感〉、〈報午機七絕灰韻〉、〈高山〉。 | 戰」之討論轉移至《南音》「臺灣話文討論欄」。<br>●黃臥松編輯、蘭記書局發行之《彰化崇文社紀念詩集》出版。<br>●高雄「壽峰吟社」、嘉義「淡交吟社」、新竹「來儀吟社」、新竹「御寮吟社」、彰化「菱香吟社」、苗栗「蓬山吟社」、苗栗「篁聲吟社」成立於此年。 | （敕令186號）公布，為指導監督「蕃人」教育，增設視學6名。<br>11月26日，內臺人共婚相關之件（敕令360號）公布。<br>12月7日，廢止臺中州向陽會，制定臺中州教化聯盟規則準則。 |
| 1933<br>癸酉 | 昭和8 | 50 | ●任「臺北第一師範學校」（月100円）及「州立臺北第三高等女學校」（月30円）囑託，兼任「教科書調查會臨時委員」。<br>●任「臺灣教員檢定委員會昭和八年度」臨時委員。 | ●1月，發表詩作〈壬申（1932）歲暮〉、〈癸酉（1933）五十初度〉。<br>●3月，發表詩作〈班超投筆七絕一東〉。<br>●5月，發表詩作〈祝李良臣君母堂鄭太宜人八秋〉。<br>●10月，發表詩作〈秋日有作〉。<br>●11月，發表詩作〈次陳郁文在鷺江寄懷諸吟友韻〉。<br>●12月，發表詩作〈病中寄秋若君〉、〈病中寄輞溪主人〉。 | 2月11日，於屏東公會堂舉行「全島聯吟大會」。首唱題為〈屏東春曉〉、次唱為〈瑞竹〉。次日首唱為〈溪月〉、次唱〈展元宵〉。<br>●臺南文人胡殿鵬（1869～1933）逝世。<br>●「臺灣話文／鄉土文學論戰」持續延燒。文章主要發表在《臺灣新民報》以及東京「臺灣藝術研究會」同仁創刊之《フォルモサ》。<br>●臺北「同勵吟社」、新竹「南瀛吟社」、臺中「榕社」、臺南「學甲吟社」、高雄「高 | 1月20日，內臺人共婚法於3月1日實施（府令4號），並發布本島人戶籍相關之件（府令8號）。<br>3月11日，臺灣教育令中改正（敕令24號）師範學校年限延長。<br>3月25日，師範學校規則修正（府令48號）發布。<br>3月26日，成立臺中州教化聯盟。<br>4月2日，制定新竹州國語講習所要項（州訓令8號）。<br>5月1日，廢止史料編纂會規則（訓令33號）。<br>●總督府發布「國語普及十年計畫」。 |

---

27　又題作〈和楊嘯霞先生原韻〉。

| 西曆干支 | 年號 | 年齡 | 生平事蹟 | 詩文發表 | 文壇要事 | 臺灣大事（以教育為主） |
|---|---|---|---|---|---|---|
| | | | | | 崗吟社」、高雄「屏嵐吟社」於是年成立。●蔡汝修所輯之《臺海擊缽吟集》出版。 | |
| 1934 甲戌 | 昭和9 | 51 | ●任「臺北第一師範學校」（月105円）及「州立臺北第三高等女學校」（月30円）囑託。 ●任「臺灣教員檢定委員會」臨時委員。 ●任「教科書調查委員會」臨時委員。 ●次男凱元任「臺北州臺北市老松公學校」訓導（至昭和15年〔1940〕）。 | ◉5月，發表詩作〈與雲從硯兄話舊〉、〈似筐堂兄〉、〈呈黃鍊石先生〉。 ◉7月，發表詩作〈李適園先生六秩雙慶〉。 ◉12月，發表詩作〈祝雲從硯兄六秩〉。 | 1月，臺北大龍峒孔廟「臺灣道德報社」刊行《感應錄》。 3月，曾笑雲編《東寧擊缽吟前集》刊行。 4月7日、8日，「全島詩人大會」開於嘉義公會堂。首日首唱〈阿里山曉望〉、次唱〈撚鬚〉；次日首唱〈諸羅春色〉、〈觀櫻會〉。 ●臺北「仿蘭亭吟社」、臺北「巧社」、新莊「鷺州吟社」、新店「碧潭文社」、宜蘭「東明吟社」於是年成立。 | 3月1日，召開社會教化協議會。 4月3日，全國小學校教員精神振興大會於東京召開。 4月3日，師範學校附屬小學校及附屬公學校規則部分條文修正（府令33號）發布。 5月25日，高雄州教化聯合會成立。 6月3日，日月潭發電計畫完工。 |
| 1935 乙亥 | 昭和10 | 52 | 12月3日，為蔡氏轂開「臺北市會『民選議員最高票當選』祝賀會」。 ●任「臺北第一師範學校」（月105円）及「州立臺北第三高等女學校」（月30円）囑託。 ●任臺灣教員檢定委員會昭和十年度臨時委員。 | ◎1月，發表文章〈臺灣今古談：領臺前臺灣人的日本國に對する知識〉。 ◉1月，發表詩作〈祝道德報發刊一週年〉、〈歲暮有作〉、〈乙亥（1935）歲首〉、〈網溪觀菊會有故不與作寄主人嘯霞先生〉、〈祝炳煌倪社兄六秩即步瑤韻六首之三〉。 ◉2月，發表詩作〈新莊喜逢翕庵兄〉。 ◉3月，發表詩作〈受室三十週年紀念日有作〉。 | 2月10、11日，於臺中公會堂舉辦「全島聯吟大會」。首日首唱〈人日雅集〉、次唱〈梅妝〉；次日首唱〈中州覽勝〉、次唱〈東山觀荔〉。 5月，魏清德前往東京參加「斯文會」主辦的國際儒道大會。回臺後，在《臺灣日日新報》漢文報連載〈東遊紀略〉系列文章。 10月27、28日，為慶祝「始政40週年紀念臺灣博覽會。 | 4月1日，臺灣教育令部分條文修正（敕令45號）公布。 4月21日，新竹、臺中二州發生芮氏規模7.1的大地震。震央位於今日苗栗縣三義鄉鯉魚潭水庫及關刀山一帶，又名「關刀山地震」、「后里大地震」或「墩仔腳大地震」。 10月10日至11月28日，舉辦「始政四十年紀念博覽會」。 10月16日，島田昌勢任文教局長。 |

| 西曆干支 | 年號 | 年齡 | 生平事蹟 | 詩文發表 | 文壇要事 | 臺灣大事（以教育為主） |
|---|---|---|---|---|---|---|
| | | | | ○7月，發表詩作〈送魏潤庵君參列湯島釋奠並赴斯文大會〉。<br>○8月，發表詩作〈與王雲滄君約即步其韻〉。<br>○10月，發表詩作〈送王雲滄君之中國〉。 | 會」，開設臨時詩會於臺北蓬萊閣，由瀛社主辦。首日首唱〈嶺梅〉、次唱〈雞群鶴〉；次日首唱〈博覽會紀盛〉、次唱〈人海〉。 | 12月6日，師範學校規則部分條文修正（府令100號）發布。 |
| 1936<br>丙子 | 昭和11 | 53 | 4月3日，參與艋舺慈惠義塾卒業式。<br>●任「臺北第一師範學校」（月105円）及「州立臺北第三高等女學校」（月25円）囑託。<br>●任「臺灣教員檢定委員會昭和十一年度」臨時委員。 | ○2月，發表詩作〈丙子（1936）歲首書懷八首錄三〉、〈選舉雜詠〉、〈始政四十年記念日〉。<br>○3月，發表詩作〈花朝宴龍山寺文韻〉。<br>○4月，發表詩作〈夢蝶園懷李茂春先生〉、〈送古統鄉原先生歸國〉、〈送劉振傳君移住圓山新居〉。<br>○5月，發表詩作〈含笑花〉。<br>○7月，發表詩作〈祝酒專賣十五年〉、〈和劉學三君偶作韻〉。<br>○8月，發表詩作〈學三宗兄留飲〉[28]。<br>○11月，發表詩作〈小園晚秋忽開紅杏一朵會王雲滄君到共嘗有詩〉、〈話舊〉。<br>○12月，發表詩作〈聽琴〉。 | 2月，曾笑雲編《東寧擊缽吟後集》刊行。<br>3月21、22日，「全島聯吟大會」開於新竹公會堂。首日首唱〈仲春游竹塹〉、次唱〈春耕〉；次日首唱〈養花〉、次唱〈竹風〉。<br>6月28日，連橫（1878～1936）病逝於上海。<br>10月，彰化孔教報事務所創辦《孔教報》，施梅樵為發行人。該報「以漢學為真髓，防漢學之衰頹，以鼓倡文學，涵養日本精神為目的。」<br>●「南社」第二任社長趙鍾麒（1860～1936）病卒。社員推舉黃欣繼任社長。 | 9月2日，臺灣總督中川健藏卸任，由小林躋造繼任。 |
| 1937<br>丁丑 | 昭和12 | 54 | 1月17日，萬華振興會成立。劉等36名為理事。<br>●任「臺北第一師範學校」囑託（月105円）。 | ○1月，發表詩作〈三仙樓席上賦呈節山鹽谷先生〉、〈丙子（1936）歲暮〉。<br>○3月，發表詩 | 2月28日，全島詩社聯吟於苗栗獅頭山「勸化堂」。首唱〈獅山雅集〉、次唱〈禪房聽經〉。 | 7月，蘆溝橋事變，日本大舉侵華。<br>10月，日本發起國民精神總動員運動。 |

---

[28] 又題作〈訪學三新居〉。

| 西曆干支 | 年號 | 年齡 | 生平事蹟 | 詩文發表 | 文壇要事 | 臺灣大事（以教育為主） |
|---|---|---|---|---|---|---|
| | | | | 作〈步慶榮徐窗兄韻〉、〈新花朝〉。◉5月，發表詩作〈送濱武校長東歸〉[29]、〈送浮田先生歸去〉[30]、〈祝王自新詞兄六秩晉一〉。◉7月，發表詩作〈呈萱南先生〉。◉8月，發表詩作〈新筍〉。◉發表詩作〈壽嘯霞先生〉、〈讀新高山詩歌集偶作題後〉。 | 3月，《感應錄》最末號第38號刊行。4月3、4日，瀛社主辦「全島聯吟大會」於臺北蓬萊閣。初日首唱〈劍潭垂釣〉、次唱〈春山〉；次日首唱〈待榜〉、次唱〈春雨〉。4月1日，《臺灣日日新報》、《臺灣新聞》、《臺南新報》三報停止刊行漢文版。《臺灣新民報》將漢文版減半，並被限於6月1日前全部廢止。●「南社」活動幾乎停止。然本年仍有許多詩社成立，如：新竹「聚星詩學研究會」、苗栗「中南吟會」、苗栗「龍珠吟社」、臺中「敦風吟會」、南投「梅社」、南投「集賢吟社」、臺南「冊社」、臺南「聽濤吟社」等。 | ●本年，臺北州開始推行「國語家庭」，各地紛紛仿效。 |
| 1938 戊寅 | 昭和13 | 55 | ●任「臺北第一師範學校」囑託（月105円）。●任「臺灣教員檢定委員會昭和十三年度」臨時委員。 | ◉1月，發表詩作〈清陰三屋老先生令孫督府編修課長令郎俊武尉官出戰為國捐軀謹此用表敬意〉、〈丁丑（1937）除夕〉。◉2月，發表詩作〈國師校出身諸君多從軍喜而作之〉、〈豐年〉。◉3月，發表詩作〈純甫詞兄令媛稻子女士于歸賦祝〉。 | ●自本年始，停止籌辦「全島聯吟大會」。 | 4月，日本公布國家總動員法。5月3日，總督府宣布在臺灣實施「國家總動員法」。11月，日本國民精神總動員中央聯盟設置。 |

---

29 又題作〈臺北第一師範學校長濱武先生送別會席上〉。

30 又題作〈送臺北第一高女校長浮田先生歸內地〉。

| 西曆<br>干支 | 年號 | 年齡 | 生平事蹟 | 詩文發表 | 文壇要事 | 臺灣大事<br>（以教育為主） |
|---|---|---|---|---|---|---|
| | | | | ◎7月，發表詩作〈偶筆（「紫籐一幅掛簷前」、「心身形役卅餘年」二首）〉。<br>◎8月，發表詩作〈支那事變一週年紀念日〉、〈偶筆（江頭館院雜絃歌）〉。<br>◎10月，發表詩作〈新秋偶成〉、〈聽香〉[31]、〈詠兒玉藤園將軍〉。 | | |
| 1939<br>己卯 | 昭和14 | 56 | ●任「臺北第一師範學校」囑託（月105円）。 | ◎1月，發表詩作〈新居有作〉。<br>◎3月，發表詩作〈祝海南島鏖捷〉。<br>◎5月，發表詩作〈寄世友鄭鴻源君〉。<br>◎6月，發表詩作〈祝曾榮波君得初孫〉。<br>◎7月，發表詩作〈恭悼古山榮三郎先生〉、〈送林江郁君從軍〉。<br>◉8月，發表文章〈臺灣の語源〉。<br>◎8月，發表詩作〈讀鹽澤健先生隨感隨詠〉、〈支那事變二周年〉、〈文部省國民精神文化研究所山本勝市先生來臺各地講演聽者大受感動因賦呈請正〉。<br>◎10月，發表詩作〈軼濱武元次先生〉。<br>◎11月，發表詩作〈陣中月〉。<br>◎12月，發表詩作〈網溪觀菊作謝主人〉、〈所感寄學 | 3月1日，臺北黃贊鈞、辜菽廬等人，組織「崇聖會」，刊行《崇聖道德報》。延續1937年停刊之《感應錄》。另組織「漪蘭吟社」，詩作刊於《崇聖道德報》居多。<br>8月24日，霧峰文人林資修（字幼春，1880～1939）病逝。<br>●彰化賴和、楊笑儂成立傳統詩社「應社」。 | 5月19日，總督府宣佈皇民化、工業化、南進基地化等三大政策。<br>9月1日，第二次世界大戰歐洲戰場開戰，本日規定每月1日為「興亞奉公日」。<br>12月20日，臺灣教育會編印之《臺灣教育沿革誌》出版。 |

---

[31] 又題作〈鏡聽〉。

| 西曆干支 | 年號 | 年齡 | 生平事蹟 | 詩文發表 | 文壇要事 | 臺灣大事（以教育為主） |
|---|---|---|---|---|---|---|
| | | | | 三〉、〈謝尺寸圃主人置酒〉、〈次學三君六十書懷韻〉。 | | |
| 1940 庚辰 | 昭和15 | 57 | ●任文教局編修課囑託（月83円）。詩有〈入文教局編修課〉。 | ●1月，發表詩作〈和魏潤庵病後感賦韻並祝健康〉[32]、〈祝皇國紀元二千六百年〉、〈元旦有作〉、〈歲暮書感〉。<br>●2月，發表詩作〈拜芝山巖社〉。<br>●3月，發表詩作〈生辰有作〉。<br>●4月，發表詩作〈悼林小眉先生〉。<br>●5月，發表詩作〈僚友島君弄璋誌喜〉、〈花朝雨〉、〈入文教局編修課〉。<br>6月，發表詩作〈仲子得男〉、〈寄園雜作〉。<br>7月，發表詩作〈興亞奉公日建功神社參拜〉。<br>8月，發表詩作〈志保田先生惠書下問詩以謝之〉、〈七月七日感作〉、〈寄園雜詠〉。<br>9月，發表詩作〈暴風雨後寄輞溪主人〉。<br>10月，發表詩作〈送靜閣君之九州〉、〈中秋偶作〉。<br>11月，發表詩作〈巢睫居士出醉瓊花詩四首索和強作二首塞責〉。<br>12月，發表詩作〈歡迎岡本要八郎 | 12月，黃洪炎編《瀛海詩集》出版。<br>●彰化「聲社」、「新聲吟社」、「洛江吟社」於本年成立。 | 2月11日，總督府修訂戶口規則，允許臺灣人改成日本姓氏。<br>11月13日，梁井淳二就任文教局長。<br>9月27日，日、德、義簽訂「三國同盟」。<br>11月27日，小林躋造卸任臺灣總督，由長谷川清繼任。 |

---

[32] 又題作〈次潤庵君病後詩韻〉。

| 西曆干支 | 年號 | 年齡 | 生平事蹟 | 詩文發表 | 文壇要事 | 臺灣大事（以教育為主） |
|---|---|---|---|---|---|---|
| | | | | 先生有作〉、〈寄園雜作〉、〈早行途中〉。◉發表詩作〈奉祝皇紀二千六百年〉。 | | |
| 1941 辛巳 | 昭和16 | 58 | ●任文教局編修課囑託（月83円）。 | ◉1月，發表詩作〈庚辰（1940）除夕〉、〈辛巳（1941）歲首〉、〈寄學三君在湳雅〉、〈與雅真宗妹〉。◉2月，發表詩作〈茶經〉。◉6月，發表詩作〈顏笏山先生以七十壽詩分示次韻祝之〉、〈次子珊詞兄移居宮前韻〉。◉7月，發表詩作〈賦似秋苕〉、〈和謝尊五老社友七十書懷〉。◉9月，發表詩作〈輓鄭幼香君〉。◉11月，發表詩作〈題顏笏山先生古稀記念寫真〉。◉12月，發表詩作〈贈南方協會講習會員〉、〈寄網溪主人〉。◉發表詩作〈將去教育界〉。 | 2月11日，因響應國策，《臺灣新民報》改為《興南新聞》。6月到12月，黃文虎、鄭坤五、林荊南於《風月報》發表數篇文章討論臺灣傳統詩人之毛病。此論爭延續至1942年。7月15日，《民俗臺灣》發刊。7月，《風月報》更名為《南方》。11月，黃洪炎《瀛海詩集》刊行。12月，賴和被捕，入獄50多天。 | 4月1日，改正教育令，廢除小學校、公學校，一律改稱「國民學校」（朝鮮同步）。4月19日，「皇民奉公會」成立，由臺灣總督擔任總裁，積極推展「皇民化運動」。 |
| 1942 壬午 | 昭和17 | 59 | ●任職「總督府文教局」編修課（月90円）。●任廈門小學校教員、留學生講習會講師。詩有〈與來臺留學廈門教員〉。●本年，劉克明在《總督府職員錄》登錄之姓名為「龍岡克明」，劉氏改日本姓名之時間點則不詳。 | ◉1月，發表詩作〈秋燈〉、〈壬午（1942）元旦〉、〈壽靜溪松本先生七秩〉。◉2月，發表詩作〈拜芝山巖祠追憶鈴江團吉夫子〉、〈歲暮偶作〉[33]。◉3月，發表詩作〈晴園觀梅〉。◉4月，發表詩作〈答網川主人〉。◉5月，發表詩作 | ●黃文虎、鄭坤五等人持續於《南方》刊載文章，爭辯臺灣文壇改革的方向。 | 7月3日，西村高兄就任文教局長。11月3～10日，第一回「大東亞文學者決戰大會」在東京召開。12月，西川滿、龍瑛宗、張文環等人出席「大東亞文學者大會」。 |

---

[33] 又題作〈述懷〉。

| 西曆<br>干支 | 年號 | 年齡 | 生平事蹟 | 詩文發表 | 文壇要事 | 臺灣大事<br>（以教育為主） |
|---|---|---|---|---|---|---|
| | | | ●長男劉興文任職「鐵道部運輸課」雇員。 | 〈祝李孝全君長令郎及第高校〉、〈偶作（一年又過三分一）〉、〈晴園雅集卻憶樹林三十年前盛會賦呈晴園主人〉。<br>●6月，發表詩作〈蘭汀君邀赴吟會因事不行又蒙贈潮陽紙筆作此申謝〉[34]。<br>●7月，發表詩作〈祝並河安重君令郎合格志願兵〉。<br>●8月，發表詩作〈贈來臺留學廈門教員諸君〉、〈輓龍岡學三君〉。<br>●9月，發表詩作〈與來臺留學廈門教員〉、〈偶作（「行年甲子將一周」、「無德無能累後人」二首）〉。<br>●10月，發表詩作〈題學三君墓〉。<br>●11月，發表詩作〈壽恆堂翁七十〉、〈中秋夜偶成〉。<br>●12月，發表詩作〈壽節母林大夫人七十〉。 | | |
| 1943<br>癸未 | 昭和18 | 60 | ●任職「總督府文教局」編修課。詩有〈偶作〉（作者註：昭和癸未（1943）於文教局編修課。）[35]<br>●長男劉興文任職「鐵道從事員教習所生徒本科運輸科」雇員。 | ●1月，發表詩作〈歲首有作〉、〈某懇親會因事不參〉。<br>●2月，發表詩作〈癸未（1943）歲首〉、〈和前韻（未老緣何志漸萎）〉、〈輓張國珍君令萱堂彭太孺人〉。<br>●3月，發表詩作〈敬和尊五詞兄移 | 1月31日，賴和（1894～1943）逝世。 | 2月11日，西川滿、濱田隼雄、張文環獲得皇民奉公會文學獎。<br>4月1日，六年制義務教育開始實施。<br>8月25～27日，第二回「大東亞文學者決戰大會」在東京召開。 |

---

[34] 又題作〈索句尺圍〉。

[35] 本年《總督府職員錄》無劉克明任職記錄，筆者據前後年任職記錄及詩作增補。

| 西曆<br>干支 | 年號 | 年齡 | 生平事蹟 | 詩文發表 | 文壇要事 | 臺灣大事<br>（以教育為主） |
|---|---|---|---|---|---|---|
| | | | | 居瑤韻〉、〈鴻翁駱先生榮壽誌慶〉。<br>◐4月，發表詩作〈晴園觀梅賦贈主人〉。<br>◐6月，發表詩作〈敬謝向山先生惠贈佳章〉。<br>◐9月，發表詩作〈題畫賀長壽圖〉。<br>◐發表詩作〈偶作（不著衣冠重）〉。 | | |
| 1944<br>甲申 | 昭和19 | 61 | ●任職「總督府文教局」編修課（月95円）。 | ◐5月，發表詩作〈鄭成功受降荷蘭圖〉。 | 4月1日，全島六家日報合併為《臺灣新報》。<br>9月5日，《詩報》刊行第319號，是為該雜誌最後一期。 | 3月20日，森田俊介任文教局長。<br>12月30日，安藤利吉任臺灣總督兼臺灣軍司令官。 |
| 1945<br>乙酉 | 昭和20年／民國34年 | 62 | ●任「私立大同中學」（今臺北市立大同中學）校長。<br>●任「臺灣省學產管理委員會」委員、「臺灣省教育會」常務理監事。[36] | | 10月10日，《民報》發刊。社長林茂生，總編輯許乃昌，總主筆黃旺成。該報至1947年3月8日停刊，是戰後臺灣為民喉舌的重要報刊。 | 2月28日，成田一郎任文教局長。<br>3月22日，西村德一任文教局長。<br>4月，臺灣全面實施徵兵制度。<br>8月15日，日本投降，結束日本在東亞地區的殖民統治勢力。包括朝鮮、臺灣等地。<br>10月25日，臺灣省行政長官公署正式在臺運作，陳儀為第一任長官。接收《臺灣新報》，改名為《臺灣新生報》發行之。<br>11月15日，臺北帝大改組「國立臺灣大學」。<br>●「財團法人學租財團」由行政長官公署接收，改稱「臺灣省學產管理委員會」。 |

---

[36] 據駱子珊〈劉克明先生墓誌銘〉，《寄園詩葉》（臺北：龍文，2009年），頁56。任期則有待進一步查證。

附錄：劉克明生平大事年表

317

| 西曆<br>干支 | 年號 | 年齡 | 生平事蹟 | 詩文發表 | 文壇要事 | 臺灣大事<br>（以教育為主） |
|---|---|---|---|---|---|---|
| 1946<br>丙戌 | 民35 | 63 | 4月，「私立大同中學」改稱「臺北市立大同中學」，劉克明辭任，由朱昭陽繼任該校校長。<br>6月「臺灣文化協進會」成立，劉克明為理事之一。 | ●發表詩作〈喜臺灣光復〉。 | 3月，龍瑛宗擔任《中華日報》日文版「文藝欄」主編。<br>6月，游彌堅等人成立「臺灣文化協進會」。<br>7月，「臺灣文化協進會」於臺北召開「第一屆文學委員會懇談會」。<br>●傅錫祺（1872～1946）逝世。<br>●「中社詩社」、「鯤水吟社」成立。 | 1月，設立「日產處理委員會」。<br>2月，國民黨中央宣傳部發行「中華日報」。<br>3月，臺灣省編譯館成立。<br>4月2日，「臺灣省國語推行委員會」成立。 |
| 1947<br>丁亥 | 民36 | 64 | | ●發表詩作〈晴園主人雙十節日邀宴〉、〈游彌堅學友長臺省首市二週年〉。 | 2月，呂赫若〈冬夜〉發表於《臺灣文化》第2卷1期。<br>3月，吳新榮、楊達、張文環、林茂生等人相繼因「二二八事件」遭到逮捕、監禁、逃亡或失蹤。<br>5月，何欣主編「臺灣新生報·文藝副刊」。<br>8月，《臺灣新生報》增闢「橋副刊」，由歌雷主編，積極從事兩岸文化交流工作。 | 1月1日，「中華民國憲法」公布。<br>2月27日，臺灣省專賣局臺北分局緝私員，因取締私煙引發民眾衝突，造成煙販及民眾死傷。<br>2月28日，緝煙事件引發群眾示威，事態擴大引發「二二八事件」。<br>3月9日，警備總部下令臺灣戒嚴，軍隊開始大屠殺。許多本省、外省籍菁英失蹤或被殺。<br>4月22日，陳儀被免職，魏道明任省主席，成立臺灣省政府。<br>12月25日，中華民國憲法生效。 |
| 1948<br>戊子 | 民37 | 65 | | ●發表詩作〈無題（病長心境變）〉、〈無題（「行年六十五」四首組詩）〉。 | 4月21日，王少濤（1883～1948）病逝。<br>8月，楊達主編《臺灣文學叢刊》創刊。<br>12月，「國語日報」創刊。<br>●「菱香吟社」、「竹聲詩社」、「光文吟社」成立。 | 5月20日，蔣介石、李宗仁就任第一任中華民國總統、副總統。<br>7月，美援會成立。 |

| 西曆干支 | 年號 | 年齡 | 生平事蹟 | 詩文發表 | 文壇要事 | 臺灣大事（以教育為主） |
|---|---|---|---|---|---|---|
| 1949 己丑 | 民38 | 66 | | | 3月13日，「瀛社」開辦「創立四十週年聯吟大會」於瑞三大樓，全島300餘位詩人出席。于右任、祝紹周、梁寒操亦為座上賓。<br>11月20日，《自由中國》半月刊創刊。<br>●「玉山吟社」成立。<br>●詩人施梅樵（1870～1948） | 1月5日，陳誠任省主席。<br>2月4日，臺灣省宣部實施「三七五減租」，開始土地改革。<br>3月，「臺灣省學產管理委員會」改組為「臺灣省特種教育基金處理委員會」。<br>4月6日，爆發「四六事件」，師範學校學生200餘人因醞釀學潮被捕。<br>5月20日，陳誠宣部臺灣地區戒嚴。 |
| 1950 庚寅 | 民39 | 67 | | ●發表詩作〈寄園偶成〉。 | 3月1日，「中華文藝獎金委員會」成立。<br>5月4日，「中國文藝協會」成立。<br>8月10日，臺灣省新聞刊物日文版禁止。 | 2月6日，吳三連（1899～1988）出任臺北市長，原市長游彌堅遭罷免。<br>6月25日，韓戰爆發。<br>●地方自治實施，全臺劃分為5市16縣，進行多項地方公職選舉。 |
| 1951 辛卯 | 民40 | 68 | ●撰成《艋舺龍山寺全志》。 | ●發表詩作〈辛卯（1951）詩人節紀念鄭成功〉、〈擊楫〉。 | 5月4日，《文藝創作》創刊，為國民黨黨設文藝機構──「中華文藝獎金委員會」的機關誌，1956年12月停刊。<br>6月，《臺灣詩壇》發刊。<br>●朱杏村編《辛卯全國詩人大會集》出版。<br>●「延平詩社」、「嘉義縣聯吟會」、「鳳鳴詩社」、「龍湖吟社」、「南瀛詩社」、「角力吟社」成立。<br>●《臺灣詩壇》創刊。 | 4月14日，內政部發給逝世的賴和褒揚令，並入祀彰化忠烈祠。 |

| 西曆<br>干支 | 年號 | 年齡 | 生平事蹟 | 詩文發表 | 文壇要事 | 臺灣大事<br>（以教育為主） |
|---|---|---|---|---|---|---|
| | | | | | ● 詩人林爾嘉（1875～1951）逝世。 | |
| 1952<br>壬辰 | 民41 | 69 | | ●5月，發表詩作〈臥疾中喜楊嘯霞先生過訪〉。<br>●6月，發表詩作〈臺灣詩壇週年紀念〉。<br>●11月，發表詩作〈慶祝臺灣光復七週年〉。<br>●12月，發表文章〈斯文界之回顧〉。 | 2月，「瀛社」於瑞三大樓舉辦迎春雅集。<br>12月，《臺北文物》發刊，發行人吳三連，由臺北市文獻委員會編輯出版，先後發表多篇關於日治時期的臺灣文學運動的文章。<br>●「春人詩社」成立。 | |
| 1953<br>癸巳 | 民42 | 70 | 2月24日，參加《臺北文物》舉辦之「艋舺耆老座談會」（於臺北市第三信用合作社2樓）。 | ●1月，發表詩作〈四十二年歲首書感〉、〈子珊社兄令尊夫人七秩誌慶〉。<br>●2月，發表詩作〈七十初度有作〉。<br>●3月，發表詩作〈祝陳逢源芸兄六秩〉。<br>●4月，發表文章〈艋舺人物誌〉，發表詩作〈輓黃贊鈞先生〉。<br>●6月，發表詩作〈臺灣詩壇兩週年紀念〉。<br>●8月，發表文章〈龍峒片轔〉。<br>●11月，發表文章〈稻江見聞錄〉。<br>●12月，發表文章〈謝雪漁先生輓辭〉。<br>●發表詩作〈清明前思竹塹祖墳〉。 | 2月，《現代詩》季刊在臺北創刊；1964年2月停刊，共45期，紀弦任發行人兼主編。<br>3月15日，《南瀛文獻》創刊，由吳新榮擔任主編。<br>4月，《詩文之友》發刊。<br>11月，林海音接任聯合報副刊主編。<br>●「海風吟社」、「半閒吟社」、「六龜吟社」成立。<br>●《詩文之友》創刊。<br>●謝汝銓（1871～1953）逝世。 | 1月26日，「實施耕者有其田條例」公布施行。<br>4月24日，臺灣省政府公布「耕者有其田」的實施辦法。<br>7月27日，南韓（大韓民國）、北韓（朝鮮民主主義人民共和國）簽署停戰協定。 |

| 西曆<br>干支 | 年號 | 年齡 | 生平事蹟 | 詩文發表 | 文壇要事 | 臺灣大事<br>（以教育為主） |
|---|---|---|---|---|---|---|
| 1954<br>甲午 | 民43 | 71 | | ●1月，發表文章〈北城拾粹錄〉、〈北城附郊今昔談〉，發表詩作〈慶祝甲午（1954）元旦〉、〈甲午（1954）新春龍山寺雅集〉。<br>●2月，發表詩作〈癸巳（1953）除夜偶作〉。<br>●5月，發表文章〈松山方面的見聞集〉。<br>●6月，發表詩作〈慶祝臺灣詩壇三週年〉、〈嘯霞老先生八秩榮慶〉。<br>●10月，發表詩作〈讀景南南遊佳什有作〉、〈寧靖王〉、〈甲午（1954）中秋夜〉、〈韜園先生移官賦早〉。<br>●11月，發表詩作〈鄭成功〉、〈鄭成功〉、〈陳永華〉、〈王德祿〉、〈劉銘傳〉、〈吳鳳〉。<br>●發表詩作〈清明前遙祭黃陵〉、〈受室五十年有作〉。 | 3月，「藍星」詩社成立，發行不定期刊《藍星》，6月17日公論報「藍星週刊」創刊，覃子豪主編。<br>7月，中國文藝協會發起「文化清潔運動」，要求清除「赤色的毒、黃色的害、黑色的罪」文藝三害。<br>10月10日，「創世紀」詩社創立於左營，創刊《創世紀》。<br>●賴子清《臺灣詩海》刊行。 | 12月3日，簽署「中美共同防禦條約」。<br>本年度開始實施大專聯考。 |
| 1955<br>乙未 | 民44 | 72 | ●劉克明於《詩文之友》刊登「竹梅吟社詩抄」。 | ●1月，發表詩作〈乙未（1955）歲首書感〉、〈林文察〉。<br>●2月，發表詩作〈乙未（1955）元旦寄贈瑤韻〉[37]。<br>●3月，發表詩作〈敬悼一江山烈士〉。 | 3月，《大學雜誌》創刊於臺北，由《青年雜誌》、《這一代月刊》、《學誌文藝》、《青年寫作》合併而成。<br>3月，《中華詩苑》發刊。<br>5月5日，「臺灣省 | |

---

[37] 又題作〈新正贈駱子珊詞兄〉。

| 西曆干支 | 年號 | 年齡 | 生平事蹟 | 詩文發表 | 文壇要事 | 臺灣大事（以教育為主） |
|---|---|---|---|---|---|---|
| | | | | ●4月，發表詩作〈和景南春興韻〉。<br>●5月，發表詩作〈追悼葉健秋先生〉。<br>●6月，發表詩作〈慶祝臺灣詩壇四週年〉。<br>●10月，發表詩作〈月下美人花開憶倪炳煌詞兄〉。 | 婦女寫作協會」成立。<br>●「玉岑詩社」成立。<br>●《中華詩苑》創刊。 | |
| 1956丙申 | 民45 | 73 | ●於《詩文之友》刊登「竹梅吟社詩抄」。 | ●2月，發表文章〈詠霓吟社〉。<br>●4月，發表詩作〈和雲從鄭社兄壽令萱堂七秩獻詞原玉〉。<br>●5月，發表詩作〈一鳴七二華誕次韻奉答〉[38]。<br>●6月，發表詩作〈翠柳新陰〉、〈謝潤庵君分甘珍品並述鄙懷〉。<br>●8月，發表詩作〈和涵碧莊主人張松邨詞長〉。<br>●10月，發表詩作〈覽鏡〉。<br>●發表詩作〈輓林獻堂先生〉。 | 1月，紀弦於臺北創導「現代派」成立，提出「詩的六大信條」。<br>6月14日，「瀛社」開設聯吟大會於太獅山懿園。<br>9月8日，林獻堂（1881～1956）逝世。<br>●鍾理和於本年完成小說《笠山農場》。<br>●「蓮社」、「海山蒼吟社」、「玉光吟社」成立。<br>●《鯤南詩苑》創刊。<br>●黃純青（1875～1956）、林述三（1887～1956）於本年逝世。 | |
| 1957丁酉 | 民46 | 74 | ●於《詩文之友》刊登「竹梅吟社詩抄」。 | ●1月，發表文章〈談臺灣之語言〉、〈北臺詩話小談〉。<br>●4月，發表詩作〈似陳翕庵覺齋二昆仲〉。<br>●7月，發表文章〈昔時土地之給墾文件〉。 | 4月23日，鍾肇政為聯絡文友，以油印方式編印《文友通訊》，共16期。<br>6月，《臺灣文獻叢刊》開始發行。<br>11月5日，《文星》雜誌創刊。<br>●「漁洲吟社」成立。 | |

---

[38] 又題作〈和雷姻兄生日韻〉。

| 西曆<br>干支 | 年號 | 年齡 | 生平事蹟 | 詩文發表 | 文壇要事 | 臺灣大事<br>（以教育為主） |
|---|---|---|---|---|---|---|
| | | | | ●8月，發表詩作〈占繁詞兄令夫人花甲榮壽令郎榮婚賦此以賀〉。<br>●12月，發表詩作〈丁酉（1957）冬至〉。<br>●發表詩作〈與子珊君閒談〉。 | | |
| 1958<br>戊戌 | 民47 | 75 | ●於《詩文之友》刊登「竹梅吟社詩抄」。 | ●3月，發表詩作〈壽于右任老翁八十〉。<br>●5月，發表詩作〈和梁寒操先生戊戌（1958）上巳重集北投原玉〉。<br>●9月，發表詩作〈似周碧君〉、〈感作〉。<br>●12月，發表文章〈臺灣古字據集〉，發表詩作〈戊戌（1958）冬至〉。 | 5月，《筆匯》出版革新號第1卷第1期，尉天驄主編，1961年11月停刊。 | 8月23日，八二三砲戰。 |
| 1959<br>己亥 | 民48 | 76 | | ●2月，發表詩作〈瀛社創立五十週年〉。<br>●6月，發表文章〈淡北墳基地雜記〉，發表詩作〈紀念孔聖誕辰中華聖道會徵詩〉。<br>●7月，發表詩作〈季雙老先生暨德配王太夫人八秩雙壽〉。 | 3月23日（花朝），「瀛社」召開「創立五十週年聯吟大會」。<br>11月，言曦在「中央日報」一連4天發表〈新詩閑話〉，引發余光中等在《文學雜誌》、《文星》為文答辯，掀起一場「新詩論戰」。<br>●「中興詩歌社」、「同聲吟社」成立。 | |
| 1960<br>庚子 | 民49 | 77 | | ●2月，發表文章〈臺灣俗語考〉，發表詩作〈倪登玉詞兄六秩晉一榮慶〉、〈奕華老先生九十壽慶〉。<br>●3月，發表文章〈艋舺鄉文祠〉。<br>●6月，發表詩作 | 3月5日，《現代文學》雙月刊創刊，白先勇任發行人。<br>6月，「中華詩苑」改名「中華藝苑」。<br>9月4日，《自由中國》雜誌發行人雷震，涉嫌叛亂，被 | 3月8日，國大審查會通過修正「動員戡亂時期臨時條款」。11日宣布施行。 |

| 西曆干支 | 年號 | 年齡 | 生平事蹟 | 詩文發表 | 文壇要事 | 臺灣大事（以教育為主） |
|---|---|---|---|---|---|---|
| | | | | 〈寄福壽其碩富郎諸舊知〉。<br>●9月，發表詩作〈己亥（1959）除夕偶作〉、〈庚子（1960）元旦偶成〉。<br>●11月，發表文章〈臺灣女學的發祥地〉、發表詩作〈恭弔賈韜園先生〉。<br>●12月，發表詩作〈林金標先生六七華誕賦賀〉[39]。 | 提起公訴，雜誌被勒令永久停刊。 | |
| 1961辛丑 | 民50 | 78 | 4月，「私立穀保中學」（今新北市三重區「穀保家商」）創校，劉克明擔任董事。[40] | ●1月，發表詩作〈子珊社兄六秩大慶〉、〈庚子（1960）立冬偶作〉、〈為次男凱元居屋作〉。<br>●2月，發表詩作〈濟時外孫初生男兒彌月舉湯餅筵於西門會賓樓〉、〈謝顏其碩和詩〉。<br>●3月，發表文章〈基督教會之今昔〉，發表詩作〈艋津泛月〉。<br>●4月，發表詩作〈大陸飢荒總統號召一人一元救災感賦即和曾今可詞長韻〉、〈瀛社花朝吟會不參感作〉。<br>●6月，發表詩作〈翕庵覺齋二昆仲友愛甚篤羨而作此〉、〈喜澎湖顏其碩學友來訪〉。<br>●7月，發表詩作〈和潤庵大佛之作〉、〈顏其碩學兄退休作此贈之〉、〈呈日本東 | | |

---

[39] 又題作〈奉賀竹庵先生六七華誕〉。

[40] 據駱子珊〈劉克明先生墓誌銘〉，《寄園詩葉》（臺北：龍文，2009年），頁56。任期則有待進一步查證。

| 西曆干支 | 年號 | 年齡 | 生平事蹟 | 詩文發表 | 文壇要事 | 臺灣大事（以教育為主） |
|---|---|---|---|---|---|---|
| | | | | 船山老詞長〉、〈閒居偶作〉。<br>●8月，發表詩作〈喜陳覺齋學友來訪〉、〈壽曾今可先生六十〉。<br>●9月，發表文章〈倪希昶、王雲滄詩文選〉、〈日軍侵竹邑前後〉，發表詩作〈呈林玉山先生〉、〈喜敦甫學友過訪〉。<br>●10月，發表詩作〈讀潤庵豐尖新路之作〉、〈曝書〉。<br>●11月，發表詩作〈竹庵詞兄六八生朝〉、〈寄船山老詞翁〉、〈辛丑（1961）中秋夜偶成〉。<br>●12月，發表文章〈臺諺類集〉，發表詩作〈謝林玉山先生贈菊蟹圖〉、〈預壽黃文虎先生六秩晉一〉、〈喜日本嬉野悗興學友來訪〉、〈日本下川高次郎學友重遊臺灣賦此歡迎〉、〈寄日本小森隆平學友〉。 | | |
| 1962 壬寅 | 民51 | 79 | 4月，「私立中國文化學院」創校（今中國文化大學），劉克明擔任臺灣研究所理事。[41] | ●1月，發表詩作〈壬寅（1962）歲首感作〉[42]、〈蔡北淞先生暨其令正八秩雙壽賦此誌慶〉、〈呈吳桂芳老先生〉、〈壽卓夢庵社兄七秩〉、〈忘年交〉。<br>●2月，發表詩作〈壬寅（1962）王春〉、〈元旦寄贈 | ●「中興詩社」、「鯤瀛詩社」成立。<br>●莊垂勝（1897~1962）逝世。 | |

---

41 據駱子珊〈劉克明先生墓誌銘〉，《寄園詩葉》（臺北：龍文，2009年），頁56。任期則有待進一步查證。

42 又題作〈壬寅元旦書懷寄潤庵老友〉。

| 西曆干支 | 年號 | 年齡 | 生平事蹟 | 詩文發表 | 文壇要事 | 臺灣大事（以教育為主） |
|---|---|---|---|---|---|---|
| | | | | 駱子珊〉、〈追憶友生楊仁俊君〉、〈沈達夫五十生朝詩輯〉。<br>●3月，發表詩作〈辛丑（1961）除夕依靜閣學兄韻〉、〈和耐庵辛丑除夕（1961）並賀七秩晉一〉、〈姻親家眾春日會餐喜作〉。<br>●4月，發表詩作〈似黃得時世兄〉、〈壬寅（1962）瀛社花朝紀念吟會不參〉、〈臺澎學友盡多詩人喜而作此〉。<br>●6月，發表詩作〈賀李紹唐先生七十晉一大壽暨德配黃夫人金婚榮典〉、〈喜高森杏老友過訪〉、〈菊醑〉。<br>●7月，發表詩作〈讀陳南都溪山煙雨樓詩存有作〉、〈懷竹城故鄉〉。<br>●8月，發表詩作〈似魏潤庵老友〉、〈似高文淵詞兄〉、〈賀蔡墩銘君留學德國〉。<br>●9月，發表詩作〈喜長孫肇禧新婚〉、〈讀李紹唐先生東遊佳詠偶成俚語請正〉、〈呈東船山老詞翁謝惠贈籲天集〉。<br>●10月，發表詩作〈臺北先儒楊克彰先生泣血迎母圖徵詩〉、〈笑彌勒〉。<br>●11月，發表詩作〈八十初度蒙 | | |

| 西曆<br>干支 | 年號 | 年齡 | 生平事蹟 | 詩文發表 | 文壇要事 | 臺灣大事<br>（以教育為主） |
|---|---|---|---|---|---|---|
| | | | | 國師學友宴祝賦謝〉、〈初得曾孫誌喜〉、〈北師時雍會席上〉。<br>●12月，發表詩作〈讀中華藝苑海外新聲有感〉、〈謝鴻光學友贈詩〉、〈謝杏老為會友努力〉、〈謝軟綱宗兄贈時果〉、〈壬寅（1962）中秋有作〉。 | | |
| 1963<br>癸卯 | 民52 | 80 | | ●1月，發表詩作〈癸卯（1963）王春〉、〈賤辰八十蒙瀛社友開筵賀賦此敬謝〉。<br>●2月，發表詩作〈酬潤庵老友〉、〈和丘斌存詞長鐵樹開花四首之一〉。<br>●3月，發表詩作〈和桂芳姻兄之作〉、〈酬日本小野正雄先生〉、〈喜日本伊左次學友過訪〉、〈寄淑卿外孫女在美留學〉、〈湯糰〉。<br>●4月，發表詩作〈喜魏澄川鄉友來訪〉、〈謝瀛社贈聯賀八秩〉、〈謝林占鰲社友贈詩書賀八秩〉、〈謝潤庵子珊鴻飛薀藍諸社友贈詩賀壽〉。<br>●5月，發表詩作〈慶祝高山淡北松山三社聯吟盛會〉、〈黃濟舟外孫應美國醫院之聘賦此喜送〉、〈謝日本伊佐次學友寄贈美濃陶器〉、〈子珊兄惠賜詩 | 1月，郭良蕙長篇小說《心鎖》遭臺灣省新聞處查禁。8月15日，胡秋原創辦《中華雜誌》。 | |

| 西曆 干支 | 年號 | 年齡 | 生平事蹟 | 詩文發表 | 文壇要事 | 臺灣大事 （以教育為主） |
|---|---|---|---|---|---|---|
| | | | | 酒賦謝〉、〈項 羽〉。 ●6月，發表詩作 〈陳春松詞兄贈詩 賀八秩即用其韻賦 謝〉、〈張匏庵 先生惠詩即用其韻 賦謝〉、〈鄭鴻音 詞兄惠贈壽詩賦此 申謝〉、〈謝軟綢 宗兄贈香魚〉、 〈謝斌峰宗兄贈名 茶〉、〈呈林鐵珊 學兄〉。 ●7月，發表詩 作〈喜日本田淳 吉學友來訪〉、 〈寄蔡墩銘君在德 國〉、〈輓學友許 丙君〉、〈偶作 （一波未定又興 波）〉。 ●8月，發表詩作 〈寄吳萬來老學 友〉、〈讀吳學友 濁流千草集〉、 〈寄黃濟舟外孫在 美國〉、〈讀靜廬 吟草題後〉。 ●9月，發表詩作 〈酬日本東船山老 詞丈〉、〈立秋寄 魏潤庵老知己〉。 ●10月，發表詩作 〈自角板山歸〉、 〈江肖梅學兄令郎 惟芳君考進大專賦 此以賀〉、〈與林 鐵珊學兄話舊〉、 〈癸卯（1963） 立秋偶成〉、〈癸 卯（1963）中秋 夜有作〉。 ●11月，發表詩作 〈讀潤庵尺寸園詩 集〉、〈武侯〉。 ●12月，發表詩作 〈顏其碩學兄令次 | | |

| 西曆<br>干支 | 年號 | 年齡 | 生平事蹟 | 詩文發表 | 文壇要事 | 臺灣大事<br>（以教育為主） |
|---|---|---|---|---|---|---|
| | | | | 郎赴美奧勒岡大學深造賦此以賀〉、〈悼學友謝文程君〉。 | | |
| 1964<br>甲辰 | 民53 | 81 | | ●1月，發表詩作〈甲辰（1964）新春賦似潤庵學友〉、〈偶成（昏昏老與病相知）〉、〈張子房〉。<br>●2月，發表詩作〈和詹一邨君留念原玉〉、〈和詹一邨學友客地懷故友之作〉、〈寄懷陳保宗學友〉。<br>●3月，發表詩作〈恭賀蘭汀學兄古稀大慶〉、〈壽楊嘯霞老先生九秩〉、〈輓魏澄川知友〉。<br>●4月，發表詩作〈淮陰侯〉。<br>●5月，發表詩作〈酬日本東船山老詞翁〉、〈民國十三年北師畢業諸君惠贈留念珍品賦此申謝〉、〈賀駱子珊詞兄新居〉、〈和潘善寬學友贈詩韻〉、〈悼張匏庵詞友〉。<br>●6月，發表詩作〈網珊吟〉、〈蘆中人〉。<br>●7月，發表詩作〈歸故宅〉、〈一品會席上〉、〈宿溪洲〉、〈輓魏潤庵老知己〉、〈談虎〉。<br>●8月，發表詩作〈聞某故人子悔過發憤習業喜賦〉、〈祝高山文社詩 | 4月，由吳濁流獨資創辦，《臺灣文藝》創刊。<br>6月，《笠》詩刊雙月刊創刊。<br>7月26日，「瀛社」在臺北市進出口公會會議室，召開夏季聯吟會。<br>11月10日，于右任（1879～1964）逝世。 | |

| 西曆干支 | 年號 | 年齡 | 生平事蹟 | 詩文發表 | 文壇要事 | 臺灣大事（以教育為主） |
|---|---|---|---|---|---|---|
| | | | | 人節雅集〉、〈呈周瑞璧學兄〉、〈春日謁臺北龍山寺〉。●9月，發表詩作〈和吟社友鄞強君三十自訟原韻〉[43]、〈敬謝麗生社兄贈壽詩即和原玉〉、〈玉美外孫女將留學美國作此喜送〉。●11月，發表詩作〈臺北植物園即景〉。 | | |
| 1965乙巳 | 民54 | 82 | | ●4月，發表詩作〈題臺灣擊缽詩選〉。 | 10月，鍾肇政主編之《本省籍作家作品選集》10冊（文壇社出版）、《臺灣省青年文學叢書》10冊（幼獅書店出版）。●臺灣風物雜誌社編《臺灣光復二十週年紀念詩集》出版。 | |
| 1966丙午 | 民55 | 83 | | | 10月，《文學季刊》創刊。11月12日，國民政府正式推動「中華文化復興運動」。 | |
| 1967丁未 | 民56 | 84 | 7月18日，劉克明逝世；8月19日安葬。 | ●發表詩作〈謹謝惠贈琳瑯山閣藝苑德和女士笑正〉、〈題琳瑯山閣唱和集即頌主人李連玉女士才思〉。 | 1月，《純文學》月刊創刊。7月，「中華文化復興運動推行委員會」成立。 | |

---

43　又題作〈奉和耀南詞兄三十自訟原玉〉。

# 【《寄園詩葉》年代不詳之作】

〈陳覺齋學友讀寒山子集有懷老拙賦詩來贈用其韻綴以表謝〉

〈與陳心南魏潤庵諸詞友在寄園作〉

〈喜艋舺龍山寺中殿重修〉

〈漁父〉

〈五妃墓〉

〈鄭用錫〉

〈李白回蕃書〉

〈登塹城武營舊將臺有感〉

〈無題〉

〈中元普度〉

〈夜歸偶作〉

〈新莊山腳途中〉

〈楠仔坑所見〉

〈與林茂生詞兄遊北投〉

〈和純青老社兄中秋遇颱韻〉

〈問翕庵君眼疾〉

〈謝林蘭汀學友攜柑來訪〉

〈國六會邀宴〉

〈留鬚〉

〈寄生蟹〉

〈偶成（明知煩惱毫無益）〉

〈自責似圓明居士〉

〈似時雍會友〉

〈尊師會席上和林蘭汀君韻〉

〈似江肖梅君〉

〈張永昌君為余塑像〉

〈蘭汀君歸自潮陽〉

〈春日尺園雅集〉

〈懷舊似江洽君〉

〈追昔〉

# 【年表主要參考資料】

## 劉氏著述及文獻史料

劉克明，《臺灣今古談》（臺北，新高堂書店，1930）。

劉克明，《中和庄誌》（臺北，共榮社印刷，1932；臺北：成文，1985複印）。

劉克明，《艋舺龍山寺全志》（臺北：艋舺龍山寺管理人代表黃玉對，1951年12月）。

劉克明，《寄園詩葉》（原1968編印本；臺北：龍文出版社復刻，2009年3月）。

《詠霓吟社詩抄》（臺南：臺灣文學館藏）。

臺灣總督府，《臺灣總督府公文類纂》1895～1905年（南投：國史館臺灣文獻館）。

臺灣總督府，《臺灣總督府職員錄》（臺北：臺灣總督府）。

臺灣總督府，《臺灣總督府民政事務成蹟提要》1896～1944年，（臺北：臺灣總督府民政局）。

臺灣總督府，《臺灣總督府府（官）報》1896年8月20日～1945年10月23日。

臺灣教育會編，許錫慶譯註，《臺灣教育沿革誌》（中譯本），（南投：臺灣文獻館，2010年）。

## 日治時期文獻

《臺灣日日新報》（臺北：臺灣日日新報社）。

《臺灣教育會雜誌》第1～128號籍別卷（1907年7月～1912年12月）（沖繩：ひるぎ社，1996年複印）。

《臺灣教育》第129～497號（1913年1月～1943年12月）。

《臺灣時報》（臺北：臺灣時報社，1898～1944）。

《專賣通信》（臺北：臺灣總督府專賣局，1928～1937）。

《詩報》第1～319號，（臺北：龍文出版社復刻本，2007）。

林欽賜，《瀛洲詩集》（臺北：編者，1933）。

曾笑雲，《東寧擊缽吟前集》（出版項不詳，1934）。

曾笑雲，《東寧擊缽吟後集》（出版項不詳，1936）。

黃洪炎，《瀛海詩集》（臺灣詩人名鑑刊行會，1941）。

王炳南，《南瀛詩選》（出版項不詳，吳榮富教授典藏、「全臺詩研究室」提供）。

吳耀林，《南瀛詩選》（出版項不詳，吳榮富教授典藏、「全臺詩研究室」提供）。

顏雲年，《環鏡樓唱和集》（臺北：臺灣日日新報社，1920年6月20日）。

顏雲年，《陋園吟集》（臺北：臺灣日日新報社，1924年4月3日）。

鷹取田一郎，《壽星集》（臺北：臺灣總督府官房文書課，1916年3月）。

鷹取田一郎，《大雅唱和集》（臺北：編者，1921）。

鷹取田一郎，《新年言志》（臺北：臺灣日日新報社，1924年4月25日）。

鷹取田一郎，《臺疆慶頌錄》（臺北：臺灣日日新報社，1924年5月5日）。

連橫，《臺灣詩薈》（臺北：臺灣詩薈，1924～1925）。

賴子清，《臺灣詩海》（臺北：編者，1954）。

猪口安喜，《東閣倡和集》（東京：編者，1927）。

楊仲佐，《網溪詩集》（臺北：編者，1937）。

楊仲佐，《網溪詩集後編》（出版項不詳）。

賴子清，《臺灣詩醇》（臺北：編者，1935）。

## 戰後期刊、書籍、論文

《中華詩苑》（臺北：中華藝苑月刊社，1955～1960）、《中華藝苑》（臺北：中華藝苑月刊社，1960～1964）。

《臺灣詩壇》（臺北：臺灣詩壇社，1951～1955）。

《詩文之友》（臺北：詩文之友社，1955～1962）。

《鯤南詩苑》（高雄：鯤南詩苑月刊社，1960～1963）。

《臺北文物》（臺北：臺北市文獻委員會，1952～1961）。

吳密察，《臺灣史小事典》（臺北：遠流，2000年）。

許雪姬，《臺灣歷史辭典》（臺北：行政院文建會，2004年）。

張子文，《臺灣歷史人物小傳：明清暨日據時期》（臺北：國家圖書館，2006年）。

詹雅能，《竹梅吟社與《竹梅吟社詩抄》》（新竹：竹市文化局，2011年12月）。

許雪姬，《臺灣歷史辭典》（臺北：遠流出版社），2004年5月。

林正三、許惠玟《臺灣瀛社詩學會會志》（臺北：文史哲出版社，2008年10月）。

施懿琳、廖美玉編，《臺灣古典文學大事年表・明清篇》（臺北：里仁，2008年）。

李知灝，〈戰後臺灣古典詩書寫場域之變遷及其創作研究〉（嘉義：中正大學中國文學研究所博士論文，2009年）。

謝崇耀，〈日治時期臺北州漢詩文化空間之發展與研究〉（嘉義：中正大學中國文學研究所博士論文，2010年）。

語言文學類　PG2799　文學視界 143

# 島民、新民與國民
## ——日治臺籍教師劉克明（1884～1967）的同化之道

作　　者 / 吳鈺瑾
責任編輯 / 陳彥儒
圖文排版 / 黃莉珊
封面設計 / 吳咏潔

發 行 人 / 宋政坤
法律顧問 / 毛國樑　律師
出版發行 / 秀威資訊科技股份有限公司
　　　　　114台北市內湖區瑞光路76巷65號1樓
　　　　　電話：+886-2-2796-3638　傳真：+886-2-2796-1377
　　　　　http://www.showwe.com.tw
劃撥帳號 / 19563868　戶名：秀威資訊科技股份有限公司
　　　　　讀者服務信箱：service@showwe.com.tw
展售門市 / 國家書店（松江門市）
　　　　　104台北市中山區松江路209號1樓
　　　　　電話：+886-2-2518-0207　傳真：+886-2-2518-0778
網路訂購 / 秀威網路書店：http://www.bodbooks.com.tw
　　　　　國家網路書店：http://www.govbooks.com.tw

本書榮獲國立台灣文學館「台灣文學學位論文出版徵選」錄取

2022年10月　BOD修訂一版
定價：450元
版權所有　翻印必究
本書如有缺頁、破損或裝訂錯誤，請寄回更換

讀者回函卡

國家圖書館出版品預行編目

島民、新民與國民：日治臺籍教師劉克明
　(1884~1967)的同化之道 / 吳鈺瑾著. – 修訂一
版. -- 臺北市：秀威資訊科技股份有限公司,
2022.10
　　面；　　公分. -- (語言文學類；PG2799) (文
學視界；143)
　　BOD版
　　ISBN 978-626-7187-04-3 (平裝)

　1.CST: 劉克明 2.CST: 教育史
　3.CST: 殖民地教育 4.CST: 日據時期

529.3933　　　　　　　　　　111012924